元 脱脱等撰

宋史

第三〇册

卷三一六至卷三三一（傳）

中華書局

宋史卷三百一十六

列傳第七十五

包拯 吳奎 趙抃子岏 唐介子淑問 義問 孫恕

包拯字希仁，廬州合肥人也。始舉進士，除大理評事，出知建昌縣。以父母皆老，辭不就。得監和州稅，父母又不欲行，拯即解官歸養。後數年，親繼亡，拯廬墓終喪，猶裴徊不忍去，里中父老數來勸勉。久之，赴調，知天長縣。有盜割人牛舌者，主來訴。拯曰：「第歸，殺而鬻之。」尋復有來告私殺牛者，拯曰：「何爲割牛舌而又告之？」盜驚服。徙知端州，遷殿中丞。端土產硯，前守緣貢，率取數十倍以遺權貴。拯命製者才足貢數，歲滿不持一硯歸。

尋拜監察御史裏行，改監察御史。時張堯佐除節度、宣徽兩使〔一〕，右司諫張擇行、唐介與拯共論之，語甚切。又嘗建言曰：「國家歲賂契丹，非禦戎之策，宜練兵選將，務實邊備。」又請重門下封駮之制，及廢錮贓吏，選守宰，行考試補蔭弟子之法。當時諸道轉運加按察使，其奏劾官吏多摭細故，務苛察相高尚，吏不自安，拯於是請罷按察使。

去使契丹，契丹令典客謂拯曰：「雄州新開便門，乃欲誘我叛人，以刺疆事耶？」拯曰：「涿州亦嘗開門矣，刺疆事何必開便門哉？」其人遂無以對。

歷三司戶部判官，出爲京東轉運使，改尚書工部員外郎、直集賢院，徙陝西，又徙河北，入爲三司戶部副使。秦隴斜谷務造船材木，率課取於民；又七州出賦河橋竹索，恆數十萬，拯皆奏罷之。契丹聚兵近塞，邊郡稍警，命拯往河北調發軍食。拯曰：「漳河沃壤，人不得耕，邢、洺、趙三州民田萬五千頃，率用牧馬，請悉以賦民。」從之。解州鹽法率病民，拯往經度之，請一切通商販。

除天章閣待制、知諫院。數論斥權倖大臣，請罷一切內除曲恩。又列上唐魏鄭公三疏，願置之坐右，以爲龜鑑。又上言天子當明聽納，辨朋黨，惜人才，不主先入之說，凡七事；請去刻薄，抑僥倖，正刑明禁，戒興作，禁妖妄。朝廷多施行之。

除龍圖閣直學士、河北都轉運使。嘗建議無事時徙兵內地，不報。至是，請：「罷河北屯兵，分之河南兗、鄆、齊、濮、曹、濟諸郡，設有警，無後期之憂。借曰戍兵不可遽減，請訓練義勇，少給糇糧，每歲之費，不當屯兵一月之用，一州之賦，則所給者多矣。」不報。徙知瀛州，諸州以公錢貿易，積歲所負十餘萬，悉奏除之。以喪子乞便郡，知揚州，徙廬州，遷刑部郎中。坐失保任，左授兵部員外郎、知池州。

復官，徙江寧府，召權知開封府，遷右司郎中。拯立朝剛毅，貴戚宦官爲之斂手，聞者皆憚之。人以包拯笑比黃河清，童稚婦女，亦知其名，呼曰「包待制」。京師爲之語曰：「關節不到，有閻羅包老。」舊制，凡訟訴不得徑造庭下。拯開正門，使得至前陳曲直，吏不敢欺。中官勢族築園榭，侵惠民河，以故河塞不通，適京師大水，拯乃悉毀去。或持地券自言有僞增步數者，皆審驗劾奏之。

遷諫議大夫、權御史中丞。奏曰：「東宮虛位日久，天下以爲憂，陛下持久不決，何也？」仁宗曰：「卿欲誰立？」拯曰：「臣不才備位，乞豫建太子者，爲宗廟萬世計也。陛下問臣欲誰立，是疑臣也。臣年七十，且無子，非邀福者〔三〕。」帝喜曰：「徐當議之。」請裁抑內侍，減節冗費，條責諸路監司，御史府得自舉屬官，減一歲休暇日，事皆施行。

張方平爲三司使，坐買豪民產，拯劾奏罷之；而宋祁代方平，拯又論之；祁罷，而拯以樞密直學士權三司使。歐陽脩言：「拯所謂牽牛蹊田而奪之牛，罰已重矣，又貪其富，不亦甚乎！」拯因家居避命，久之乃出。其在三司，凡諸筦庫供上物，舊皆科率外郡，積以困民。拯特爲置場和市，民得無擾。吏負錢帛多縲繫，間輒逃去，并械其妻子者，類皆釋之。遷給事中，爲三司使。數日，拜樞密副使。頃之，遷禮部侍郎，辭不受，尋以疾卒，年六十四。贈禮部尚書，謚孝肅。

拯性峭直，惡吏苛刻，務敦厚，雖甚嫉惡，而未嘗不推以忠恕也。與人不苟合，不僞辭色悅人，平居無私書，故人、親黨皆絕之。雖貴，衣服、器用、飲食如布衣時。嘗曰：「後世子孫仕宦，有犯贓者，不得放歸本家，死不得葬大塋中。不從吾志，非吾子若孫也。」初，有子名繶，娶崔氏，通判潭州，卒。崔守死，不更嫁。拯嘗出其媵，在父母家生子，崔密撫其母，使謹視之。繶死後，取媵子歸，名曰綖。有奏議十五卷。

吳奎字長文，濰州北海人。性強記，於書無所不讀。舉五經，至大理丞，監京東排岸。慶曆宿衞之變，奎上疏曰：「涉春以來，連陰不解，洪範所謂『皇之不極，時則有下伐上』者。今衞士之變，起於肘腋，流傳四方，驚駭羣聽。聞皇城司官六人，其五已受責，獨楊懷敏尚留。人謂陛下私近幸而屈公法，且獲賊之際，傳令勿殺，而左右輒屠之。此必其黨欲以滅口，不然，何以不奉詔？」遂乞召對面論，仁宗深器之。再遷殿中丞，策賢良方正入等，擢太常博士、通判陳州。

入爲右司諫，改起居舍人，同知諫院。每進言，惟勸帝禁束左右姦倖。內東門闌得賂遺物，下吏研治，而開封用內降釋之。奎劾尹魏瓘，出瓘越州。彭思永論事，詔詰所從受。奎言：「御史法許風聞，若窮核主名，則後誰敢來告以事？是自塗其耳目也。」上爲罷不問。郭承祐、張堯佐爲宣徽使，奎連疏其不當，承祐罷使，出堯佐河陽〔三〕。

皇祐中，頗多災異，奎極言其徵曰：「今冬令反燠，春候反寒，太陽虧明，五星失度，水旱作沴，饑饉荐臻，此天道之不順也。自東徂西，地震爲患，大河橫流，堆阜或出，此地道之不順也。邪曲害政，陰柔蔽明，羣小紛爭，衆情壅塞，西、北貳敵，求欲無厭，此人事之不和也。夫帝王之美，莫大於進賢退不肖。今天下皆謂之賢，陛下知之而不能進；天下皆謂之不肖，陛下知之而不能退。內寵驕恣，近習回撓，陰盛如此，寧不致大異乎？又十數年來下令及所行事，或有名而無實，或始是而終非，或橫議所移，或姦謀所破，故羣臣百姓，多不甚信，以謂陛下言之雖切而不能行，行之雖銳而不能久。臣願謹守前詔，堅如金石，或敢私撓，必加之罪，毋爲人所測度，而取輕於天下。」

唐介論文彥博，指奎爲黨，出知密州。加直集賢院，徙兩浙轉運使。入判登聞檢院、同修起居注、知制誥。奉使契丹，會其主加稱號，要入賀。奎以使事有職，不爲往。歸遇契丹使於塗，契丹以金冠爲重，紗冠次之。故事，使者相見，其衣服重輕必相當。至是，使者服紗冠，而要奎盛服。奎殺其儀以見，坐是出知壽州。

至和三年，大水，詔中外言得失。奎上疏曰：「陛下在位三十四年〔四〕，而儲嗣未立。在禮，大宗無嗣，則擇支子之賢者。以昭穆言，則太祖、太宗之曾孫，所宜建立，以繫四海之望。俟有皇子則退之，而優其禮於宗室，誰曰不然？陛下勿聽姦人邪謀，以誤大事。若倉卒之際，柄有所歸，書之史册，爲萬世歎憤。臣不願以聖明之資，當危亡之比。此事不宜優游，願蚤裁定。定之不速，致宗祀無本，鬱結羣望，推之咎罰，無大于此。」帝感其言，拜翰林學士，權開封府。

奎達於從政，應事敏捷，吏不敢欺。富人孫氏辜榷財利，負其息者，至評取物產及婦女。奎發孫宿惡，徙其兄弟於淮、閩，豪猾畏斂。居三月，治聲赫然。除端明殿學士、知成都府，以親辭，改鄆州。復還翰林，拜樞密副使。治平中，丁父憂，居喪毀瘠，廬於墓側，歲時潔嚴祭祀，不爲浮屠事。

神宗初立，奎適終制，以故職還朝。踰月，參知政事。時已召王安石，辭不至，帝顧輔臣曰：「安石歷先帝朝，召不赴，頗以爲不恭。今又不至，果病耶，有所要耶？」曾公亮曰：「安石文學器業，不敢爲欺。」奎曰：「臣嘗與安石同領羣牧，見其護前自用，所爲迂闊。萬一用之，必紊亂綱紀。」乃命知江寧。

抃嘗進言：「陛下在推誠應天，天意無他，合人心而已。若以至誠格物，物莫不以至誠應，則和氣之感，自然而致。今民力困極，國用窘乏，必俟順成，乃可及他事。帝王所職，惟在於判正邪，使君子常居要近，小人不得以害之，則自治矣。」帝因言：「堯時，四凶猶在朝。」抃曰：「四凶雖在，不能惑堯之聰明。聖人以天下爲度，未有顯過，固宜包容，但不可使居要近地爾。」帝然之。御史中丞王陶，以論文德不押班事詆韓琦，抃狀其過。詔除陶翰林學士，抃執不可。陶又疏抃阿附。陶旣出，抃亦以資政殿大學士知青州。司馬光諫曰：「抃名望清重，今爲陶絀抃，恐大臣皆不自安，各求引去。陛下新卽位，於四方觀聽非宜。」帝乃召抃歸中書。及琦罷相，竟出知青州。明年薨，年五十八。贈兵部尚書，謚曰文肅。

抃喜獎廉善，有所知輒言之，言之不從，不止也。少時甚貧，旣通貴，買田爲義莊，以賙族黨朋友。沒之日，家無餘貲，諸子至無屋以居，當時稱之。

趙抃字閱道，衢州西安人。進士及第，爲武安軍節度推官。人有赦前僞造印，更赦而用者，法吏當以死。抃曰：「赦前不用，赦後不造，不當死。」讞而生之。知崇安、海陵、江原三縣，通判泗州。濠守給士卒廩賜不如法，聲欲變，守懼，日未入，輒閉門不出。轉運使檄抃攝治之，抃至，從容如平時，州以無事。

翰林學士曾公亮未之識，薦爲殿中侍御史，彈劾不避權倖，聲稱凜然，京師目爲「鐵面御史」。其言務欲朝廷別白君子小人，以謂：「小人雖小過，當力遏而絕之；君子不幸詿誤，當保全愛惜，以成就其德。」温成皇后之喪，劉沆以參知政事監護，及爲相，領事如初。抃論其當罷，以全國體。又言宰相陳執中不學無術，且多過失；宣徽使王拱辰平生所爲及奉使不法；樞密使王德用、翰林學士李淑不稱職：皆罷去。

吳充、鞠眞卿、刁約以治禮院吏，馬遵、呂景初、吳中復以論梁適，相繼被逐。抃言其故，悉召還。呂溱、蔡襄、吳奎、韓絳既出守，歐陽脩、賈黯復求郡。抃言：「近日正人端士紛紛引去，侍從之賢如脩輩無幾，今皆欲去者，以正色立朝，不能諂事權要，傷之者衆耳。」脩、黯由是得留，一時名臣，賴以安焉。

請知睦州，移梓州路轉運使，改益州。蜀地遠民弱，吏肆爲不法，州郡公相餽餉。抃以身帥之，蜀風爲變。窮城小邑，民或生而不識使者，抃行部無不至，父老喜相慰，姦吏竦服。

召爲右司諫。內侍鄧保信引退兵董吉燒煉禁中，抃引文成、五利、鄭注爲比，力論之。陳升之副樞密，抃與唐介、呂誨、范師道言升之姦邪，交結宦官，進不以道。章二十餘上，升之去位。抃與言者亦罷，出知虔州。虔素難治，抃御之嚴而不苛，召戒諸縣令，使人自爲治。

令皆喜，爭盡力，獄以屢空。嶺外仕者死，多無以爲歸，抃造舟百艘，移告諸郡曰：「仕宦之家，有不能歸者，皆於我乎出。」於是至者相繼，悉授以舟，并給其道里費。

召爲侍御史知雜事，改度支副使，進天章閣待制、河北都轉運使。時賈昌朝以故相守魏，抃將按視府庫，昌朝使來告曰：「前此，監司未有按視吾藏者，恐事無比，若何？」抃曰：「舍是，則他郡不服。」竟往焉。昌朝不悅。初，有詔募義勇，過期不能辦，官吏當坐者八百餘人。抃被旨督之，奏言：「河朔頻歲豐，故應募者少，請寬其罪，以俟農隙。」從之。坐者獲免，而募亦隨足。昌朝始愧服。

加龍圖閣直學士、知成都，以寬爲治。抃向使蜀日，有聚爲妖祀者，治以峻法。及是，復有此獄，皆謂不免。抃察其亡他，曰：「是特酒食過耳。」刑首惡而釋餘人，蜀民大悅。會滎諲除轉運使，英宗諭諲曰：「趙抃爲成都，中和之政也。」

神宗立，召知諫院。故事，近臣還自成都者，將大用，必更省府，不爲諫官。大臣以爲疑，帝曰：「吾賴其言耳，苟欲用之，無傷也。」及謝，帝曰：「聞卿匹馬入蜀，以一琴一鶴自隨，爲政簡易，亦稱是乎？」未幾，擢參知政事。抃感顧知遇，朝政有未協者，必密啓聞，帝手詔褒答。

王安石用事，抃屢斥其不便。韓琦上疏極論青苗法，帝語執政，令罷之。時安石家居求去，抃曰：「新法皆安石所建，不若俟其出。」既出，安石持之愈堅。抃大悔恨，即上言：「制置條例司建使者四十輩，騷動天下。安石強辯自用，詆天下公論以爲流俗，違衆罔民，順非文過。近者臺諫侍從，多以言不聽而去；司馬光除樞密，不肯拜。且事有輕重，體有大小。財利於事爲輕，而民心得失爲重；靑苗使者於體爲小，而禁近耳目之臣用捨爲大。今去重而取輕，失大而得小，懼非宗廟社稷之福也。」

奏入，懇乞去位，拜資政殿學士、知杭州，改靑州。時京東旱蝗，靑獨多麥，蝗來及境，遇風退飛，盡墮水死。成都以戍卒爲憂，遂以大學士復知成都。召見，勞之曰：「前此，未有自政府往者，能爲朕行乎？」對曰：「陛下有言，卽法也，奚例之問？」因乞以便宜從事。

既至蜀，治益尙寬。有卒長立堂下，呼諭之曰：「吾與汝年相若，吾以一身入蜀，爲天子撫一方。汝亦宜淸謹畏戢以率衆，比戍還，得餘貲持歸，爲室家計可也。」人喜轉相告，莫敢爲惡，蜀郡晏然。劍州民私作僧度牒，或以爲謀逆告，抃不畀獄吏，以意決之，悉從輕比。謗者謂其縱逆黨，朝廷取具獄閱之，皆與法合。茂州夷剽境上，懼討乞降，乃縛奴將殺之，取血以受盟。抃使易用牲，皆讙呼聽命。

乞歸，知越州。吳越大饑疫，死者過半。抃盡救荒之術，療病埋死，而生者以全。下令修城，使得食其力。復徙杭，以太子少保致仕，而官其子屼提舉兩浙常平以便養。屼奉抃遍遊諸名山，吳人以爲榮。元豐七年，薨，年七十七。贈太子少師，謚曰淸獻。

抃長厚淸修，人不見其喜慍。平生不治貲業，不畜聲伎，嫁兄弟之女十數、他孤女二十餘人，施德惸貧，蓋不可勝數。日所爲事，入夜必衣冠露香以告于天，不可告，則不敢爲也。其爲政，善因俗施設，猛寬不同，在虔與成都，尤爲世所稱道。神宗每詔二郡守，必以抃爲言。要之，以惠利爲本。晚學道有得，將終，與屼訣，詞氣不亂，安坐而沒。宰相韓琦嘗稱抃眞世人標表，蓋以爲不可及云。

屼字景仁。由蔭登第，通判江州，改温州，代還，得見。時抃已謝事，神宗命爲太僕丞，擢監察御史。以父老請外，提舉兩浙常平。元祐中，復爲御史。上疏言：「治平以前，大臣不敢援置親黨於要塗，子弟多處筦庫，甚者不使應科舉，與寒士爭進。自王安石柄國，持內舉不避親之說，始以子雱列侍從，由是循習爲常。資望淺者，或居事權繁重之地；無出身者，或預文字淸切之職，今宜杜絕其源。」

又言：「臺諫之臣，或稍遷其位，而陰奪言責；或略行其言，而退與善地；或兩令並立，苟從講解；或置而不問，外示包容。使忠鯁之士，蒙羞難退，皆朝廷所宜深察也。」傅堯俞、王巖叟、梁燾、孫升以事去，屼言：「諸人才能學術，爲世推稱；忠言嘉謨，見於已試，宜悉召還朝。」所言皆切時務。

避執政親嫌，改都官員外郎，出提點京東刑獄。元符中，歷鴻臚、太僕少卿。曾布知樞密院，將白爲都承旨，蔡卞撫其救傳堯俞事，遂不用。未幾卒。

初，抃廬母墓三年，縣榜其里曰「孝弟」。處士孫侔爲作孝子傳。及屼執父喪，而甘露降墓木。屼卒，子雲又以毀死，人稱其世孝。

唐介字子方，江陵人。父拱，卒漳州，州人知其貧，合錢以賻，介年尚幼，謝不取。擢第，爲武陵尉，調平江令〔五〕。民李氏貲而吝，吏有求不厭，誣爲殺人祭鬼。岳守捕其家，無少長楚掠，不肯承。更屬介訊之，無他驗。守怒白于朝，遣御史方偕徙獄別鞫之，其究與介同。守以下得罪，偕受賞，介未嘗自言。

知莫州任丘縣，當遼使往來道，驛吏以誅索破家爲苦。介坐驛門，令曰：「非法所應給，一切勿與。」稍毀吾什器者，必執之。」皆帖伏以去。沿邊塘水歲溢，害民田，中人楊懷敏主之，欲割邑西十一村地豬漲潦，介築堤閼之，民以爲利。通判德州，轉運使崔嶧取庫絹配民而重其估。介留牒不下，且移安撫司責數之。嶧怒，數馳檄按詰，介不爲動。既而果不能行。

入爲監察御史裏行，轉殿中侍御史。啓聖院造龍鳳車，內出珠玉爲之飾。介言：「此太宗神御所在，不可喧瀆；後宮奇靡之器，不宜過制。」詔亟毁去。張堯佐驟除宣徽、節度、景靈、羣牧四使，介與包拯、吳奎等力爭之，又請中丞王舉正留百官班庭論，奪其二使。無何，復除宣徽使、知河陽。介謂同列曰：「是欲與宣徽，而假河陽爲名耳，不可但已也。」而同列依違，介獨抗言之。仁宗謂曰：「除擬本出中書。」介遂劾宰相文彥博守蜀日造間金奇錦，緣閹侍通宮掖，以得執政；今顯用堯佐，益自固結，請罷之而相富弼。又言諫官吳奎表裏觀望，語甚切直。

帝怒，卻其奏不視，且言將遠竄。介徐讀畢，曰：「臣忠憤所激，鼎鑊不避，何辭於謫？」帝急召執政示之曰：「介論事是其職。至謂彥博由妃嬪致宰相，此何言也？進用冢司，豈應得預？」時彥博在前，介責之曰：「彥博宜自省，卽有之，不可隱。」彥博拜謝不已，帝怒益甚。梁適叱介使下殿，修起居注蔡襄趨進救之。貶春州別駕，王舉正言以爲太重，帝旋悟，明日取其疏入，改置英州，而罷彥博相，吳奎亦出。又慮介或道死，有殺直臣名，命中使護之。梅堯臣、李師中皆賦詩激美，由是直聲動天下，士大夫稱眞御史，必曰唐子方而不敢名。

數月，起監郴州稅，通判潭州，知復州，召爲殿中侍御史。遣使賜告，趣詣闕下。入對，帝勞之曰：「卿遷謫以來，未嘗以私書至京師，可謂不易所守矣。」介頓首謝，言事益無所顧。他日請曰：「臣既任言責，言之不行將固爭，爭之重以累陛下，願得解職。」換工部員外郎、直集賢院，爲開封府判官，出知揚州，徙江東轉運使。御史吳中復言，介不宜久居外。文彥博再當國，奏：「介向所言，誠中臣病，願如中復言。」然但徙河東。

久之，入爲度支副使，進天章閣待制，復知諫院。帝自至和後，臨朝淵默。介言：「君臣如天地，以交泰爲理。願時延羣下，發德音，可否萬幾，以幸天下。」又論：「宮禁干丐恩澤，出命不由中書，宜有以抑絕；賜予嬪御之費，多先朝時十數倍，日加無窮，宜有所朘損；監司薦舉，多得文法小吏，請令精擇端良敦朴之士，毋使與憸薄者同進；諸路走馬承受淩擾郡縣，可罷勿遣，以權歸監司；兗國公主夜開禁門，宜劾宿衞主吏，以嚴宮省。」帝悉開納之。

御史中丞韓絳劾宰相富弼，弼家居求罷，絳亦待罪。介與王陶論絳以危法中傷大臣，絳罷。介嫌於右宰相，請外，以知荊南。敕過門下，知銀臺司何郯封還之，留權開封府。旋以論罷陳升之，亦出知洪州。加龍圖閣直學士、河北都轉運使，樞密直學士、知瀛州。

治平元年，召爲御史中丞。英宗謂曰：「卿在先朝有直聲，故用卿，非繇左右言也。」介曰：「臣無狀，陛下過聽，願獻愚忠。自古欲治之主，亦非求絕世驚俗之術〔六〕，要在順人情而已。祖宗遺德餘烈，在人未遠，願覽已成之業以爲監，則天下蒙福矣。」明年，以龍圖閣學士知太原府。帝曰：「朕視河東，不在中執法下，暫煩卿往耳。」夏人數擾代州邊，多築堡境上。介遣兵悉撤之，移諭以利害，遂不敢動。

神宗立，以三司使召。熙寧元年，拜參知政事。先時，宰相省閱所進文書於待漏舍，同列不得聞。介謂曾公亮曰：「身在政府而文書弗與知，上或有所問，何辭以對？」乃與同視，後遂爲常。帝欲用王安石，公亮因薦之，介言其難大任。帝曰：「文學不可任耶？吏事不可任耶？經術不可任耶？」對曰：「安石好學而泥古，故論議迂闊，若使爲政，必多所變更。」退謂公亮曰：「安石果用，天下必困擾，諸公當自知之。」中書嘗進除目，數日不決，帝曰：「當問王安石。」介曰：「陛下以安石可大用，卽用之，豈可使中書政事決於翰林學士？臣近每聞宣諭某事問安石，可卽行之，不可不行，如此則執政何所用，恐非信任大臣之體也。必以臣爲不才，願先罷免。」

安石既執政，奏言：「中書處分劄子，皆稱聖旨，不中理者十八九，宜止令中書出牒。」帝愕然。介曰：「昔寇準用劄子遷馮拯官不當，拯訴之，太宗謂：『前代中書用堂牒，乃權臣假此爲威福。太祖時以堂帖重於敕命，遂削去之。今復用劄子，何異堂帖？』張洎因言：『廢劄子，則中書行事，別無公式。』太宗曰：『大事則降敕，其當用劄子，亦須奏裁。』此所以稱聖旨也。如安石言，則是政不自天子出，使輔臣皆忠賢，猶爲擅命，苟非其人，豈不害國？」帝以爲然，乃止。介自是數與安石爭論。安石強辯，而帝主其說。介不勝憤，疽發于背，薨，年六十。

介爲人簡伉，以敢言見憚。每言官缺，衆皆望介處之，觀其風采。神宗謂其先朝遺直，故大用之。然居政府，遭時有爲，而扼於安石，少所建明，聲名減於諫官、御史時。比疾亟，帝臨問流涕，復幸其第弔哭，以畫像不類，命取禁中舊藏本賜其家。贈禮部尚書，謚曰質肅。子淑問、義問，孫恕。

淑問字士憲。第進士，至殿中丞。神宗以其家世，擢監察御史裏行，諭以謹家法、務大體。淑問見帝初卽位，銳於治，因言：「中旨數下，一出特斷，當謹出納、別枉直，使命令必行。今詔書求直言，而久無所施用，必欲屈羣策以起治道，願行其言。」初，詔侍臣講讀。淑問言：「王者之學，不必分章句、飾文辭。稽古聖人治天下之道，歷代致興亡之由，延登正人，博訪世務，以求合先王，則天下幸甚。」河北饑，流人就食京師，官振廩給食，來者不止。淑問曰：「出粟不繼，是誘之失業而就死地也。」條三策上之。

滕甫爲中丞，淑問力數其短，帝以爲邀名，乃詔避其父三司使，出通判復州。久之，知眞州，提點湖北刑獄，言新法不便，乞解使事，黜知信陽軍，以病免。數年，起知宣州，徙湖州，入爲吏部員外郎。又引疾求外，帝以爲避事，降監撫州酒稅。哲宗立，司馬光薦其行己有耻，難進，召爲左司諫，以病致仕，數月卒。

義問字士宣。善文辭，鎖廳試禮部，用舉者召試祕閣，父介引嫌罷之。熙寧中，辟京西轉運司管勾文字。神宗覽本道章奏，知義問所爲。以其名訪輔臣，因黃好謙領使事，諭之曰：「唐義問風力強敏，行且用矣，可面詔之。」尋以爲司農管當公事。方行手實法，所在騷然。義問言：「今造簿甫二歲，民不堪命，不宜復改爲。」從曾孝寬使河東，還奏事，記利害綱目於笏，帝取而熟視之，歷舉以問，應析如流。帝喜曰：「欲見卿，非今日也。」擢湖南轉運判官。一路斂免役錢，又分戶五等，儲其羨爲別賦，號「家力錢」，義問奏除之。移使京西，文彥博守西都，義問求罷去。彥博告以再入相時，嘗薦其父，晚同爲執政，相得甚驩，故義問乃止。時陝西大舉兵，多亡卒，所至成聚。義問請令詣官自陳，給劵續食，人以爲便。會有不悅之者，免歸。

元祐中，起知齊州，提點京東刑獄、河北轉運副使。屬邑尉因捕盜誤遺火，盜逸去，民家被焚，訟尉故縱火。郡守執尉，抑使服，義問辨出之，方旱而雨。用彥博薦，加集賢修撰，帥荆南，請廢渠陽諸砦。蠻楊晟秀斷之以叛，即拜湖北轉運使，討降之，復砦爲州。進直龍圖閣，以集賢殿修撰知廣州。章惇秉政，治棄渠陽罪，貶舒州團練副使。後七年，復故官，知潁昌府，卒。

恕，崇寧初，爲華陽令，以不能奉行茶法，忤使者，謝病免歸。其弟意方爲南陵令，亦以病自免，兄弟杜門躬耕。恕尋以宣教郎致仕。靖康元年，御史中丞許翰言其高行，詔起爲監察御史。意亦以宰相吳敏薦，召對，而貧不能行，竟餓死江陵山中。

論曰：拯爲開封，其政嚴明，人到于今稱之。而不尙苛刻，推本忠厚，非孔子所謂剛者乎？奎博學清重，君子人也。抃所至善治，民思不忘，猶古遺愛。介敢言，聲動天下，斯古遺直也。夫聽諫者，明君所難，以唐文皇猶弗終於魏徵，觀四臣面諍，鯁吭逆心，或不能堪，而仁宗容之無咈，誠盛德之主哉！屼世孝，淑問難進，義問強敏，恕高行不隕家聲，有足美云。

校勘記

〔一〕節度宣徽兩使　「宣徽」原作「宣撫」，據本書卷四六三張堯佐傳、東都事略卷七三包拯傳改。

〔二〕臣年七十且無子非邀福者　按包拯卒于嘉祐七年，年六十四，此包嘉祐三年語，時正六十，不當說「臣年七十」；東都事略卷七本傳作「臣行年六十」。又「邀」字下，東都事略本傳及編年綱目卷一五均有「後」字。疑此處有脫誤。

〔三〕出堯佐河陽　「河陽」原作「河中」，據本書卷四六三張堯佐傳、劉攽彭城集卷三七吳奎墓誌銘改。

〔四〕在位三十四年　「三」原作「二」。按此疏上於至和三年（公元一〇五六年），仁宗即位於乾興元年（公元一〇二二年），相距實爲三十四年，東都事略卷七三本傳正作「三十四年」，據改。

〔五〕平江令　當作「沅江令」。見東都事略卷七三本傳、劉摯忠肅集卷一五唐介神道碑等。

〔六〕亦非求絕世驚俗之術　「驚」字原脫，據王珪華陽集卷三七唐介墓誌銘補。

宋史卷三百一十七

列傳第七十六

邵亢 從父必 馮京 錢惟演 從弟易 易子彥遠 明逸 諸孫景諶 勰 即

邵亢字興宗，丹陽人。幼聰發過人，方十歲，日誦書五千言。賦詩豪縱，鄉先生見者皆驚偉之。再試開封，當第一，以賦失韻弗取。范仲淹舉亢茂才異等，時布衣被召者十四人，試崇政殿，獨亢策入等，除建康軍節度推官。或言所對策字少，不應式，宰相張士遜與之姻家，故得預選，遂報罷。而士遜子實娶它邵，與亢同姓耳。士遜既不能與直，亢亦不自言。趙元昊叛，亢言：「用兵在於擇將，今天下久不知戰，而所任多儒臣，未必能應變。武人得長一軍，又已老，詎能身先矢石哉？間起故家恩倖子弟，彼安識攻守之計？況將與卒素不相附，又亡堅甲利兵之禦。此不待兩軍相當，而勝敗之機，固已形矣。」因獻兵說十篇。召試祕閣，授潁州團練推官。晏殊爲守〔一〕，一以事諉之。民稅舊輸陳、蔡，轉運使又欲覆折緡錢，且多取之。亢言：「民之移輸，勞費已甚。方仍歲水旱，又從而加取，無乃不可乎？」遂止。入爲國子監直講、館閣校勘、同知太常禮院。張貴妃薨，立園陵，禁京城樂一月，亢累疏罷之。進集賢校理。仁宗繼嗣未立，亢言：「國之外患在邊圉，然禦之之術，不過羈縻勿絕而已。內患則不然，繫社稷之安危，不可不蚤定也。」提點開封縣鎭公事。比有縱火者，一不獲則主吏坐罪，民或自燔其居以中吏。亢請非延及旁舍者，雖失捕，得勿坐。徙爲府推官，改度支判官。

契丹遣使賀乾元節，未至，仁宗崩。議者謂宜卻，或欲俟其及國門而諭使之還，亢請令奉書至柩前，使見嗣君。從之。選爲潁王府翊善，加直史館。召對羣玉殿，英宗訪以世事，稱之曰：「學士眞國器也。」擢同修起居注。建言：「陛下初政，欲治國者先齊家，潁王且授室，願采用古昏禮。公主下降，不宜厭舅姑之尊。」帝深納之。他日，諭王曰：「以翊善端直朴厚，輟爲諫官矣。」王出道帝語，遂以知制誥知諫院。東宮建，爲右庶子。

神宗立，遷龍圖閣直學士。有譖之者曰：「先帝大漸時，亢嘗建垂簾之議。」御史吳申即論之。帝知其妄，置不問。亢自訴曰：「方先帝不豫，羣臣莫得進見，臣無由面陳，必有章奏。乞索之禁中，若得之，臣當伏誅；不然，則讒臣者，豈宜但已，願下獄考實。」帝不許。時待制以上爲帥、守，每他徙必遷職秩，亢請未滿兩歲者勿推恩。王陶劾韓琦，吳奎與之辨。

亢詆奎所言顚倒，失大臣體，蓋欲併撼琦。琦與奎竟同日去。

進樞密直學士、知開封府。亢遇事敏密，吏操辭牘至前，皆反覆閱之。人或以爲勞，亢曰：「決是非於須臾，正當爾。初雖煩，後乃省也。」籍里閭惡少年〔三〕與吏之廢停者，一有所犯，皆遷處之，畿下鬥訟爲之衰止。拜樞密副使。

夏人誘殺知保安軍楊定，朝廷謀西討。亢曰：「天下財力殫屈，未宜用兵，唯當降意撫納，俟不順命，則師出有名矣。」因條上其事。詔報之曰：「中國民力，大事也。兵興之後，不無掊率，人心一搖，安危所係。今動自我始，先違信誓，契丹聞之，將不期而自合，玆朕所深憂者。當悉如卿計。」未幾，夏主諒祚死，國人執殺定者來請和。或欲乘此更取塞門地，亢以爲幸人之喪，非義也，乃止。

亢在樞密踰年，無大補益，帝頗厭之，嘗與諫官孫覺言，欲以陳升之代亢，而使守長安。覺遽劾亢薦升之，帝怒其希指，黜覺，亢亦引疾辭，以資政殿學士知越州。歷鄭、鄆、亳三州。薨，年六十一。贈吏部尚書，即其鄉賜以居宅，謚曰安簡。從父必。

必字不疑。舉進士，爲上元主簿。國子監立石經，必善篆隸，召充直講。選爲唐書編修官。必以史出衆手，非古人撰述之體，辭不就。進集賢校理、同知太常禮院。天子且親祠，執事者習禮壇下。必言：「周官大宗伯：『凡王之禱祠，肄儀爲位。』鄭康成釋云：『若今肄司徒府。』古禮如此。今卽祠所習之，爲不敬。」乃徙於尙書省。張貴妃受册，禮官議命婦入賀儀未決，或曰：「妃爲修媛時，命婦已不敢亢禮，況今日乎？」必曰：「宮省事祕不可知。旣下有司議，惟有外一品南省上事百官班見之儀，然禮無不答。」衆議乃定。

出知常州，召爲開封府推官。坐在常州日杖人至死，責監邵武稅，然杖者實不死。久之，知高郵軍，提點淮南刑獄，爲京西轉運使。必居官震厲風采，始至郡，惟一赴宴集；行部，但一受酒食之餽。以爲數會聚則人情狎，多受餽則不能行事，非使者體也。入修起居注、知制誥。

雄州種木道上，契丹遣人夜伐去，又數漁界河中。事聞，命必往使，必以理折契丹，屈之。還，知諫院。編仁宗御集成，遷寶文閣直學士、權三司使，加龍圖閣學士、知成都。卒於道，年六十四。遣中使護其喪歸。

馮京字當世，鄂州江夏人。少儁邁不羣，舉進士，自鄉舉、禮部以至廷試，皆第一。時猶未娶，張堯佐方負宮掖勢，欲妻以女。擁至其家，束之以金帶，曰：「此上意也。」頃之，宮中持酒殽來，直出奩具目示之。京笑不視，力辭。出守將作監丞、通判荆南軍府事。還，直集賢院、判吏部南曹，同修起居注。吳充以論溫成皇后追册事，出知高郵，京疏充言是，不當黜。劉沆請併斥京，仁宗曰：「京亦何罪？」但解其記注，旋復之。

試知制誥。避婦父富弼當國嫌，拜龍圖閣待制、知揚州。改江寧府，以翰林侍讀學士召還，糾察在京刑獄。爲翰林學士、知開封府。數月不詣丞相府，韓琦語弼，以京爲傲。弼使往見琦，京曰：「公爲宰相，從官不妄造請，乃所以爲公重，非傲也。」出安撫陝西，請城古渭，通西羌喚氏，畀木征官，以斷夏人右臂。除端明殿學士、知太原府。

神宗立，復爲翰林學士，改御史中丞。王安石爲政，京論其吏張失當，累數千百言，安石指爲邪說，請黜之。帝以爲可用，擢樞密副使。河東麟、府、豐三州，城壘兵械不治，官吏皆受譴。京以先帥本道，上章自劾曰：「使諸路帥臣，知其雖一時脫去，後能僥竊名位者，猶必行法，將不敢復媮惰曠職。」優詔不聽。進參知政事。

數與安石論辨，又薦劉攽、蘇軾掌外制。安石令保甲養馬，京謂必不可行。會選人鄭俠上書言時政，薦京可相，呂惠卿因是譖京與俠通，罷知亳州。未幾，以資政殿學士知渭州。茂州夷叛，徙知成都府。蕃部何丹方寇雞宗關〔三〕，聞京兵至，請降。議者遂欲蕩其巢窟，京請于朝，爲禁侵掠，給稼器，餉糧食，使之歸。夷人喜，爭出犬豕割血受盟，願世世爲漢藩。

惠卿告安石罪，發其私書，有曰「勿令齊年知」，齊年謂京也，與安石同年生。帝以安石爲欺，復召京知樞密院。京以疾未至，帝中夕呼左右語曰：「適夢馮京入朝，甚慰人意。」乃賜京詔，有「渴想儀刑，不忘夢寐」之語。及入見，首以所夢告焉。頃之，以觀文殿學士知河陽。

哲宗即位，拜保寧軍節度使、知大名府，又改鎭彰德。於是范祖禹言：「京再執政，初與王安石不合，後爲呂惠卿所傾，其中立不倚之操，爲先帝稱挹。且昭陵學士，獨京一人存，若付以樞密，必允公論。」時京已老，乃以爲中太一宮使兼侍講〔四〕，改宣徽南院使，拜太子少師，致仕。紹聖元年，薨，年七十四。帝臨奠于第，贈司徒，謚曰文簡。

始，京鄉居，受恩通判南宮成，迨貴，以郊恩官其子。嘗過外兄朱适，出侍妾，詢知爲同年進士妻，亟請而嫁之。其爲郡守，諸縣公事至，即歷究之，苟與縣牘合而處斷麗於法者，呼法吏決罪，不以付獄。報下捷疾，一無壅滯，人服其敏云。

錢惟演字希聖，吳越王俶之子也。少補牙門將，從俶歸朝，爲右屯衞將軍。歷右神武軍將軍。博學能文辭，召試學士院，以笏起草立就，眞宗稱善。改太僕少卿，獻咸平聖政錄。命直祕閣，預修册府元龜，詔與楊億分爲之序。除尚書司封郞中、知制誥，再遷給事中、知審官院。大中祥符八年，爲翰林學士，坐私謁事罷之。尋遷尚書工部侍郞，再爲學士、會靈觀副使。又坐貢擧失實，降給事中。復工部侍郞，擢樞密副使、會靈觀使兼太子賓客，更領祥源觀。累遷工部尚書。

仁宗卽位，進兵部。王曾爲相，以惟演嘗位曾上，因拜樞密使。故事，樞密使必加檢校官，惟演止以尚書充使，有司之失也。初，惟演見丁謂權盛，附之，與爲婚。謂逐寇準，惟演與有力焉。及序樞密題名，獨刊去準，名曰「逆準」，削而不書。謂禍旣萌，惟演慮幷得罪，遂擠謂以自解。

宰相馮拯惡其爲人，因言：「惟演以妹妻劉美，乃太后姻家，不可與機政，請出之。」乃罷爲鎭國軍節度觀察留後，卽日改保大軍節度使、知河陽。踰年，請入朝，加同中書門下平章事、判許州。未卽行，冀復用，侍御史鞠詠奏劾之，惟演乃亟去。天聖七年，改武勝軍節度使。明年來朝，上言先壠在洛陽，願守宮鑰。卽以判河南府，再改泰寧軍節度使。惟演雅意柄用，抑鬱不得志。及帝耕籍田，求侍祠，因留爲景靈宮使。太后崩，詔還河南。惟演不自安，請以莊獻明肅太后、莊懿太后並配眞宗廟室，以希帝意。惟演旣與劉美親，又爲其子曖娶郭后妹，至是，又欲與莊懿太后族爲婚。御史中丞范諷劾惟演擅議宗廟，且與后家通婚姻。落平章事，爲崇信軍節度使，歸本鎭。未幾，卒，特贈侍中。太常張瓌按，謚法敏而好學曰「文」，貪而敗官曰「墨」，請謚文墨。其家訴于朝，詔章得象等覆議，以惟演無貪黷狀，而晚節率職自新，有惶懼可憐之意，取謚法追悔前過曰「思」，改謚曰思。慶曆間，二太后始升祔眞宗廟室，子曖復訴前議，乃改謚曰文僖。

惟演出于勳貴，文辭清麗，名與楊億、劉筠相上下。於書無所不讀，家儲文籍侔祕府。尤喜獎厲後進。初，眞宗謚號稱「文」，惟演曰：「眞宗幸澶淵禦契丹，盟而服之，宜兼謚『武』。」下有司議，乃加謚「武定」。所著典懿集三十卷，又著金坡遺事、飛白書敍錄、逢辰錄、奉藩書事。惟演嘗語人曰：「吾平生不足者，惟不得於黃紙上押字爾。」蓋未嘗歷中書故也。子曖、晦、暄，從弟昜。

晦字明叔，以大理評事娶獻穆大長公主女，累遷東上閤門使、貴州團練使。王守忠領兩使留後，移閤門定朝立燕坐位，晦因言：「天子大朝會，令宦者齒士大夫坐殿上，必爲外夷所笑。」守忠吏欲以禮服進酒，晦又以爲不可。勾當三班院、羣牧都監，授忠州防禦使、知河中府。帝因戒曰：「陝西方罷兵，民困久矣。卿爲朕愛撫，毋縱酒樂，使人呼爲貴戚子弟也。」晦頓首謝。改潁州防禦使，爲秦鳳路馬步軍總管。復還三班院，同提舉集禧觀。歷覇州防禦使，爲羣牧副使，卒。

暄字載陽，以父蔭累官駕部郎中、知撫州，移台州。台城惡地下，秋潦暴集，輒圮溺，人多卽山爲居。暄爲增治城堞，壘石爲臺，作大隄扞之。進少府監、權鹽鐵副使。暄鈎考諸路逋租，兩浙轉運使負課當坐，暄上言：「浙部仍歲饑，故租賦不登籍，今使者獲罪，必亟斂於民，民不堪矣。」神宗卽詔釋之。官制行，爲光祿卿，出知鄆州，拜寶文閣待制，卒。子景臻，尙秦、魯國大長公主。景臻子忱，在外戚傳。

易字希白。始，父倧嗣吳越王，爲大將胡進思所廢，而立其弟俶。俶歸朝，羣從悉補官，易與兄昆不見錄，遂刻志讀書。昆字裕之，舉進士，爲治寬簡便民，能詩，善草隸書，累官右諫議大夫，以祕書監于家〔五〕。

易年十七，舉進士，試崇政殿，三篇，日未中而就。言者惡其輕俊，特罷之。然自此以才藻知名。太宗嘗與蘇易簡論唐世文人，歎時無李白。易簡曰：「今進士錢易，爲歌詩殆不下白。」太宗驚喜曰：「誠然，吾當自布衣召置翰林。」値盜起劍南，遂寢。眞宗在東宮，圖山水扇，會易作歌，賞愛之。

易再舉進士，就開封府試第二。自謂當第一，爲有司所屈，乃上書言試朽索之馭六馬賦，意涉譏諷。眞宗惡其無行，降第三。明年，第二人中第，補濠州團練推官。召試中書，改光祿寺丞、通判蘄州。奏疏曰：「堯放四罪而不言殺，彼四者之凶，尙惡言殺，非堯仁之至乎？古之肉刑者劓、椓、黥、刖皆非死，尙以爲虐。近代以來，斷人手足，鉤背烙筋，身見白骨而猶視息，四體分落乃方絕命。以此示人，非平世事也。今四方長吏競爲殘暴，婺州先斷賊手足，然後斬之以聞。壽州巡檢使磔賊於闤闠之中，其旁猶有盜物者。使嚴刑可誡於衆，則秦之天下，無叛民矣。臣以謂非法之刑，非所以助治，惟陛下除之。」帝嘉納其言。

景德中，舉賢良方正科，策入等，除祕書丞、通判信州。東封泰山，獻殊祥錄，改太常博士、直集賢院。祀汾陰，幸亳州，命修車駕所過圖經，獻宋雅一篇，遷尙書祠部員外郎。坐發國子監諸科非其人，降監潁州稅。數月，召還。久之，判三司磨勘司。上言：「官物在籍，而三司移文鳌正，或其數細微，輒歷年不得報，徒擾州縣。自今官錢百、穀斗、帛二尺以下，非欺給者除之。」眞宗雅眷詞臣，其典掌誥命，皆躬自柬拔。擢知制誥、判登聞鼓院、糾察在京刑獄。累遷左司郎中，爲翰林學士，儤直未滿，卒。仁宗憐之，召其妻盛氏至禁中，賜以冠帔。

易才學贍敏過人，數千百言，援筆立就。又善尋尺大書行草，及喜觀佛書，嘗校道藏經，著殺生戒，有金閨、瀛州、西垣制集一百五十卷，靑雲總錄、靑雲新錄、南部新書、洞微志一百三十卷。子彥遠、明逸，相繼皆以賢良方正應詔。宋興以來，父子兄弟制策登科者，錢氏一家而已。

彥遠字子高，以父蔭補太廟齋郎，累遷大理寺丞。舉進士第，以殿中丞爲御史臺推直官。通判明州，遷太常博士。舉賢良方正能直言極諫科，擢尙書祠部員外郎、知潤州。上疏曰：

陛下卽位以來，內無聲色之娛，外無畋漁之樂，而前歲地震，雄、霸、滄、登，旁及荆湖，幅員數千里，雖往昔定襄之異，未甚於此。今復大旱，人心嗷嗷，天其或者以陛下備寇之術未至，牧民之吏未良，天下之民未安，故出譴告以示之。苟能順天之戒，增修德業，宗社之福也。

今契丹據山後諸鎭，元昊盜靈武、銀、夏，衣冠車服，子女玉帛，莫不有之。往時，元昊內寇，出入五載，天下騷然。及納款賜命，則被邊長吏，不復銓擇，高冠大裾，恥言軍旅。一日契丹負恩，乘利入塞，豈特元昊之比耶？湖、廣蠻獠劫掠生民，調發督斂，軍須百出，三年于今，未聞分寸之效。惟陛下念此三方之急，講長久之計，以上答天戒。

時旱蝗，民乏食，彥遠發常平倉賑救之。部使者詰其專且摧價，彥遠不爲屈。召爲右司諫，請勿數赦，擇牧守，增奉入以養廉吏，息土木以省功費。遷起居舍人、直集賢院、知諫院。會諸路奏大水，彥遠言陰氣過盛，在五行傳「下有謀上之象」，請嚴宮省宿衞。未幾，有挾刃犯謻門者。特賜五品服。又上疏曰：

農爲國家急務，所以順天養財，禦水旱，制蠻夷之原本也。唐開元戶八百九十餘萬，而墾田一千四百三十餘萬頃。今國家戶七百三十餘萬，而墾田二百一十五萬餘頃，其間逃廢之田，不下三十餘萬，是田疇不闢，而游手者多也。勸課其可不興乎？

本朝轉運使、提點刑獄、知州、通判，皆帶勸農之職，而徒有虛文，無勸導之實。宜置勸農司，以知州爲長官，通判爲佐，舉淸強幕職、州縣官爲判官。先以墾田頃畝及戶口數、屋塘、山澤、溝洫、桑柘，著之於籍，然後設法勸課，除害興利。歲終農隙，轉運司考校之，第其賞罰。

楊懷敏妄言契丹主宗眞死，乃除入內副都知；內侍黎用信以罪竄海島，赦歸，遽得環衞官致仕；許懷德、愼鏞高年未謝事；楊景宗、郭承祐闒冗小人，宜廢不用：歷舉劾之，多見聽納。彥遠性豪邁，其任言職，數有建明。卒于官。

明逸字子飛。繇殿中丞策制科，轉太常博士。爲呂夷簡所知，擢右正言。首劾范仲淹、富弼：「更張綱紀，紛擾國經。凡所推薦，多挾朋黨。乞早罷免，使姦詐不敢效尤，忠實得以自立。」疏奏，二人皆罷；其夕，杜衍亦免相。明逸蓋希章得象、陳執中意也。

石元孫與夏人戰沒，以死事褒贈，既而生歸，朝廷釋不問。明逸請正其僨軍之罪，乃竄之遠方而奪其恩。進同修起居注、知制誥，擢知諫院，爲翰林學士。自登科至是，纔五年。加史館修撰、知開封府。妄人冷青自稱皇子，捕至府，明逸方正坐，青叱曰：「明逸安得不起？」明逸爲起，坐尹京無威望；又獄吏榜婦人鄭氏墮足死，罷爲龍圖閣學士、知蔡州。歷揚青鄆曹州、應天府，還，判流內銓、知通進銀臺司，復出知成德軍、渭州。加端明殿學士、知秦州。

先是，于闐入貢，道邈川，唃廝囉留不遣。會其妻亡，前帥張方平請因而郵之，且誘其般次入貢，詔賻絹千匹。明逸言：「朝廷撫唃氏至厚，頃以招馬爲名，賂繒絮；邀請六事，既徇其五，而猶觖望。今壅遏荒服之貢，固有罪矣，豈可復加賜以辱國體？」從之。而于闐使與般次亦皆至。廝囉有子質于秦，別子木征居河州。殿侍程從簡私與之盟，令過洮河，許以官，且歸其質子。事不驗，木征怒，留貢使。明逸械從簡往詰，因斬之。木征惶懼，悉遣所留者。治平初，復爲翰林學士。神宗立，御史論其傾險憸薄，頃附賈昌朝、夏竦以陷正人，文辭淺繆，豈應冒居翰院？乃罷學士。久之，知永興軍。熙寧四年，卒，年五十七。贈禮部尙書，謚曰修懿。

藻字醇老，明逸之從子也。幼孤，刻厲爲學。第進士，又中賢良方正科，爲祕閣校理。慈聖后臨朝，藻三上書乞還政。同修起居注、知制誥。加樞密直學士、知開封府。平居樂易無崖岸，而居官獨立守繩墨，爲政簡靜有條理，不肯徇私取顯。數求退，改翰林侍讀學士、知審官東院。卒，年六十一。神宗知其貧，賻錢五十萬，贈太中大夫。

景諶，景臻之從兄也。繇殿直巡轄兩京馬遞，中進士第。初赴開封解試，時王安石得其文，以爲知道者。既薦送之，又推譽於公卿間，自是執弟子禮。安石提點府界，景諶爲屬主簿，又以文薦之。執喪居許，聞安石得政，喜，因事來京師謁之。方盛夏，安石與僧智緣臥於地，一最親者祖坐其側。顧景諶褫服脫帽，未及它語，卒然問曰：「青苗、助役如何？」景諶曰：「利少害多，異日必爲民患。」又問：「孰爲可用之人？」曰：「居喪不交人事，而知人尤難事也。」遂辭出。

後調官復來，安石已作相，又往詣之。安石令先與弟安國相見。安國亦與之善，謂景諶曰：「相君欲以館閣相處而任以事。」景諶曰：「百事皆可爲，所不知者新書、役法耳。」及見安石，安石欲令治峽路役書，且委以戎、瀘蠻事。景諶曰：「峽路民情，僕固不能知；而戎、瀘用兵，繫朝廷舉動、一路生靈休戚，願擇知兵愛人者。」安石大怒，坐上客數十人，皆爲之懼。退就謁舍，賞激之與詆以爲矯者參半。景諶笑曰：「自古以來，好利者衆，而顧義者寡，故天下萬事，皆由人而不在於己。苟爲利所動，而由於人，則盜亦可爲也。夫盜之所以爲盜者，利勝於義，而不知所以爲之者耳。吾又何憾焉？」遂與安石絕。熙寧末，從張景憲辟知瀛州，終身爲外官，僅至朝請郎而卒。

勰字穆父，彥遠之子也。生五歲，日誦千言。十三歲，制舉之業成。熙寧三年試應，既中祕閣選，廷對入等矣，會王安石惡孔文仲策，遷怒罷其科，遂不得第。以蔭知尉氏縣，授流內銓主簿。判銓陳襄嘗登進班簿，神宗稱之。襄曰：「此非臣所能，主簿錢勰爲之耳。」明日召對，將任以清要官。安石使弟安禮來見，許用爲御史。勰謝曰：「家貧母老，不能爲萬里行。」安石知不附己，命權鹽鐵判官，歷提點京西、河北、京東刑獄。元豐定官制，勰方居喪。帝於左司郎中格自書其姓名，須終制日授之。

奉使弔高麗，外意頗謂欲結之以北伐。勰入請使指，帝曰：「高麗好文，又重士大夫家世，所以選卿，無他也。」乃求呂端故事以行，凡餽餼非故所有者皆弗納。歸次紫燕島，王遣二吏追餉金銀器四千兩。勰曰：「在館時旣辭之矣，今何爲者？」吏泣曰：「王有命，徒歸則死，且左番已受。」勰曰：「左右番各有職，吾唯例是視，汝可死，吾不可受。」竟卻之。還，拜中書舍人。

元祐初，遷給事中，以龍圖閣待制知開封府。老吏畏其敏，欲困以事，導人訴牒至七百。勰隨即剖決，簡不中理者，緘而識之，戒無復來。閱月聽訟，一人又至，呼詰之曰：「吾固戒汝矣，安得欺我？」其人讕曰：「無有。」勰曰：「汝前訴云云，吾識以某字。」啓緘示之，信然，上下皆驚咤。宗室、貴戚爲之斂手，雖丞相府謁吏干請，亦械治之。積爲衆所憾，出知越州，徙瀛州。召拜工部、戶部侍郎，進尚書，加龍圖閣直學士，復知開封，臨事益精。蘇軾乘其據案時遺之詩，勰操筆立就以報。軾曰：「電掃庭訟，響答詩筒，近所未見也。」

哲宗涖政，翰林缺學士，章惇三薦林希，帝以命勰，仍兼侍讀。以嘗行惇謫詞，懼而求去。帝曰：「豈非『鞅鞅非少主之臣，硜硜無大臣之節』者乎？朕固知之，毋庸避也。」嘗侍經幄，帝留與之語曰：「臺臣論徐邸事，其辭及鄭、雍，小人離間骨肉如此。若雍有請，當付卿以美詔慰安之。」既而雍章至，勰答詔云：「弗容羣枉，規欲動搖，朕察其厚誣，力加明辨，夫何異趣，乃爾乞身。」帝見之，謂能道所欲言者。惇因是極意排詆，諷全臺攻之，言不已。罷知池州，卒于官，年六十四。訃未至，帝猶即其從弟景臻問安否。元符末，追復龍圖閣學士。

卽字中道，吳越王諸孫也。第進士，爲睦州推官。部使者有獄在衢，咲卽以薦牘，使往治。卽曰：「吾寧老冗選中，豈忍以數十人易一薦乎？」至，則平反之。辟鄜延幕府。崇寧中，爲陝西轉運判官。王師復銀州，轉餉最。徽宗召對，問曰：「靈武可取乎？」對曰：「夏人去來飄忽，不能持久，是其所短；然其民皆兵，居不縻飲食，動不勤轉餉，願敕邊臣先爲不可勝以待釁，庶可得志。」帝曰：「大砦泉可取否？」對曰：「是所謂瀚海也。臣聞其地皆舄鹵，無水泉，或以飲馬，口鼻皆裂，正得之無所用。」帝然之。

除直龍圖閣、知慶州。至鎭，築安邊城、歸德堡，包地萬頃，縱耕其中，歲得粟數十萬。徙知延安府，加集賢殿修撰，又進徽猷閣待制、顯謨閣直學士。在延五年，童貫宣撫陝西，得便宜行事。時長安百物踴貴，錢幣益輕，貫欲力平之，計司承望風旨，取市價率減什四，違者重置于法，民至罷市。徐處仁爭之，得罪。又行均糴法，賤入民粟，而高金帛估以賞，下至蕃兵、射士之授田者，咸被抑配，關內騷然，幾於生變。卽亦屢抗章，極陳其害，貶永州團練副使，然糴害亦寢。

數月，還待制、知興仁府，徙太原，以童貫宣撫本道辭，不許。居二年，以疾提舉洞霄宮，復直學士。睦寇作，起知宣州。卽自力上道，至則悉意應軍須。貫上其功，進龍圖閣學士。貫遂引爲河北、河東參謀，以老固辭，乃轉正奉大夫致仕。卒，贈金紫光祿大夫，謚曰忠定。

論曰：進士自鄉舉至廷試皆第一者纔三人，王曾、宋庠爲名宰相，馮京爲名執政，風節相映，不愧其科名焉。邵亢知太常，裁損張貴妃卹典，潁王授室、公主下嫁，請用古典，可謂不愧其官守矣。邵必亦習禮者也，預修唐書而能力辭，以爲史出衆手，非古人撰述之體，豈非名言乎？錢惟演敏思清才，著稱當時，然急於柄用，阿附希進，遂喪名節。錢氏三世制科，易、明逸皆掌書命，時人榮之。惜乎易以輕儁，明逸以傾險，並爲時論所憾云。

校勘記

〔一〕晏殊爲守　「守」原作「首」，據王珪華陽集卷三七邵亢墓誌銘改。本書卷三一一晏殊傳、長編卷一五二都說晏殊於慶曆中曾知潁州，和邵亢墓誌銘合，可以參證。

〔二〕少年　原倒，據華陽集卷三七邵亢墓誌銘乙正。

〔三〕雞宗關　「宗」原作「粽」，據本書卷八九地理志、長編卷二七四改。

〔四〕侍講　當作「侍讀」，見東都事略卷八一本傳、宋會要職官五四之八、長編卷四五四。

〔五〕以祕書監于家　按東都事略卷四八錢昆傳說：「以祕書監致仕，卒，年七十六。」疑此處「祕書監」下當有一「卒」字。

宋史卷三百一十八

列傳第七十七

張方平　王拱辰　張昪〔一〕　趙槩　胡宿 子宗炎　從子宗愈　宗回

張方平字安道，南京人。少穎悟絕倫，家貧無書，從人假三史，旬日即歸之，曰：「吾已得其詳矣。」凡書皆一閱不再讀，宋綬、蔡齊以爲天下奇才。舉茂材異等，爲校書郎、知崑山縣。又中賢良方正，選遷著作佐郎、通判睦州。

趙元昊且叛，爲嫚書來，規得譴絕以激使其衆。方平請：「順適其意，使未有以發，得歲月之頃，以其間選將厲士，堅城除器，爲不可勝以待之。雖終於必叛，而兵出無名，吏士不直其上，難以決勝。小國用兵三年，而不見勝負，不折則破；我以全制其後，必勝之道也。」時天下全盛，皆謂其論出姑息，決計用兵。方平上平戎十策，以爲：「入寇當自延、渭，巢穴之守必虛。宜屯兵河東，卷甲而趨之，所謂攻其所必救，形格勢禁之道也。」宰相呂夷簡善其策而不果行。當召試館職，仁宗曰：「是非兩策制科者乎？何試也？」命直集賢院，俄知諫院。

夏人寇邊，方平首乞合樞密之職于中書，以通謀議。帝然之，遂以宰相兼樞密使。時調諸道弓手，刺其壯者爲宣毅、保捷，方平連疏爭之，弗聽。既而兩軍驕甚，合二十餘萬，皆市人不可用，如方平言。

夏竦節制陝西幷護諸將，四路以稟復失事機，且詔使出師，逗遛不行。及豐州陷，劉平等覆師，主帥皆坐譴，竦獨不預，方平劾罷之，而請四路帥臣，各自任戰守。西師久未解，元昊亦困弊，方平言：「陛下猶天地父母也，豈與犬豕豺狼較乎？願因郊赦，引咎示信，開其自新之路。」帝喜曰：「是吾心也。」是歲，改慶曆赦書，敕邊吏通其善意，元昊竟降。

既，以修起居注使契丹。契丹主顧左右曰：「有臣如此，佳哉！」騎而擊毬於前，酌玉巵飲之，且贈以所乘馬。還，知制誥，權知開封府。府事叢集，前尹率書板識之，方平獨默記决遣，無少差忘。進翰林學士。元昊既臣，而與契丹有隙，來請絕其使，議者不可。方平曰：「得新附之小羌，失久和之強敵，非計也。宜賜元昊詔，使之審處，但嫌隙朝除，則封册暮下。如此，於西、北爲兩得矣。」時韙其謀。拜御史中丞，改三司使。

初，王拱辰議榷河北鹽，方平見曰：「河北再榷鹽，何也？」帝曰：「始立法耳。」方平曰：

「昔周世宗以鹽課均之稅中，今兩稅鹽錢是也〔二〕。豈非再榷乎？」帝驚悟，方平請直降手詔罷之。河朔父老迎拜於澶州，爲佛老會七日，以報上恩，事具食貨志。加端明殿學士、判太常寺。

禁中衞卒夜變，帝且語二府，獎張貴妃扈蹕功。夏竦即倡言：「當求所以尊異之禮。」方平聞之，謂陳執中曰：「漢馮倢伃身當猛獸，不聞有所尊異；且皇后在而尊貴妃，古無是事。果行之，天下之責，將萃於公矣。」執中瞿然而罷。

帝以豐財省費訪羣臣，方平既條對，又獨上數千言，大略以爲：「祥符以來，務爲姑息，漸失祖宗之舊。取士、任子、磨勘、遷補之法壞，命將養兵，皆非舊律。國用既窘，則政出多門；大商豪民乘隙射利，而茶鹽香礬之法亂。此治忽盛衰之本，不可以不急。」帝覽對甚悅，且大用，會判官楊儀得罪，坐與交，出知滁州。頃之，知江寧府，入判流內銓。

以侍講學士知滑州，徙益州。未至，或扇言儂智高在南詔，將入寇，攝守亟調兵築城，日夜不得息，民大驚擾。朝廷聞之，發陝西步騎兵仗，絡繹往戍蜀。詔趣方平行，許以便宜從事，方平曰：「此必妄也。」道遇戍卒，皆遣歸，他役盡罷。適上元張燈，城門三夕不閉，得邛部川譯人始造此語者，梟首境上，而流其餘黨，蜀人遂安。

復以三司使召。方西鄙用兵，兩蜀多所調發，方平爲奏免橫賦四十萬，減鑄鐵錢十餘萬緡。又建言：「國家都陳留，當四通五達之道，非若雍、洛有山川足恃，特倚重兵以立國耳。兵恃食，食恃漕運，以汴爲主，汴帶引淮、江，利盡南海。天聖已前，歲調民浚之，故水行地中。其後，淺妄者爭以裁減役費爲功，汴日以塞，今仰而望焉，是利尺寸而喪丘山也。」乃畫上十四策。富弼讀其奏，漏盡十刻，帝稱善。弼曰：「此國計大本，非常奏也。」悉如其說行之。

遷尙書左丞、知南京。未幾，以工部尙書帥秦州。諜告夏人將壓境，方平料簡士馬，聲言出塞。已而寇不至，言者論其輕舉，曾公亮曰：「兵不出塞，何名輕舉？寇之不得至，有備故也。倘罪之，後之邊臣，將不敢爲先事之備矣。」方平不自安，請知南京。

英宗立，遷禮部尙書，請知鄆州。還，爲學士承旨。帝不豫，召至福寧殿，帝馮几言，言不可辨。方平進筆請，乃書云：「明日降詔，立皇太子。」方平抗聲曰：「必潁王也，嫡長而賢，請書其名。」帝力疾書之，乃退草制。

神宗卽位，召見，請約山陵費，帝曰：「奉先可損乎？」對曰：「遺制固云，以先志行之，可謂孝矣。」又請差減錫賚，以乾興爲準，費省什七八。方平進詔草，帝親批之，曰：「卿文章典雅，煥然有三代風，又善以豐爲約，意博而辭寡，雖書之訓誥，殆無加也。」其見稱重如此。拜參知政事。御史中丞司馬光疏其不當用，不聽。光解中丞，曾公亮議用王安石，方平以爲不可。數日，遭父憂，服闋，以觀文殿學士留守西京。入覲，留判尙書都省，力請知陳州。

安石行新法，方平陛辭，極論其害，曰：「民猶水也，可以載舟，亦可以覆舟；兵猶火也，弗戢必自焚。若新法卒行，必有覆舟、自焚之禍。」帝憮然。

韓絳主西師，慶卒亂，京西轉運使令一路各會兵于州，民大駭。方平持檄不下而奏之，帝曰：「守臣不當爾邪！」命罷諸郡兵。召爲宣徽北院使，留京師。王安石深沮之，以爲靑州。未行，帝問祖宗禦戎之要，對曰：「太祖不勤遠略，如靈夏、河西，皆因其酋豪，許之世襲；環州董遵誨、西山郭進、關南李漢超，皆優其祿賜，寬其文法。諸將財力豐而威令行，間諜精審，吏士用命，故能以十五萬人而獲百萬之用。及太宗謀取燕薊，又內徙李彝興、馮暉，於是朝廷始旰食矣。眞宗澶淵之克，與契丹盟，至今人不識兵革。三朝之事如此。近歲疆埸之臣，乃欲試天下於一擲，事成徼利，不成詒患，不可聽也。」帝曰：「慶曆以來，卿知之乎？元昊初臣，何以待之？」對曰：「臣時爲學士，暫詔封册，皆出臣手。」帝曰：「卿時已爲學士，可謂舊德矣。」

契丹泛使蕭禧來議疆事，臨當辭，臥驛中不起。方平謂樞密使吳充曰：「但令主者日致饋勿問，且使邊郡檄其國可也。」充啓從之，禧卽行。除中太一宮使。

王安石弛銅禁，姦民日銷錢爲器，邊關海舶不復譏錢出，錢日耗。方平極論其害，請詰安石：「舉累朝之令典，一旦削除之，其意安在？」帝頗采其言，而方平求去。進使南院，判應天府。帝曰：「朕欲卿與韓絳共事，而卿論政不同；欲寘卿樞密，而卿論兵復異。卿受先帝末命，訖無以副朕意乎？」遂行。

高麗使過府，長吏當送迎，方平言：「臣班視二府，不可爲陪臣屈。」詔但遣少尹。王師征安南，方平言：「舉西北壯士健馬，棄之炎荒，其患有不可勝言者。若師老費財，無功而還，社稷之福也。」後皆如其言。

新法鬻河渡坊場，司農幷及祠廟，宋閼伯、微子廟皆爲賈區。方平言：「宋王業所基，閼伯封於商丘，以主大火；微子爲始封之君，是二祠者，亦不得免乎？」帝震怒，批牘尾曰：「慢神辱國，無甚於斯！」於是天下祠廟皆得不鬻。數請老，以太子少師致仕。官制行，廢宣徽使，獨命領之如故。哲宗立，加太子太保。元祐六年，薨，年八十五。贈司空。遺令毋請謚，尚書右丞蘇轍爲請，乃謚曰文定。

方平慷慨有氣節，既告老，論事益切，至於用兵、起獄，尤反覆言之。且曰：「臣且死，見先帝地下，有以藉口矣。」平居未嘗以言徇物、以色假人。守蜀日，得眉山蘇洵與其二子軾、轍，深器異之。嘗薦軾爲諫官。軾下制獄，又抗章爲請，故軾終身敬事之，敍其文，以比孔融、諸葛亮。晚，受知神宗。王安石方用事，嶷然不小屈，以是望高一時。守宋都日，富弼自亳移汝，過見之曰：「人固難知也。」方平曰：「謂王安石乎？亦豈難知者！方平頃知皇祐貢舉，或稱其文學，辟以考校。既入院，凡院中之事，皆欲紛更。方平惡其人，檄使出，自是未嘗與語也。」弼有愧色，蓋弼素亦善安石云。

王拱辰字君貺，開封咸平人。元名拱壽，年十九，舉進士第一，仁宗賜以今名。通判懷州，入直集賢院，歷鹽鐵判官、修起居注、知制誥。慶曆元年，爲翰林學士。

契丹使劉六符嘗謂賈昌朝曰：「塘濼何爲者？一葦可杭，投箠可平；不然，決其堤，十萬土囊，卽可路矣。」仁宗以問拱辰，對曰：「兵事尚詭，彼誠有謀，不應以語我，此夸言爾。設險守國，先王不廢，而祖宗所以限敵人也。」至是，又使六符來，求關南十縣，斥太宗伐燕爲無名，舉朝莫知所答。拱辰曰：「王師征河東，契丹既通使，而寇石嶺關以援賊。太宗怒，遂回軍伐之，豈謂無名？」乃作報書曰：「既交石嶺之鋒，遂有薊門之役〔三〕。」契丹得報，遂繼好如初。帝喜，謂輔臣曰：「非拱辰深練故實，殆難答也。」

權知開封府，拜御史中丞。夏竦除樞密使，拱辰言：「竦經略西師，無功稱而歸。今置諸二府，何以厲世？」因對，極論之。帝未省，遽起，拱辰前引裾，乃納其說，竦遂罷。又言：「滕宗諒在慶州，所爲不度，而但降秩守虢，懼邊臣則効，宜施重責。」未聽，即家居，求自貶。乃徙宗諒岳州，敕拱辰赴臺。入見，帝曰：「言事官第自舉職，勿以朝廷未行爲沮己，而輕去以沽名。自今有當言者，宜力陳毋避。」

僧紹宗以鑄佛像惑衆，都人競投金冶中，宮掖亦出貲佐之。拱辰言：「西師宿邊，而財費於不急，動士心，起民怨。」詔亟禁之。蘇舜欽會賓客於進奏院，王益柔醉作傲歌，拱辰風其僚魚周詢〔四〕、劉元瑜舉劾之。兩人既竄廢，同席者俱逐。時杜衍、范仲淹爲政，多所更張，拱辰之黨不便。舜欽、益柔皆仲淹所薦，而舜欽，衍壻也，故因是傾之，由此爲公議所薄。

復以翰林學士權三司使。坐舉富民鄭旭，出知鄭州，徙澶、瀛、并三州。數歲還，爲學士承旨兼侍讀。帝於邇英閣置太玄經、蓍草，顧曰：「朕每閱此。卿亦知其說乎？」拱辰具以對，且曰：「願陛下垂意六經，旁采史策，此不足學也。」

至和三年，復拜三司使。聘契丹，見其主混同江，設宴垂釣，每得魚，必酌拱辰酒，親鼓琵琶以侑飲。謂其相曰：「此南朝少年狀元也，入翰林十五年，故吾厚待之。」使還，御史趙抃論其輒當非正之禮，「異時北使援比以請，將何辭拒之？」湖南轉運判官李章、知潭州任顓市死商眞珠，事敗，具獄上，拱辰悉入珠掖庭。抃并劾之。除宣徽北院使，抃言：「宣徽之職，本以待勛勞者，唯前執政及節度使得爲之，拱辰安得汙此選？」乃以端明殿學士知永興軍，歷泰定二州、河南大名府，積官至吏部尙書。

神宗登極，恩當轉僕射，歐陽脩以爲此宰相官，不應序進，但遷太子少保。熙寧元年，復以北院使召還。王安石參知政事，惡其異己，乘二相有故，出爲應天府。八年，入朝，爲中太一宮使。

元豐初，轉南院使，賜金方團帶。再判大名，改武安軍節度使。三路籍民爲保甲，日聚而教之，禁令苛急，往往去爲盜，郡縣不敢以聞。拱辰抗言其害曰：「非止困其財力，奪其農時，是以法驅之，使陷於罪罟也。浸淫爲大盜，其兆已見。縱未能盡罷，願財損下戶以紓之。」主者指拱辰爲沮法，拱辰曰：「此老臣所以報國也。」上章不已。帝悟，於是第五等戶得免。

哲宗立，徙節彰德，加檢校太師。是年，薨，年七十四。贈開府儀同三司，謚懿恪。

論曰：方平、拱辰之才，皆較然有過人者，而不免司馬光、趙抃之論。豈其英發之氣，勇於見得，一時趨鄉未能盡適於正與？及新法行，方平痛陳其弊，拱辰爭保甲，言尤剴切，皆諤諤不少貶，爲國老成，望始重矣。若方平識王安石於辟校貢舉之時，而知其後必亂政，其先見之明，無忝呂誨云。

張昪字杲卿，韓城人。舉進士，爲楚丘主簿。南京留守王曾稱其有公輔器。累官度支員外郎。夏竦經略陝西，薦其才，換六宅使、涇原秦鳳安撫都監。未幾，以母老，求歸故官，得知絳州，改京西轉運使。知鄧州，又以母辭。或指爲避事，范仲淹言於朝曰：「張昪豈避事者？」乃許歸養。歷戶部判官、開封府推官，至知雜御史。

張堯佐緣恩驟用，知開封府；內侍楊懷敏夜直禁中，而衞士爲變，皆極論之。昪性質樸，不善擇言，至斥張貴妃爲一婦人，謂懷敏得志，將不減劉季述。仁宗讀之不懌，以語陳升之。升之曰：「此忠直之言，不激切，則聖意不可回矣。」帝乃解。以天章閣待制知慶州，改龍圖閣直學士、知秦州。

初，青唐蕃部藺氈，世居古渭，積與夏人有隙，懼而獻其地。攝帥范祥無遠慮，亟城之。諸族畏其偪，舉兵叛。昪至，請棄勿城。詔戶部副使傅求審視之，以爲不可棄，與昪議殊。

先是，副總管劉渙討叛羌，逗撓不時進，昪命他將郭恩代之，羌乃潰去。渙黜其功，讕訟恩多殺老稚，以撼昪。朝廷命張方平守秦，徙渙涇原，亦徙昪青州。將罪昪，方平辭曰：「渙、昪有階級，今互言而兩罷帥，不可爲也。」昪乃復留。

至和二年，召兼侍讀，拜御史中丞。劉沆在相位，以御史范師道、趙抃嘗攻其惡，陰欲出之。昪曰：「天子耳目之官，奈何用宰相怒而斥？」上章力爭之，沆竟罷去。帝見昪指切時事無所避，謂曰：「卿孤立，乃能如是。」對曰：「臣仰託聖主，致位侍從，是爲不孤。今陛下之臣，持祿養望者多，而赤心謀國者少，竊以爲如陛下乃孤立爾。」帝爲之感動。

契丹主宗眞遣使齎其畫像來，求帝畫像，未報而死。子洪基立，以爲請，詔昪報聘，諭使更致新主像〔五〕。契丹欲先得之，昪曰：「昔文成以弟爲兄屈，尙先致敬，況今爲伯父哉！」遂無以奪，乃復以洪基像來。嘉祐三年，擢樞密副使，遷參知政事、樞密使。昪愛惜官資，凡內降所與，多持不下。見帝春秋高，前後屢進言儲嗣事，卒與韓琦同決策。

英宗〔六〕立，請老，帝曰：「太尉勤勞王家，詎可遽去？」但命五日一至院，進見無蹈舞。司馬光上疏言：「近歲以來，大臣年高者皆不敢自安其位，言事者欲以爲名，又從而攻之。使其人無可取，雖少壯何爲？果有益於時，雖老何傷？昪爲人忠謹清直，不可干以私，若使且居其位，於事亦未有曠廢也。」昪請不已，始賜告，令養疾，遂以彰信軍節度使、同中書門下平章事判許州，改鎮河陽三城。拜太子太師致仕。熙寧十年，薨，年八十六。贈司徒兼侍中，謚曰康節。

趙槩字叔平，南京虞城人。少篤學自力，器識宏遠，爲一時名輩稱許。中進士第，通判海州，爲集賢校理、開封府推官。奏事殿中，仁宗面賜銀緋。

出知洪州，州城西南薄章江，有汎溢之虞，槩作石隄二百丈，高五丈，以障其衝，水不爲患。僚吏鄭陶、饒奭挾持郡事，爲不法，前守莫能制。州之歸化卒，皆故時羣盜。奭造飛語曰：「卒得廩米陳惡，有怨言，不更給善米，且生變。」槩不答。卒有自容州戍逃歸而犯夜者，斬之以徇，因收陶、奭抵罪，闔府股栗。

加直集賢院、知青州。坐失舉澠池令張誥免，久乃起，監密州酒。知滁州，山東有寇李二過境上，告人曰：「我東人也，公嘗爲青州，民愛之如父母，我不忍犯。」率衆去。

召修起居注。歐陽脩後至，朝廷欲驟用之，難於越次。槩聞，請郡，除天章閣待制、糾察在京刑獄，脩遂知制誥。踰歲，槩始代之。郊祀，當任子、進階爵，乞回其恩，封母郡太君。宰相謂曰：「君即爲學士，擬封不久矣。」槩曰：「母年八十二，願及今拜君賜以爲榮。」

乃許之，後遂爲例。

蘇舜欽等以羣飲逐，槩言：「預會者皆舘閣名士，舉而棄之，觖士大夫望，非國之福也。」不報。求知蘇州，終母喪，入爲翰林學士。聘契丹，契丹主會獵，請賦信誓如山河詩。詩成，親酌玉杯爲槩勸，且授侍臣劉六符素扇，寫之納袖中，其禮重如此。還，兼侍讀學士。諫官郭申錫論事忤旨，帝欲加罪，槩曰：「陛下始面諭申錫毋面從，今黜之，何以示天下？」乃止。

以龍圖閣學士知鄆州、應天府，代韓絳爲御史中丞。絳以論張茂實不宜典宿衞罷，槩至，首言之，茂實竟去。御藥院內臣有寄資至團練使者，謂之暗轉。槩請明限以年，詔俟出院優遷之，毋得累寄。擢樞密使、參知政事。數以老求去。熙寧初，拜觀文殿學士、知徐州。自左丞轉吏部尚書，前此執政遷官，未有也。以太子少師致仕，退居十五年，嘗集古今諫爭事，爲諫林百二十卷上之。神宗賜詔曰：「請老而去者，類以聲問不至朝廷爲高。唯卿有志愛君，雖退處山林，未嘗一日忘也。當置于坐右，時用省閱。」元豐六年，薨，年八十八。贈太子太師，謚曰康靖。

槩秉心和平，與人無怨怒。雖在事如不言，然陰以利物者爲不少，議者以比劉寬、婁師德。坐張誥貶六年，念之終不衰，誥死，卹其家備至。歐陽脩遇槩素薄，又躐知制誥，及脩有獄，槩獨抗章明其罪，言爲仇者所中傷，不可以天下法爲人報怨。脩得解，始服其長者。爲鄆州時，吏按前守馮浩侵公使錢三十萬，當以職田租償。槩知其貧，爲代以己奉。其平生所爲類此。

槩初名禋，嘗夢神人金書名簿有「趙槩」，遂更云。

胡宿字武平，常州晉陵人。登第，爲揚子尉。縣大水，民被溺，令不能救，宿率公私船活數千人。以薦爲館閣校勘，進集賢校理。通判宣州，囚有殺人者，將抵死，宿疑而訊之，囚憚箠楚不敢言。辟左右復問，久乃云：「旦將之田，縣吏縛以赴官，莫知其故。」宿取具獄緖閱，探其本辭，蓋婦人與所私者殺其夫，而執平民以告也。

知湖州，前守滕宗諒大興學校，費錢數十萬。宗諒去，通判、僚吏皆疑以爲欺，不肯書曆。宿誚之曰：「君輩佐滕侯久矣，苟有過，盍不早正？乃陰拱以觀，俟其去而非之，豈昔人分謗之意乎？」坐者大慙謝。其後湖學爲東南最，宿之力爲多。築石塘百里，捍水患，民號曰胡公塘，而學者爲立生祠。

久之，爲兩浙轉運使。召修起居注、知制誥。入內都知楊懷敏坐衞士之變，斥爲和州都監，未幾，召入復故職。宿封還詞頭，且言：「懷敏得不窮治誅死，已幸，豈宜復在左右？」命遂寢。

慶曆六年，京東、兩河地震，登、萊尤甚。宿兼通陰陽五行災異之學，乃上疏曰：「明年丁亥，歲之刑德，皆在北宮。陰生於午，而極於亥。然陰猶強而未卽伏，陽猶微而不能勝，此所以震也。是謂龍戰之會，其位在乾。若西北二邊不動，恐有內盜起於河朔。又登、萊視京師，爲東北少陽之位，今二州置金坑，多聚民鑿山谷，陽氣耗洩，故陰乘而動。宜卽禁止，以寧地道。」時以爲迂闊。明年，王則果以貝州叛。

皇祐五年正月，會靈宮災，是歲冬至，郊，以三帝並配（七）。明年大旱，宿言：「五行，火，禮也。去歲火而今又旱，其應在禮，此殆郊丘並配之失也。」卽建言並配非古，宜用迭配如初。時議者謂士大夫言，七十當致仕，其不知止者，請令有司按籍舉行之。宿以爲非優老之義，當少緩其期法：武吏察其任事與否，勿斷以年；文吏使得自陳而全其節。及言皇祐新樂與舊樂難並用；禮部間歲一貢士不便，當用三年之制。皆如其言。

唐介貶嶺南，帝遣中使護以往。宿言：「事有不可測，介如不幸道死，陛下受殺直臣之名。」帝悟，追還使者。遷翰林學士，知審官、刑院（八）。李仲昌開六塔河，民被害，詔獄薄其罪。宿請斬以謝河北，仲昌由是南竄。兗國公主下降，將行册禮。宿諫曰：「陛下昔封兩長主，未嘗册命，今施之愛女，殆非漢明帝所謂『我子豈得與先帝子等』之義也。」

涇州卒以折支不時給，出惡言，且欲相扇爲亂。既寘于法，乃命劾三司吏。三司使包拯護弗遣。宿曰：「涇卒固悖慢，然當給之物，越八十五日而不與，計吏安得爲無罪？拯不知自省，公拒制命，紀綱益廢矣。」拯懼，立遣吏。韓琦守幷州，請復其節鎭。宿言：「參、商爲仇讎之星。國家受命於商丘，而參爲晉地。今欲崇晉，非國之利也。宋興削平四方，幷最後服，故太宗不使列于方鎭，八十年矣，宜如故便。」議遂止。後琦秉政，卒復之。

拜樞密副使。曾公亮任雄州，趙滋顓治界河事。宿言於英宗曰：「憂患之來，多藏於隱微，而生於所忽。自滋守邊，北人捕魚伐葦，一切禁絕，由此常與鬥爭。南北通好六十載，內外無患，近年邊遽來上，不過侵誣尺寸，此城砦之吏移文足以辨詰，何至於興甲兵哉？今搢紳中有恥燕薊外屬者，天時人事未至，而妄意難成之福。願守兩朝法度，以惠養元元，天下幸甚。」宿以老，數乞謝事。治平三年，罷爲觀文殿學士、知杭州。明年，以太子少師致仕，未拜而薨，年七十二。贈太子太傅，謚曰文恭。

宿爲人淸謹忠實，內剛外和，群居不譁笑，與人言，必思而後對。故臨事重愼，不輒發，發亦不可回止。居母喪三年，不至私室。其當重任，尤顧惜大體。在審官、刑院，擇詳議官，有在選中者，嘗監征榷，以水災負課。同列謂小累不足白，宿竟白之，而薦其才足用，仁宗聽納。同列退而誚曰：「公固欲白上，倘緣是不用，奈何？」宿曰：「彼之得否，不過一詳議官。宿平生以誠事主，今白首矣，忍以毫髮欺乎？爲之開陳，聽吾君自擇爾。」少與一僧善，僧有秘術，能化瓦石爲黃金。且死，將以授宿，使葬之。宿曰：「後事當盡力，他非吾所冀也。」僧歎曰：「子之志，未可量也。」其篤行自勵，至於貴達，常如布衣時。

子宗炎，從子宗愈、宗回。

宗炎字彥聖，由將作監主簿鎖廳登第。爲國子大宗正丞、開封府推官、考功吏部郎中。舊制，選人改京官，舉將小絓吏議，輒尼不行。宗炎請先引見，俟舉者罪正追止，從之。

哲宗崩，遼使來吊祭，宗炎以鴻臚少卿迓境上。使者不易服，宗炎以禮折之，須其聽命，乃相見。暨還，升爲卿。初，父宿使遼，遼人重之。其後宗炎壻鄧忠臣迓客，客問：「中外嘗有充使者否？」忠臣以宿告，且言：「前使鴻臚，其子也。」客歎：「胡氏世不乏人。」俄以直龍圖閣知潁昌府，歷密州而卒。

宗炎善爲詩，藻思清婉。歐陽脩守亳，與客游郡圃，或誦其詩，脩賞味不已，以爲有鮑、謝風致。其重之如此。

宗愈字完夫，舉進士甲科，爲光祿丞。宿得請杭州，英宗問：「子弟誰可繼者？」以宗愈對。召試學士院。

神宗立，以爲集賢校理。久之，兼史館檢討，遂同知諫院。修內卒〔九〕盜皇城器物，宗愈言：「唐長孫無忌不解佩刀入東上閤門，校尉論當死。今禁卒爲盜，而入內都知不能覺察，願正其罪。」殿帥直廬在長慶門內，久而自置隸圉。宗愈曰：「嚴禁旅，所以杜姦宄也。奈何令私人得爲之？萬一凶黠者竄名其間，將不可悔。請易募老卒。」

王安石用李定爲御史，宗愈言：「御史當用學士及丞、雜論薦，又須官博士、員外郎。今定以幕職不因薦得之，是殆一出執政意，即大臣不法，誰復言之？」蘇頌、李大臨不草制，坐絀；宗愈又爭之，安石怒，出通判眞州。歷提點河東刑獄、開封府推官、吏部右司郎中。

元祐初，進起居郎、中書舍人、給事中、御史中丞。時更定役法，書成，衙校募不足者，聽差入等戶。宗愈言：「法貴均一，若持兩端，則於文有害。是乃差法，非募法也。請删之。」

哲宗嘗問朋黨之弊，對曰：「君子指小人爲姦，則小人指君子爲黨。君子，蓋義之與比者。陛下能擇中立之士而用之，則黨禍熄矣。」明日，具君子無黨論以進。拜尙書右丞。於是諫議大夫王覿論其不當，而劉安世、韓川、孫覺等合攻之，朝廷依違。踰年，出覿潤州，而言者愈力。乃罷爲資政殿學士、知陳州，徙成都府，蜀人安其政。召爲禮部尙書，遷吏部，卒，年六十六。贈左銀青光祿大夫。

宗回字醇夫，用蔭登第，爲編修敕令官、司農寺幹當公事、京西轉運判官、提點刑獄、京東陝西轉運使、吏部郎中。紹聖初，以直龍圖閣知桂州，進寶文閣待制。坐繫平民死，降集賢殿修撰、知隨州，改秦州、慶州，復爲待制。

先是，熙河將王贍下邈川有功，帥孫路不樂贍，奪其兵與王愍。朝廷知之，以宗回代路，加直學士。時青唐瞎征內附，而心牟欽氊勒兵立別酋隴拶，還其地，勢復張。瞎征大懼，自髡爲僧以祈免。王贍怨孫路，因言青唐不煩兵可下。至，則駐宗哥城不進。宗回怒，日夜檄趣之，且戒贍曰：「青唐兵甚弱，隴拶稚子，何能爲，而怯懦逗遛，吾將以軍法從事。」又遣王愍復至邈川，聲言代贍。贍懼，乃率步騎掩青唐，據之，隴拶降。詔以青唐爲鄯州，邈川爲湟州。未幾，屬羌郎阿章叛，拒官軍。宗回遣將王吉、魏釗討之，皆敗死。又遣鈐轄种朴往。朴言：「賊鋒方銳，且盛寒，宜少緩師。」宗回不聽，督之急。朴不得已，行，亦敗死。於是轉運判官秦希甫言湟、鄯難守，以爲棄之便。事下宗回，宗回持不可，希甫罷去。會徽宗棄鄯州，於是任伯雨再疏其罪，奪職知蘄州。

還，爲待制。歷慶、渭、陝、延、澶州。兄宗愈入黨籍，宗回亦罷郡。居亡何，錄其堅守湟、鄯之議，起知秦州。進樞密直學士，徙永興、鄭州、成德軍，復坐事去。大觀中，卒，贈銀靑光祿大夫。

胡氏自宿始大，及宗愈仍世執政，其後子孫至侍從、九卿者十數，遂爲晉陵名族。

論曰：張昪清忠諒直，趙槩雅量過人，胡宿學通天人之奧，攷其立朝大節，皆磊落，爲良執政。宗愈仍居右轄，而學術視宿則有間矣。宗回非邊將材，其守河湟之議，蓋以趣种朴於死，蘄合上意，以解其責爾。若胡氏之世大也，殆脫萬人于水死，而陰德之所致歟。

校勘記

〔一〕張昪　原作「張昇」，他書也有作「張昇」，或說「一作張昪」的。按本書卷一二仁宗紀、卷二一一宰輔表、東都事略卷七一本傳都作「張昪」；和張昪同時的王珪、胡宿、歐陽脩、王安石、蘇轍等人文集中，所載給張昪的制書都作「昪」；司馬光涑水紀聞卷三「張昪」條並注說，「昪」字「音更」，一本作「音便」，「昇」字無此兩音；本書卷二九一李淑傳、卷三一二韓琦傳等都作「昪」；今傳影宋本編年綱目卷一五、元刊宋史全文卷九也都作「昪」；長編和宋會要輯稿則「昇」、「昪」

互見，而以作「昇」爲多。可見「昇」當以作「昇」爲是。下文同。

〔二〕今兩稅鹽錢是也　「錢」原作「鐵」，據本書卷一八一食貨志、蘇軾蘇東坡集後集卷一七張方平墓誌銘改。

〔三〕遂有薊門之役　「有」字原脫，「薊門」原作「衡門」，據東都事略卷七四、琬琰集下編卷二〇本傳改。

〔四〕魚周詢　原作「魯周詢」，據本書卷四四二蘇舜欽傳、長編卷一五三改。

〔五〕諭使更致新主像　「主」原作「王」。按本書都稱契丹主，上下文及宋會要蕃夷二之一九也都作「主」，今改。

〔六〕英宗　原作「英帝」，據東都事略卷七一本傳改。

〔七〕以三帝並配　「三帝」原作「二帝」，據長編卷一七六改。東都事略卷七一本傳作「三聖並配」，義與此同。

〔八〕知審官刑院　原作「知審官制院」，按本書卷一六三職官志，吏部有審官院，刑部有審刑院，並無「審官制院」之名。歐陽修歐陽文忠公文集卷三四胡宿墓誌說他曾知審刑院，下文又有「在審官、刑院」語，「制」字當爲「刑」字之訛，據改。

〔九〕修內卒　東都事略卷七一本傳作「殿內卒」。

宋史卷三百一十九

列傳第七十八

歐陽脩 子發 棐　劉敞 弟攽 子奉世　曾鞏 弟肇

歐陽脩字永叔，廬陵人。四歲而孤，母鄭，守節自誓，親誨之學，家貧，至以荻畫地學書。幼敏悟過人，讀書輒成誦。及冠，嶷然有聲。

宋興且百年，而文章體裁，猶仍五季餘習。鎪刻駢偶，淟涊弗振，士因陋守舊，論卑氣弱。蘇舜元舜欽、柳開、穆脩輩，咸有意作而張之，而力不足。脩游隨，得唐韓愈遺稿於廢書簏中，讀而心慕焉。苦志探賾，至忘寢食，必欲并轡絕馳而追與之並。

舉進士，試南宮第一，擢甲科，調西京推官。始從尹洙游，爲古文，議論當世事，迭相師友，與梅堯臣游，爲歌詩相倡和，遂以文章名冠天下。入朝，爲館閣校勘。

范仲淹以言事貶，在廷多論救，司諫高若訥獨以爲當黜。脩貽書責之，謂其不復知人間有羞恥事。若訥上其書，坐貶夷陵令，稍徙乾德令、武成節度判官。仲淹使陝西，辟掌書記。脩笑而辭曰：「昔者之舉，豈以爲己利哉？同其退不同其進可也。」久之，復校勘，進集賢校理。慶曆三年，知諫院。

時仁宗更用大臣，杜衍、富弼、韓琦、范仲淹皆在位，增諫官員，用天下名士，脩首在選中。每進見，帝延問執政，咨所宜行。既多所張弛，小人翕翕不便。脩慮善人必不勝，數爲帝分別言之。

初，范仲淹之貶饒州也，脩與尹洙、余靖皆以直仲淹見逐，目之曰「黨人」。自是，朋黨之論起，脩乃爲朋黨論以進。其略曰：「君子以同道爲朋，小人以同利爲朋，此自然之理也。臣謂小人無朋，惟君子則有之。小人所好者利祿，所貪者財貨，當其同利之時，暫相黨引以爲朋者，僞也。及其見利而爭先，或利盡而反相賊害，雖兄弟親戚，不能相保，故曰小人無朋。君子則不然，所守者道義，所行者忠信，所惜者名節。以之修身，則同道而相益，以之事國，則同心而共濟，終始如一，故曰：惟君子則有朋。紂有臣億萬，惟億萬心，可謂無朋矣，而紂用以亡。武王有臣三千，惟一心，可謂大朋矣，而周用以興。蓋君子之朋，雖多而不厭故也。故爲君但當退小人之僞朋，用君子之眞朋，則天下治矣。」

脩論事切直，人視之如仇，帝獨奬其敢言，面賜五品服。顧侍臣曰：「如歐陽脩者，何處得來？」同修起居注，遂知制誥。故事，必試而后命，帝知脩，詔特除之。

奉使河東。自西方用兵，議者欲廢麟州以省餽餉。脩曰：「麟州天險不可廢，廢之，則河內郡縣，民皆不安居矣。不若分其兵，駐並河內諸堡，緩急得以應援，而平時可省轉輸，於策爲便。」由是州得存。又言：「忻、代、岢嵐多禁地廢田，願令民得耕之，不然，將爲敵有。」朝廷下其議，久乃行，歲得粟數百萬斛。凡河東賦斂過重民所不堪者，奏罷十數事。

使還，會保州兵亂，以爲龍圖閣直學士、河北都轉運使。陛辭，帝曰：「勿爲久留計，有所欲言，言之。」對曰：「臣在諫職得論事，今越職而言，罪也。」帝曰：「第言之，毋以中外爲間。」賊平，大將李昭亮、通判馮博文私納婦女，脩捕博文繫獄，昭亮懼，立出所納婦。兵之始亂也，招以不死，既而皆殺之，脅從二千人，分隸諸郡。富弼爲宣撫使，恐後生變，將使同日誅之，與脩遇於內黃，夜半，屏人告之故。脩曰：「禍莫大於殺已降，況脅從乎？既非朝命，脫一郡不從，爲變不細。」弼悟而止。

方是時，杜衍等相繼以黨議罷去，脩慨然上疏曰：「杜衍、韓琦、范仲淹、富弼，天下皆知其有可用之賢，而不聞其有可罷之罪。自古小人讒害忠賢，其說不遠。欲廣陷良善，不過指爲朋黨，欲動搖大臣，必須誣以顓權，其故何也？去一善人，而衆善人尙在，則未爲小人之利；欲盡去之，則善人少過，難爲一一求瑕，唯指以爲黨，則可一時盡逐。至如自古大臣，已被主知而蒙信任，則難以他事動搖，唯有顯權是上之所惡，必須此說，方可傾之。正士在朝，羣邪所忌，謀臣不用，敵國之福也。今此四人一旦罷去，而使羣邪相賀於內，四夷相賀於外，臣爲朝廷惜之。」於是邪黨益忌脩，因其孤甥張氏獄傅致以罪，左遷知制誥、知滁州。居二年，徙揚州、潁州。復學士，留守南京，以母憂去。服除，召判流內銓，時在外十一年矣。帝見其髮白，問勞甚至。小人畏脩復用，有詐爲脩奏，乞澄汰內侍爲姦利者。其羣皆怨怒，譖之，出知同州，帝納吳充言而止。遷翰林學士，俾修唐書。奉使契丹，其主命貴臣四人押宴，曰：「此非常制，以卿名重故爾。」

知嘉祐二年貢舉。時士子尚爲險怪奇澀之文，號「太學體」，脩痛排抑之，凡如是者輒黜。畢事，向之囂薄者伺脩出，聚譟於馬首，街邏不能制；然場屋之習，從是遂變。

加龍圖閣學士、知開封府，承包拯威嚴之後，簡易循理，不求赫赫名，京師亦治。旬月，改羣牧使。唐書成，拜禮部侍郎兼翰林侍讀學士。脩在翰林八年，知無不言。河決商胡，北京留守賈昌朝欲開橫壠故道，回河使東流。有李仲昌者，欲導入六塔河，議者莫知所從。脩以爲：「河水重濁，理無不淤，下流既淤，上流必決。以近事驗之，決河非不能力塞，故道非不能力復，但勢不能久耳。橫壠功大難成，雖成將復決。六塔狹小，而以全河注之，濱、棣、德、博必被其害。不若因水所趨，增隄峻防，疏其下流，縱使入海，此數十年之利也。」宰相陳執中主昌朝，文彥博主仲昌，竟爲河北患。

臺諫論執中過惡，而執中猶遷延固位。脩上疏，以爲「陛下拒忠言，庇愚相，爲聖德之累」。未幾，執中罷。狄青爲樞密使，有威名，帝不豫，訛言籍籍，脩請出之於外，以保其終，遂罷知陳州。脩嘗因水災上疏曰：「陛下臨御三紀，而儲宮未建。昔漢文帝初卽位，以羣臣之言，卽立太子，而享國長久，爲漢太宗。唐明宗惡人言儲嗣事，不肯早定，致秦王之亂，宗社遂覆。陛下何疑而久不定乎？」其後建立英宗，蓋原於此。

五年，拜樞密副使。六年，參知政事。脩在兵府，與曾公亮考天下兵數及三路屯戍多少、地理遠近，更爲圖籍。凡邊防久缺屯戍者，必加蒐補。其在政府，與韓琦同心輔政。凡兵民、官吏、財利之要，中書所當知者，集爲總目，遇事不復求之有司。時東宮猶未定，與韓琦等協定大議，語在琦傳。英宗以疾未親政，皇太后垂簾，左右交構，幾成嫌隙。韓琦奏事，太后泣語之故。琦以帝疾爲解，太后意不釋，脩進曰：「太后事仁宗數十年，仁德著於天下。昔溫成之寵，太后處之裕如；今母子之間，反不能容邪？」太后意稍和，脩復曰：「仁宗在位久，德澤在人。故一日晏駕，天下奉戴嗣君，無一人敢異同者。今太后一婦人，臣等五六書生耳，非仁宗遺意，天下誰肯聽從。」太后默然，久之而罷。

脩平生與人盡言無所隱。及執政，士大夫有所干請，輒面諭可否，雖臺諫官論事，亦必以是非詰之，以是怨誹益衆。帝將追崇濮王，命有司議，皆謂當稱皇伯，改封大國。脩引喪服記，以爲：「『爲人後者，爲其父母報〔二〕。』降三年爲期，而不沒父母之名，以見服可降而名不可沒也。若本生之親，改稱皇伯，歷考前世，皆無典據。進封大國，則又禮無加爵之道。故中書之議，不與衆同。」太后出手書，許帝稱親，尊王爲皇，王夫人爲后。帝不敢當。於是御史呂誨等詆脩主此議，爭論不已，皆被逐。惟蔣之奇之說合脩意，脩薦爲御史，衆目爲姦邪。之奇患之，則思所以自解。脩婦弟薛宗孺有憾於脩，造帷薄不根之謗摧辱之，展轉達於中丞彭思永，思永以告之奇，之奇卽上章劾脩。神宗初卽位，欲深譴脩。訪故宮臣孫思恭，思恭爲辨釋，脩杜門請推治。帝使詰思永、之奇，問所從來，辭窮，皆坐黜。脩亦力求退，罷爲觀文殿學士、刑部尚書、知亳州。明年，遷兵部尚書、知青州，改宣徽南院使、判太原府。辭不拜，徙蔡州。

脩以風節自持，既數被汙衊，年六十，卽連乞謝事，帝輒優詔弗許。及守青州，又以請止散青苗錢，爲安石所詆，故求歸愈切。熙寧四年，以太子少師致仕。五年，卒，贈太子太師，謚曰文忠。

脩始在滁州，號醉翁，晚更號六一居士。天資剛勁，見義勇爲，雖機穽在前，觸發之不顧。放逐流離，至于再三，志氣自若也。方貶夷陵時，無以自遣，因取舊案反覆觀之，見其枉直乖錯不可勝數，於是仰天歎曰：「以荒遠小邑，且如此，天下固可知。」自爾，遇事不敢忽也。學者求見，所與言，未嘗及文章，惟談吏事，謂文章止於潤身，政事可以及物。凡歷數郡，不見治迹，不求聲譽，寬簡而不擾，故所至民便之。或問：「爲政寬簡，而事不弛廢，何也？」曰：「以縱爲寬，以略爲簡，則政事弛廢，而民受其弊。吾所謂寬者，不爲苛急；簡者，不爲繁碎耳。」脩幼失父，母嘗謂曰：「汝父爲吏，常夜燭治官書，屢廢而歎。吾問之，則曰：『死獄也，我求其生，不得爾。』吾曰：『生可求乎？』曰：『求其生而不得，則死者與我皆無恨。夫常求其生，猶失之死，而世常求其死也。』其平居教他子弟，常用此語，吾耳熟焉。」脩聞而服之終身。

爲文天才自然，豐約中度。其言簡而明，信而通，引物連類，折之於至理，以服人心。超然獨騖，衆莫能及，故天下翕然師尊之。獎引後進，如恐不及，賞識之下，率爲聞人。曾鞏、王安石、蘇洵、洵子軾轍，布衣屏處，未爲人知，脩卽游其聲譽，謂必顯於世。篤於朋友，生則振掖之，死則調護其家。

好古嗜學，凡周、漢以降金石遺文、斷編殘簡，一切掇拾，研稽異同，立說於左，的的可表證，謂之集古錄。奉詔修唐書紀、志、表，自撰五代史記，法嚴詞約，多取春秋遺旨。蘇軾敍其文曰：「論大道似韓愈，論事似陸贄，記事似司馬遷，詩賦似李白。」識者以爲知言。

子發字伯和，少好學，師事安定胡瑗，得古樂鍾律之說，不治科舉文詞，獨探古始立論議。自書契以來，君臣世系，制度文物，旁及天文、地理，靡不悉究。以父恩，補將作監主簿，賜進士出身，累遷殿中丞。卒，年四十六。蘇軾哭之，以謂發得文忠公之學，漢伯喈、晉茂先之流也。

中子棐字叔弼，廣覽強記，能文詞。年十三時，見脩著鳴蟬賦，侍側不去。脩撫之曰：「兒異日能爲吾此賦否？」因書以遺之。用蔭，爲秘書省正字，登進士乙科，調陳州判官，以親老不仕。脩卒，代草遺表，神宗讀而愛之，意脩自作也。服除，始爲審官主簿，累遷職方員外郎、知襄州。曾布執政，其婦兄魏泰倚聲勢來居襄，規占公私田園，強市民貨，郡縣莫敢誰何。至是，指州門東偏官邸廢址爲天荒，請之。吏具成牘至，棐曰：「孰謂州門之東偏而有天荒乎？」卻之。衆共白曰：「泰橫於漢南久，今求地而緩與之，且不可，而又可卻邪？」棐竟持不與。泰怒，譖於布，徙知潞州，旋又罷去。元符末，還朝。歷吏部、右司二郎中，以直祕閣知蔡州。蔡地薄賦重，轉運使又爲覆折之令，多取於民，民不堪命。會有詔禁止，而佐吏憚使者，不敢以詔旨從事。棐曰：「州郡之於民，詔令苟有未便，猶將建請。今天子詔意深厚，知覆折之病民，手詔止之。若有憚而不行，何以爲長吏？」命即日行之。未幾，坐黨籍廢，十餘年卒。

論曰：三代而降，薄乎秦、漢，文章雖與時盛衰，而藹如其言，曄如其光，皦如其音，蓋均有先王之遺烈。涉晉、魏而弊，至唐韓愈氏振起之。唐之文，涉五季而弊，至宋歐陽脩又振起之。挽百川之頹波，息千古之邪說，使斯文之正氣，可以羽翼大道，扶持人心，此兩人之力也。愈不獲用，脩用矣，亦弗克究其所爲，可爲世道惜也哉！

劉敞字原父，臨江新喻人。舉慶曆進士，廷試第一。編排官王堯臣，其內兄也，以親嫌自列，乃以爲第二。通判蔡州，直集賢院，判尚書考功。

夏竦薨，賜謚文正。敞言：「謚者，有司之事，竦行不應法。今百司各得守其職，而陛下侵臣官。」疏三上，改謚文莊。方議定大樂，使中貴人參其間。敞諫曰：「王事莫重於樂。今儒學滿朝，辨論有餘，而使若趙談者參之，臣懼爲袁盎笑也。」權度支判官，徙三司使。

秦州與羌人爭古渭地。仁宗問敞：「棄守孰便？」敞曰：「若新城可以蔽秦州，長無羌人之虞，傾國守焉可也。或地形險利，賊乘之以擾我邊鄙，傾國爭焉可也。今何所重輕，而殫財困民，捐士卒之命以規小利，使曲在中國，非計也。」議者多不同，秦州自是多事矣。

溫成后追册，有佞人獻議，求立忌。敞曰：「豈可以私昵之故，變古越禮乎？」乃止。吳充以典禮得罪，馮京救之，亦罷近職。敞因對極論之。帝曰：「充能官，京亦亡它，中書惡其太直，不相容耳。」敞曰：「陛下寬仁好諫，而中書乃排逐言者，是蔽君之明，止君之善也。臣恐感動陰陽，有日食、地震、風霾之異。」已而果然。因勸帝收攬威權，無使聰明蔽塞，以消災咎。帝深納之，以同修起居注。未一月，擢知制誥。宰相陳執中惡其斥己，沮止之，帝不聽。宦者石全彬領觀察使，意不慊，有慍言，居三日爲眞，敞封還除書，不草制。

奉使契丹，素習知山川道徑，契丹導之行，自古北口至柳河，回屈殆千里，欲夸示險遠。敞質譯人曰：「自松亭趨柳河，甚徑且易，不數日可抵中京，何爲故道此？」譯相顧駭愧曰：「實然。但通好以來，置驛如是，不敢變也。」順州山中有異獸，如馬而食虎豹，契丹不能識，問敞。敞曰：「此所謂駮也。」爲說其音聲形狀，且誦山海經、管子書曉之，契丹益歎服。使還，求知揚州。

狄青起行伍爲樞密使，每出入，小民輒聚觀，至相與推誦其拳勇，至壅馬足不得行。帝不豫，人心動搖，青益不自安。敞辭赴郡，爲帝言曰：「陛下幸愛青，不如出之，以全其終。」

帝頷之，使出諭中書，靑迺去位。

揚之雷塘，漢雷陂也，舊爲民田。其後官取瀦水而不償以它田，主皆失業。然塘亦破決不可漕，州復用爲田。敞據唐舊券，悉用還民，發運使爭之，敞卒以予民。天長縣鞫王甲殺人，既具獄，敞見而察其冤，甲畏吏，不敢自直。敞以委戶曹杜誘，誘不能有所平反，而傅致益牢。將論囚，敞曰：「冤也。」親按問之。甲知能爲己直，乃敢告，蓋殺人者，富人陳氏也。相傳以爲神明。

徙鄆州，鄆比易守，政不治，市邑攘敓公行。敞決獄訟，明賞罰，境內肅然。客行壽張道中，遺一囊錢，人莫敢取，以告里長，里長爲守視，客還，取得之。又有暮遺物市中者，且往訪之，故在。先是，久旱，地多蝗。敞至而雨，蝗出境。

召糾察在京刑獄。營卒桑達等醉鬥，指斥乘輿。皇城使捕送開封，棄達市。敞移府，問何以不經審訊。府報曰：「近例，凡聖旨及中書、樞密所鞫獄，皆不慮問。」敞奏請一準近格，樞密院不肯行，敞力爭之，詔以其章下府，著爲令。

嘉祐祫享，羣臣上尊號，宰相請撰表。敞說止不得，乃上疏曰：「陛下不受徽號且二十年。今復加數字，不足盡聖德，而前美並棄，誠可惜也。今歲以來，頗有災異，正當寅畏天命，深自挹損，豈可於此時迺以虛名爲累。」帝覽奏，顧侍臣曰：「我意本謂當爾。」遂不受。

蜀人龍昌期著書傳經，以詭僻惑衆。文彥博薦諸朝，賜五品服。傚與歐陽脩俱曰：「昌期違古畔道，學非而博，王制之所必誅，未使卽少正卯之刑，已幸矣，又何賞焉。」乞追還詔書，毋使有識之士，窺朝廷深淺。昌期聞之，懼不敢受賜。

傚以議論與衆忤，求知永興軍，拜翰林侍讀學士。大姓范偉爲姦利，冒同姓戶籍五十年，持府縣短長，數犯法。傚窮治其事，偉伏罪，長安中讙喜。未及受刑，傚召還，判三班院，偉卽變前獄，至于四五，卒之付御史決。

傚侍英宗講讀，每指事據經，因以諷諫。時兩宮方有小人間言，諫者或訐而過直。傚進讀史記，至堯授舜以天下，拱而言曰：「舜至側微也，堯禪之以位，天地享之，百姓戴之，非有他道，惟孝友之德，光于上下耳。」帝竦體改容，知其以義理諷也。皇太后聞之，亦大喜。積苦眩瞀，屢予告。帝固重其才，每燕見他學士，必問傚安否；帝食新橙，命賜之。疾少間，復求外，以爲汝州，旋改集賢院學士、判南京御史臺。熙寧元年，卒，年五十。

傚學問淵博，自佛老、卜筮、天文、方藥、山經、地志，皆究知大略。嘗夜視鎭星，謂人曰：「此於法當得土，不然，則生女。」後數月，兩公主生。又曰：「歲星往來虛、危間，色甚明盛，當有興於齊者。」歲餘而英宗以齊州防禦使入承大統。嘗得先秦彝鼎數十，銘識奇奧，皆案而讀之，因以考知三代制度，尤珍惜之。每曰：「我死，子孫以此蒸嘗我。」朝廷每有禮樂之事，必就其家以取決焉。爲文尤贍敏。掌外制時，將下直，會追封王、主九人，立馬却坐，頃之，九制成。歐陽脩每於書有疑，折簡來問，對其使揮筆，答之不停手，脩服其博。長於春秋，爲書四十卷，行於時。弟攽，子奉世。

攽字貢父，與敞同登科，仕州縣二十年，始爲國子監直講。歐陽脩、趙槩薦試館職，御史中丞王陶有夙憾，率侍御史蘇寀共排之，攽官已員外郎，纔得館閣校勘。熙寧中，判尚書考功、同知太常禮院。

詔封太祖諸孫行尊者爲王〔三〕，奉太祖後。攽言：「禮，諸侯不得祖天子，當自奉其國之祖。宜崇德昭、德芳之後，世世勿降爵，宗廟祭祀，使之在位，則所以褒揚藝祖者著矣。」後二王紹封，如攽議。

方更學校貢舉法，攽曰：「本朝選士之制，行之百年，累代將相名卿，皆由此出，而以爲未嘗得人，不亦誣哉。願因舊貫，毋輕議改法。夫士修於家，足以成德，亦何待於學官程課督趣之哉。」

王安石在經筵，乞講者坐。攽曰：「侍臣講論於前，不可安坐，避席立語，乃古今常禮。君使之坐，所以示人主尊德樂道也；若不命而請，則異矣。」禮官皆同其議，至今仍之。考試開封舉人，與同院王介爭詈，爲監察御史所劾罷。禮院廷試始用策，初，考官呂惠卿列阿時者在高等，訐直者反居下。攽覆考，悉反之。又嘗詒安石書，論新法不便。安石怒擿前過，斥通判泰州，以集賢校理、判登聞檢院、戶部判官知曹州。曹爲盜區，重法不能止。攽曰：「民不畏死，奈何以死懼之。」至，則治尚寬平，盜亦衰息。爲開封府判官，復出爲京東轉運使。部吏罷軟不逮者，務全安之。徙知兗、亳二州。吳居厚代爲轉運使，能奉行法令，致財賦，迺追坐攽廢弛，黜監衡州鹽倉。

哲宗初，起知襄州。入爲秘書少監，以疾求去，加直龍圖閣、知蔡州。於是給事中孫覺、胡宗愈、中書舍人蘇軾范百祿言：「攽博記能文章，政事侔古循吏，身兼數器，守道不回，宜優賜之告，使留京師。」至蔡數月，召拜中書舍人。請復舊制，建紫微閣於西省。竟以疾不起，年六十七。

攽所著書百卷，尤邃史學。作東漢刊誤，爲人所稱。預司馬光修資治通鑑，專職漢史。爲人踈儁，不修威儀，喜諧謔，數用以招怨悔，終不能改。

奉世字仲馮，天資簡重，有法度。中進士第。熙寧三年，初置樞密院諸房檢詳文字，以太子中允居吏房。

先是，進奏院每五日具定本報狀，上樞密院，然後傳之四方。而邸吏輒先期報下，或矯爲家書，以入郵置。奉世乞革定本，去實封，但以通函騰報。從之。神宗稱其奉職不苟，加集賢校理、檢正中書戶房公事，改刑房，進直史館、國史院編修官。大理治相州獄，詳斷官竇苹〔三〕以白奉世，奉世曰：「君自以法從事，毋庸白。」後蔡確以是文致奉世罪，謫降蔡州糧料院〔四〕。久之，爲吏部員外郎。

元祐初，歷度支左司郎中、起居郎、天章閣待制、樞密都承旨、戶部吏部侍郎、權戶部尙書。七年，拜樞密直學士，簽書院事。哲宗親政，用二內侍爲押班，中書舍人呂希純封還之。帝謂有近例，奉世曰：「雖有近例，奈人不可戶曉，顧以率先施行爲非耳。」帝爲反命。既而章惇當國，奉世乞免去。

紹聖元年，以端明殿學士知成德軍，改定州。踰年，知成都府。過都入覲，欲述朋黨傾邪之狀。帝將聽其來，曾布曰：「元祐變先朝法，無一當者，奉世有力焉，最爲漏網，恐不足見。」遂不許。明年，責光祿少卿，分司南京，居郴州。御史中丞邢恕劾奉世合劉摯傾害大臣，附呂大防、蘇轍，遂登政府，再貶隰州團練副使。

徽宗立，盡還其官職，知定州、大名府、鄆州。崇寧初，再奪職，責居沂、兗，以赦得歸。政和三年，復端明殿學士。薨，年七十三。

奉世優於吏治，尚安靜，文詞雅贍，最精漢書學。常云：「家世唯知事君，內省不愧，恃士大夫公論而已。得喪，常理也，譬如寒暑加人，雖善攝生者不能無病，正須安以處之。」

曾鞏字子固，建昌南豐人。生而警敏，讀書數百言，脫口輒誦。年十二，試作六論，援筆而成，辭甚偉。甫冠，名聞四方。歐陽脩見其文，奇之。

中嘉祐二年進士第。調太平州司法參軍，召編校史館書籍，遷館閣校勘、集賢校理，爲實錄檢討官。出通判越州，州舊取酒場錢給募牙前，錢不足，賦諸鄉戶，期七年止；期盡，募者志於多入，猶責賦如初。鞏訪得其狀，立罷之。歲飢，度常平不足贍，而田野之民，不能皆至城邑。諭告屬縣，諷富人自實粟，總十五萬石，視常平價稍增以予民。民得從便受粟，不出田里，而食有餘。又貸之種糧，使隨秋賦以償，農事不乏。

知齊州，其治以疾姦急盜爲本。曲堤周氏擁貲雄里中，子高橫縱，賊良民，汙婦女，服器上僭，力能動權豪，州縣吏莫敢詰，鞏取寘於法。章丘民聚黨村落間，號「霸王社」，椎剽奪囚，無不如志。鞏配三十一人，又屬民爲保伍，使幾察其出入，有盜則鳴鼓相援，每發輒得盜。有葛友者，名在捕中，一日，自出首。鞏飲食冠裳之，假以騎從，輦所購金帛隨之，夸徇四境。盜聞，多出自首。鞏外視章顯，實欲攜貳其徒，使之不能復合也。自是外戶不閉。河北發民濬河，調及它路，齊當給夫二萬。縣初按籍三丁出夫一，鞏括其隱漏，至於九而取一，省費數倍。又弛無名渡錢，爲橋以濟往來。徙傳舍，自長淸抵博州，以達于魏，凡省六驛，人皆以爲利。

徙襄州、洪州。會江西歲大疫，鞏命縣鎭亭傳，悉儲藥待求。軍民不能自養者，來食息官舍，資其食飲衣衾之具，分醫視診，書其全失、多寡爲殿最。師征安南，所過州爲萬人備。他吏暴誅亟斂，民不堪。鞏先期區處猝集，師去，市里不知。加直龍圖閣、知福州。南劍將樂盜廖恩〔五〕既赦罪出降，餘衆潰復合，陰相結附，旁連數州，尤桀者呼之不至，居人慴恐。鞏以計羅致之，繼自歸者二百輩。福多佛寺，僧利其富饒，爭欲爲主守，賕請公行。鞏俾其徒相推擇，識諸籍，以次補之。授帖於府庭，却其私謝，以絕左右徼求之弊。福州無職田，歲鬻園蔬收其直，自入常三四十萬。鞏曰：「太守與民爭利，可乎？」罷之。後至者亦不復取也。

徙明、亳、滄三州。鞏負才名，久外徙，世頗謂偃蹇不偶。一時後生輩鋒出，鞏視之泊如也。過闕，神宗召見，勞問甚寵，遂留判三班院。上疏議經費，帝曰：「鞏以節用爲理財之要，世之言理財者，未有及此。」帝以三朝、兩朝國史各自爲書，將合而爲一，加鞏史館修撰，專典之，不以大臣監總，既而不克成。會官制行，拜中書舍人。時自三省百職事，選授一新，除書日至十數，人人舉其職，於訓辭典約而盡。尋掌延安郡王牋奏。故事命翰林學士，至是特屬之。甫數月，丁母艱去。又數月而卒，年六十五。

鞏性孝友，父亡，奉繼母益至，撫四弟、九妹於委廢單弱之中，宦學昏嫁，一出其力。爲文章，上下馳騁，愈出而愈工，本原六經，斟酌於司馬遷、韓愈，一時工作文詞者，鮮能過也。少與王安石游，安石聲譽未振，鞏導之於歐陽脩，及安石得志，遂與之異。神宗嘗問：「安石何如人？」對曰：「安石文學行義，不減揚雄，以吝故不及。」帝曰：「安石輕富貴，何吝也？」曰：「臣所謂吝者，謂其勇於有爲，吝於改過耳。」帝然之。呂公著嘗告神宗，以鞏爲人行義不如政事，政事不如文章，以是不大用云。弟布，自有傳。幼弟肇。

肇字子開，舉進士，調黃巖簿，用薦爲鄭州教授，擢崇文校書、館閣校勘兼國子監直講、同知太常禮院。太常自秦以來，禮文殘缺，先儒各以臆說，無所稽據。肇在職，多所釐正。親祠皇地祇於北郊，蓋自肇發之，異論莫能奪其議。

兄布以論市易事被責，亦奪肇主判。滯於館下，又多希旨窺伺者，衆皆危之，肇恬然無愠。

曾公亮薨，肇狀其行，神宗覽而嘉之。遷國史編修官，進吏部郎中，遷右司，爲神宗實錄檢討。元祐初，擢起居舍人。未幾，爲中書舍人。

論葉康直知秦州不當，執政訝不先白，御史因攻之。肇求去，范純仁語於朝曰：「若善人不見容，吾輩不可居此矣。」力爲之言，乃得釋。

門下侍郎韓維奏范百祿事，太皇太后以爲讒毁，出守鄧。肇言：「維爲朝廷辨邪正是非，不可以疑似逐。」不草制。諫議大夫王覿，以論胡宗愈，出守潤，肇言：「陛下寄腹心於大臣，寄耳目於臺諫，二者相須，闕一不可。今覿論執政即去之，是愛腹心而塗耳目也。」帝悟，加覿直龍圖閣。

太皇受册，詔遵章獻故事，御文德殿。肇言：「天聖初，兩制定議受册崇政，仁宗特改焉，此蓋一時之制。今帝述仁宗故事，以極崇奉孝敬之誠，可謂至矣。臣竊謂太皇當於此時特下詔揚帝孝敬之誠，而固執謙德，屈從天聖兩制之議，止於崇政，則帝孝愈顯，太皇之德愈尊矣。」坤成節上壽，議令百官班崇政。肇又言：「天聖三年，近臣班殿廷，百官止請內東門拜表。至九年，始御會慶。今太皇盛德，不肯自同章獻，宜如三年之制。」並從之。

四年，春旱，有司猶講春宴。肇同彭汝礪上疏曰：「天菑方作，正君臣側身畏懼之時。乃相與飲食燕樂，恐無以消復天變。」翼日，有旨罷宴。蔡確貶新州，肇先與汝礪相約極論。

會除給事中，汝礪獨封還制書，言者謂肇賣友，略不自辨。以寶文閣待制知潁州，徙鄧齊陳州、應天府。

七年，入爲吏部侍郎。肇在禮院時，啓親祠北郊之議。是歲當郊，肇堅抗前說，旣而合祭天地，乃自劾，改刑部。請不已，出知徐州，徙江寧府。帝親政，更用舊臣，數稱肇議禮，趣入對。肇言：「人主雖有自然之聖質，必賴左右前後得人，以爲立政之本。宜於此時選忠信端良之士，寘諸近班，以參謀議，備顧問。與夫深處法宮，親近暬御，其損益相去萬萬矣。」貴近惡其語，出知瀛州，與兄布易地。時方治實錄譏訕罪，降爲滁州。稍復集賢殿修撰。歷泰州、海州。徽宗卽位，復召爲中書舍人。

日食四月朔，當降詔求言。肇具述帝旨，詔下，投匭者如織。章惇惡之，欲因事去肇，帝不聽。元祐臣僚被譴者，咸以赦恩甄敍。肇請倂錄死者，作訓詞，哀厚惻怛，讀者爲之感愴。遷翰林學士兼侍讀。諫官陳瓘、給事中龔原以言得罪，無敢救，肇極力論解。時論者謂元祐、紹聖，均爲有失，兄布傳帝命，使肇作詔諭天下。肇見帝言：「陛下思建皇極，以消弭朋黨，須先分別君子小人，賞善罰惡，不可偏廢。」開說備至。已而詔從中出。布之拜相，肇適當制，國朝學士弟草兄制，唯韓維與肇，爲衣冠榮。

建中靖國元年，太史奏日又當食四月。肇請對言：「比歲日食正陽，咎異章著。陛下簡儉淸淨之化，或衰於前；聲色服玩之好，或萌於心；忠邪賢不肖，或有未辨；賞慶刑威，或有未當。左右阿諛，壅蔽矯舉，民寃失職，鬱不得伸。此宜反覆循省，痛自克責，以塞天變。」言發涕下，帝悚然順納。

兄布在相位，引故事避禁職，拜龍圖閣學士、提舉中太一宮。未幾，出知陳州，歷太原、應天府、揚定二州。崇寧初，落職，謫知和州，徙岳州，繼貶濮州團練副使，安置汀州。四年，歸潤而卒，年六十一。

自熙寧以來四十年，大臣更用事，邪正相軋，黨論屢起，肇身更其間，數不合。兄布與韓忠彥並相，日夕傾危之。肇既居外，移書告之曰：「兄方得君，當引用善人，翊正道，以杜惇、卞復起之萌。而數月以來，所謂端人吉士，繼迹去朝，所進以爲輔佐、侍從、臺諫，往往皆前日事惇、卞者。一旦勢異今日，必首引之以爲固位計，思之可爲慟哭。比來主意已移，小人道長。進則必論元祐人於帝前，退則盡排元祐者於要路。異時惇、卞縱未至，一蔡京足以兼二人，可不深慮。」布不能從。未幾，京得政，布與肇俱不免。

肇天資仁厚，而容貌端嚴。自少力學，博覽經傳，爲文温潤有法。更十一州，類多善政。紹興初，謚曰文昭。子統，至左諫議大夫。

論曰：劉敞博學雄文，鄰於邃古，其爲考功，仁宗賜夏竦謚，上疏爭之，以爲人主不可侵臣下之官；及奉詔定樂，中貴預列，又諫曰：「臣懼爲袁盎所笑。」此豈事君爲容悅者哉。攽雖疎儁，文埒於敞。奉世克肖，世稱「三劉」。曾鞏立言於歐陽脩、王安石間，紆徐而不煩，簡奧而不晦，卓然自成一家，可謂難矣。肇以儒者而有能吏之才。宋之中葉，文學法理，咸精其能，若劉氏、曾氏之家學，蓋有兩漢之風焉。

校勘記

〔一〕爲其父母報　「報」原作「服」，據歐陽修歐陽文忠公文集卷一二三濮議劄子一首、儀禮喪服傳改。

〔二〕諸孫行尊者爲王　「王」原作「主」，按本書卷二四四秦王德芳傳：「乃下詔令中書門下考太祖之籍，以屬近而行尊者一人，裂土而王之。」即紀此事。東都事略卷七六劉攽傳正作「王」，據改。

〔三〕竇革　本書卷三五五、東都事略卷九九上官均傳作「竇莘」。長編卷二八七、宋會要職官六六之三作「竇苹」。

〔四〕蔡州糧料院　長編卷二九〇、宋會要職官六六之三都作「陳州糧料院」。

〔五〕南劍將樂盜廖恩　「南」字原脫，「恩」原作「思」。據曾鞏元豐類稿附錄曾鞏墓誌、長編卷二八三補改。

宋史卷三百二十

列傳第七十九

蔡襄　呂溱　王素從子靖　從孫震　余靖　彭思永　張存

蔡襄字君謨，興化仙遊人。舉進士，爲西京留守推官、館閣校勘。范仲淹以言事去國，余靖論救之，尹洙請與同貶，歐陽脩移書責司諫高若訥，由是三人者皆坐譴。襄作四賢一不肖詩，都人士爭相傳寫，鬻書者市之，得厚利。契丹使適至，買以歸，張於幽州館。

慶曆三年，仁宗更用輔相，親擢靖、脩及王素爲諫官，襄又以詩賀，三人列薦之，帝亦命襄知諫院。襄喜言路開，而慮正人難久立也，乃上疏曰：「朝廷增用諫臣，脩、靖、素一日並命，朝野相慶。然任諫非難，聽諫爲難；聽諫非難，用諫爲難。三人忠誠剛正，必能盡言。臣恐邪人不利，必造爲禦之之說。其禦之之說不過有三，臣請爲陛下辨之。一曰好名。夫忠臣引君當道，論事唯恐不至，若避好名之嫌無所陳，則土木之人，皆可爲矣。二曰好進。

前世諫者之難，激於忠憤，遭世昏亂，死猶不辭，何好進之有？近世獎拔太速，但久而勿遷，雖死是官，猶無悔也。三曰彰君過。諫爭之臣，蓋以司過舉耳，人主聽而行之，足以致從諫之譽，何過之能彰。至於巧者亦然，事難言則喑而不言，擇其無所忤者，時一發焉，猶或不行，則退而曰吾嘗論某事矣，此之謂好名。默默容容，無所愧恥，躡資累級，以挹顯仕，此之謂好進。君有過失，不救之於未然，傳之天下後世，其事愈不可掩，此之謂彰君過。願陛下察之，毋使有好諫之名而無其實。」

時有旱蝗、日食、地震之變，襄以爲：「災害之來，皆由人事。數年以來，天戒屢至。原其所以致之，由君臣上下皆闕失也。不顓聽斷，不攬威權，使號令不信於人，恩澤不及於下，此陛下之失也。持天下之柄，司生民之命，無嘉謀異畫以矯時弊，不盡忠竭節以副任使，此大臣之失也。朝有敝政而不能正，民有疾苦而不能去，陛下寬仁少斷而不能規，大臣循默避事而不能斥，此臣等之罪也。陛下既有引過之言，達於天地神祇矣，願思其實以應之。」疏出，聞者皆悚然。

進直史館，兼修起居注，襄益任職論事，無所回撓。開寶浮圖災，下有舊瘞佛舍利，詔取以入，宮人多灼臂落髮者。方議復營之，襄諫曰：「非理之福，不可徼幸。今生民困苦，四夷驕慢，陛下當修人事，奈何專信佛法？或以舍利有光，推爲神異，彼其所居尚不能護，何有於威靈。天之降災，以示儆戒，顧大興功役，是將以人力排天意也。」

呂夷簡平章國事，宰相以下就其第議政事，襄奏請罷之。元昊納款，始自稱「兀卒」，既又譯爲「吾祖」。襄言：「『吾祖』猶云『我翁』，慢侮甚矣。使朝廷賜之詔，而亦曰『吾祖』，是何等語邪？」

夏竦罷樞密使，韓琦、范仲淹在位，襄言：「陛下罷竦而用琦、仲淹，士大夫賀於朝，庶民歌於路，至飲酒叫號以爲歡。且退一邪，進一賢，豈遂能關天下輕重哉？蓋一邪退則其類退，一賢進則其類進。衆邪並退，衆賢並進，海內有不泰乎！雖然，臣切憂之。天下之勢，譬猶病者，陛下既得良醫矣，信任不疑，非徒愈病，而又壽民。醫雖良術，不得盡用，則病且日深，雖有和、扁，難責效矣。」

保州卒作亂，推懦兵十餘輩爲首惡，殺之以求招撫。襄曰：「天下兵百萬，苟無誅殺決行之令，必開驕慢暴亂之源。今州兵戕官吏、閉城門，不能討，從而招之，豈不爲四方笑。乞將兵入城，盡誅之。」詔從其議。

以母老，求知福州，改福建路轉運使，開古五塘溉民田，奏減五代時丁口稅之半。復修起居注。唐介擊宰相，觸盛怒，襄趨進曰：「介誠狂愚，然出於進忠，必望全貸。」既貶春州，又上疏以爲此必死之謫，得改英州。温成后追册，請勿立忌，而罷監護園陵官。

進知制誥，三御史論梁適解職，襄不草制。後每除授非當職，輒封還之。帝遇之益厚，賜其母冠帔以示寵，又親書「君謨」兩字，遣使持詔予之。遷龍圖閣直學士、知開封府。襄精吏事，談笑剖決，破姦發隱，吏不能欺。

以樞密直學士再知福州。郡士周希孟、陳烈、陳襄、鄭穆以行義著，襄備禮招延，誨諸生以經學。俗重凶儀，親亡或秘不舉，至破產飯僧，下令禁止之。徙知泉州，距州二十里萬安渡，絕海而濟，往來畏其險。襄立石爲梁，其長三百六十丈，種蠣於礎以爲固，至今賴焉。又植松七百里以庇道路，閩人刻碑紀德。

召爲翰林學士、三司使，較天下盈虛出入，量力以制用。劃剔蠹敝，簿書紀綱纖悉皆可法。

英宗不豫，皇太后聽政，爲輔臣言：「先帝既立皇子，宦妾更加熒惑，而近臣知名者亦然，幾敗大事，近已焚其章矣。」已而外人遂云襄有論議，帝聞而疑之。會襄數謁告，因命擇人代襄。襄乞爲杭州，拜端明殿學士以往。治平三年，丁母憂。明年卒，年五十六。贈吏部侍郎。

襄工於書，爲當時第一，仁宗尤愛之，製元舅隴西王碑文命書之。及令書溫成后父碑〔一〕，則曰：「此待詔職耳。」不奉詔。於朋友尙信義，聞其喪，則不御酒肉，爲位而哭。嘗飲會靈東園，坐客誤射矢傷人，遽指襄。他日帝問之，再拜愧謝，終不自辨。

蔡京與同郡而晚出，欲附名閥，自謂爲族弟。政和初，襄孫佃廷試唱名，居舉首，京侍殿上，以族孫引嫌，降爲第二，佃終身恨之。乾道中，賜襄謚曰忠惠。

呂溱字濟叔，揚州人。進士第一。通判亳州，直集賢院，同修起居注。坐預進奏院宴飲，出知蘄、楚、舒三州。復修起居注。

儂智高寇嶺南，詔奏邸毋得輒報。溱言：「一方有警，使諸道聞之，共得爲備。今欲人不知，此何意也。」進知制誥，又出知杭州，入爲翰林學士。疏論宰相陳執中姦邪，仁宗還其疏。溱曰：「以口舌論人，是陰中大臣也。願出以示執中，使得自辨。」未幾，執中去，溱亦以侍讀學士知徐州，賜宴資善堂，遣使諭曰：「此特爲卿設，宜盡醉也。」詔自今由經筵出者視爲例。

徙成德軍，時方開六塔河，宰相主其議。會地震，溱請罷之以答天戒。溱豪侈自放，簡忽於事，與都轉運使李參不相能，還，判流內銓。參劾其借官麴作酒，以私貨往河東貿易，及違式受餽牘，事下大理議。溱乃未嘗受，而外廷紛然謂溱有死罪。帝知其過輕，但貶秩，知和州。御史以爲未抵罪，分司南京。起知池州、江寧府，復集賢院學士，加龍圖閣直學士、知開封府。

時爲京尹者比不稱職，溱精識過人，辨訟立斷，豪惡斂迹。嘗以職事對，神宗察其有疾色，勉以近醫藥，已而果病。改樞密直學士、提舉醴泉觀，遂卒，年五十五。贈禮部侍郎。帝悼念之，詔中書曰：「溱立朝最孤，知事君之節，絕迹權貴，故中廢十餘年，人無言者。方擢領要劇，而奄忽淪亡，家貧子幼，遭此大禍，必至狼狽。宜優給賻禮，官庀其葬，以厲臣節。」敕其婦兄護喪歸。

溱開敏，善議論，一時名輩皆推許。然自貴重，在杭州接賓客，不過數語，時目爲「七字舍人」云。

王素字仲儀，太尉旦季子也。賜進士出身，至屯田員外郎。御史中丞孔道輔薦爲侍御史。道輔貶，出知鄂州。仁宗思其賢，擢知諫院。素方壯年，遇事感發。嘗言：「今中外無名之費，倍蓰於前，請省其非急者。」適皇子生，將進百僚以官，惠諸軍以賞。素爭曰：「今西夏畔渙，契丹要求，縣官之須，且日急矣。宜留爵秩以賞戰功，儲金繒以佐邊費。」議遂已。

京師旱，素請帝禱于郊，帝曰：「太史言月二日當雨，今將以旦日出禱。」素曰：「臣非太史，然度是日必不雨。」帝問故，曰：「陛下知其且雨而禱之，應天不以誠，故臣知不雨。」帝曰：「然則明日詣醴泉觀。」素曰：「醴泉之近，猶外朝耳，豈憚暑不遠出邪？」帝悚然。更詔詣西太一宮，諫官故不在屬車間，乃命素扈從。日甚熾，埃氛翳空，比輿駕還，未薄城，天大雷電而雨。

王德用進二女子，素論之，帝曰：「朕眞宗皇帝之子，卿王旦之子，有世舊，非他人比也。德用實進女，然已事朕左右，奈何？」素曰：「臣之憂正恐在左右爾。」帝動容，立命遣二女出。賜素銀緋，擢天章閣待制、淮南都轉運按察使。時新置按察，類多以苛爲明。素獨不擿細故，即有貪刻，必繩治窮竟，以故下吏愛而畏之。改知渭州，坐市木河東，有擾民狀，降華州，又奪職徙汝。俄悉還其故，遷龍圖閣直學士。

初，原州蔣偕建議築大蟲巉堡，宣撫使聽之。役未具，敵伺間要擊，不得成。偕懼，來歸死。素曰：「若罪偕，乃是墮敵計。」責偕使畢力自效。總管狄青曰：「偕往益敗，不可遣。」素曰：「偕敗則總管行，總管敗，素即行矣。」青不敢復言，偕卒城而還。以樞密直學士知開封府。至和秋，大雨，蔡河裂，水入城。詔軍吏障朱雀門，素曰：「皇上不豫，兵民廬舍多覆壓，衆心恟恟然，奈何更塞門以動衆。」違詔止其役，水亦不害。

出知定州、成都府。先是，牙校歲輸酒坊錢以供廚傳，日加厚，輸者轉困。素一切裁約之。鐵錢布滿兩蜀，而鼓鑄不止，幣益輕，商賈不行，命罷鑄十年，以權物價。凡為政，務合人情，蜀人紀其目，號曰「王公異斷」。復知開封。素以三公子少知名，出入侍從將帥，久頗鞅鞅，厭倦劇煩，事多鹵莽不治，盜賊數發。御史糾其過，出知許州。

治平初，夏人寇靜邊砦。召拜端明殿學士，復知渭州，於是三鎮、涇原蕃夷故老皆歡賀，比至，敵解去。拓渭西南城，濬隍三周，積粟支十年。屬羌奉土地來獻，悉增募弓箭手。行陣出入之法，身自督訓。其居舊穿土為室，寇至，老幼多焚死，為築八堡使居之。其衆領於兩巡檢，人莫得自便。素曰：「是豈募民兵意邪？」聽散耕田里，有警則聚，故士氣感奮，精悍他道莫及。嘗宴堂上，邊民傳寇至，驚入城。諸將曰：「使姦人亦從而入，將必為內應，合拒勿內。」素曰：「若拒之東去，關中必搖。吾在此，敵必不敢犯我，此當有姦言。」乃下令：「敢稱寇至者斬。」有頃，候騎從西來，人傳果妄，諸將皆服其明。

換澶州觀察使、知成德軍，改青州觀察使。熙寧初，還，以學士知太原府。汾河大溢，素曰：「若壞平晉，遂灌州城矣。」亟命具舟楫，築堤以捍之。一夕，水驟至，人賴以安。入知通進、銀臺司，轉工部尚書，仍故職致仕。故事，雖三公致仕，亦不帶職。朝廷方新法制，素首以學士就第。卒，年六十七，謚曰懿敏。子鞏，從子靖，從孫震。

犖有雋才，長於詩，從蘇軾游。軾守徐州，犖往訪之，與客游泗水，登魋山，吹笛飲酒，乘月而歸。軾待之於黄樓上，謂犖曰：「李太白死，世無此樂三百年矣。」軾得罪，犖亦竄賓州。數歲得還，豪氣不少挫。後歷宗正丞，以跌蕩傲世，每除官，輒爲言者所議，故終不顯。

靖字詹叔，蚤孤，自力於學，好講切天下利害。以祖蔭歷通判閬州、知滁州，主管北京御史臺。契丹數遣横使來，靖疏言：「彼利中國賜遺，挾虚聲以濟其欲，漸不可長，宜有以折之。」又請復明經科，加試貢士以策，觀其所學，稍變聲律之習。

擢利州路轉運判官，提點陝西刑獄。鄉戶役于州縣者，優則願久留，勞則欲亟去，吏得權其遲速。靖一以歲月遣代，遂爲令。徙河東長子縣。賊殺人，捕治十數輩，不得實，皆釋去。靖閲其牘曰：「此眞盜也。」教吏曲折訊囚，果服罪。爲開封府推官。曹、濮盜害，官吏久不獲，靖受詔督捕，成擒者十八九。因言盜之不戢，由大姓爲囊橐，請幷坐之，著爲令。

徙廣南轉運使。熙寧初，廣人訛言交阯且至，老幼入保。事聞，中外以爲憂。神宗曰：「王靖在彼，可無念。」即拜太常少卿、直昭文館、知廣州。居二年，入爲度支副使，卒。

子古，字敏仲，第進士。熙寧中，爲司農主簿，使行淮、浙振旱菑，究張若濟獄，劾轉運使王廷老、張靚失職，皆罷之。連提舉四路常平，王安禮欲用爲太常丞，神宗謂古好異論，止以爲博士。加上仁宗、英宗謚，因升祔四后，初議不發册，古言：「發册之禮，雖爲祔廟節文，而升祔之重，乃由册而後顯。今既行升祔，則禮不可廢。」乃詔用竹册。又定諸神祠封額、爵號之序。

出爲湖南轉運判官，提點淮東刑獄，歷工部、吏部、右司員外郎，太府少卿。奉使契丹，異時北使所過，凡供張悉貸於民，古請出公錢爲之，民得不擾。

紹聖初，遷戶部侍郎，詳定役法，與尙書蔡京多不合。京言：「臣欲用元豐人額雇直，而古乃用司馬光法。」詔徙古兵部，尋以集賢殿修撰爲江、淮發運使，進寶文閣待制、知廣州。言者論其常指平歲爲凶年，妄散邦財，奪職知袁州。

徽宗立，復拜戶部侍郎，遷尙書。與御史中丞趙挺之偕領放欠，挺之言：「古蠲除太多，欲盡傾天下之財，不可用。」遂改刑部。攻不已，以寶文閣直學士知成都。墮崇寧黨籍，責衡州別駕，安置溫州。復朝散郞，尋卒。

震字子發，以父任試銓優等，賜及第。上諸路學制，神宗稱其才。以習學中書刑房公事，遂爲檢正。預修條例，加館閣校勘，檢正孔目吏房。

元豐官制行，震與吳雍從輔臣執筆入記上語，面授尙書右司員外郎，使自書除目，舉朝榮之。兼修市易敕，帝諭之曰：「朝廷造法，皆本先王之制，推行非人，故不能善後。且以錢貸民，有不能償，輒籍其家，豈善政也。宜計其負幾何，悉捐之。」震頓首奉詔。

進起居舍人，使行西邊，還爲中書舍人。元祐初，遷給事中，御史王巖叟劾之，以龍圖閣待制知蔡州，歷五郡。紹聖初，復爲給事中，權吏部尚書，拜龍圖閣直學士、知開封府。

震與章惇皆呂惠卿所薦，而素不相能。府奏獄空，哲宗疑不實。震謂惇抑己，於是潁昌蓋漸有訟，許賂惇子弟，震捕漸掠治，頗得蹤跡。惇懼，以獄付大理，而徙震爲樞密都承旨，遂坐折獄滋蔓、傾搖大臣奪職知岳州，卒。

余靖字安道，韶州曲江人。少不事羈檢，以文學稱鄉里。舉進士起家，爲贛縣尉，試書判拔萃，改將作監丞、知新建縣，遷祕書丞。數上書論事，建言班固漢書舛謬，命與王洙幷校司馬遷、范曄二史。書奏，擢集賢校理。

范仲淹貶饒州，諫官御史莫敢言。靖言：「仲淹以刺譏大臣重加譴謫，儻其言未合聖慮，在陛下聽與不聽耳，安可以爲罪乎？汲黯在廷，以平津爲多詐；張昭論將，以魯肅爲麤疏。漢皇、吳主熟聞訾毀，兩用無猜，豈損令德。陛下自親政以來，屢逐言事者，恐鉗天下口，不可。」疏入，落職監筠州酒稅。尹洙、歐陽脩亦以仲淹故，相繼貶逐，靖繇是益知名。徙監泰州稅，知英州，遷太常博士，復爲校理、同知禮院。

慶曆中，仁宗銳意欲更天下敝事，增諫官員，使論得失，以靖爲右正言。時四方盜賊竊發，州郡不能制。靖言：「朝廷威制天下在賞罰，今官吏弛事，羣盜蜂起，大臣齷齪守常，不立法禁，可爲國家憂也。請嚴捕賊賞罰，及定爲賊劫質、亡失器甲除名追官之法。」

司天言太白犯歲星，又犯執法。靖上疏請責躬修德，以謝天變。使契丹，辭日，以所奏事書笏，各舉一字爲目，凡數十事。帝顧見之，命悉條奏，日幾昃，乃罷。進修進居注。

開寶寺靈感塔災，復上疏言：「五行之占，本是災變，朝廷所宜誠懼，以答天意。聞嘗詔取舊瘞舍利入禁中閱視，道路傳言，舍利在內廷有光怪，竊恐巧佞之人，推爲靈異，惑亂視聽，再圖營造。臣聞帝王之道，能勤儉厥德，感動人心，則雖有危難，後必安濟。今自西垂用兵，國帑虛竭，民亡儲蓄，十室九空。陛下若勤勞罪己，憂人之憂，則四民安居，海內蒙福。如不恤民病，廣事浮費，奉佛求福，非天下所望也。若以舍利經火不壞，遽爲神異，卽本在土中，火所不及。若言舍利皆能出光怪，必有神靈憑之，此妄言也。且一塔不能自衞，爲火所毀，況藉其福以庇民哉？」

靖在職數言事，嘗論夏竦姦邪，不可爲樞密使；王舉正不才，不宜在政府；狄青武人，使之獨守渭州，恐敗邊事；張堯佐以修媛故，除提點府界公事，非政事之美，且郭后之禍，起於楊、尚，不可不監。太常博士王翼西京治獄還，賜五品服，靖曰：「治獄而錫服，外人不知，必以爲翼深文重法，能希陛下意，以取此寵，所損非細事也。嘗有工部郎中呂覺以治獄賜對，祈易章綬，陛下諭之曰：『朕不欲因鞫囚與人恩澤。』覺退以告臣，臣嘗書之起居注。陛下前日諭覺是，則今日賜翼非矣。是非與奪之間，貴乎一體。小人望風希進，無所不至，幸陛下每於事端，抑其奔競。」其說多見納用。

會西鄙厭兵，元昊請和，議增歲賜。靖言：「景德中，契丹舉國興師，直抵澶淵，先帝北征渡河，止捐金繒三十萬與之。今元昊戰雖累勝，皆由將帥輕敵易動之故。數年選將練兵，始知守戰之備，而銳意解仇，所予至二十六萬。且戎事有機，國力有限，失之於始，雖悔何追。夫以景德之患，近在封域之內，而歲賜如彼；今日之警，遠在邊鄙之外，而歲賜如此。若元昊使還，益有所許，契丹聞之，寧不生心，無厭之求，自此始矣。儻移西而備北，爲禍更深。但思和與不和，皆有後患，則不必曲意俯徇，以貽國羞。」擢知制誥。

元昊既歸款，朝廷欲加封册，而契丹以兵臨西境，遣使言：「爲中國討賊，請止毋和。」朝議難之。會靖數言契丹挾詐，不可輕許，卽遣靖往報，而留夏國封策不發。靖至契丹，卒屈其議而還。朝廷遂發夏册，臣元昊。西師既解嚴，北邊亦無事。靖三使契丹，亦習外國語，嘗爲蕃語詩，御史王平等劾靖失使者體，出知吉州。

靖爲諫官時，嘗劾奏太常博士茹孝標不孝，匿母喪，坐廢。靖既失勢，孝標詣闕言靖少遊廣州，犯法受榜。靖聞之不自得，求侍養去。改將作少監，分司南京，居曲江。已而授左神武軍大將軍、雅州刺史、壽州兵馬鈐轄，辭不就。再遷衞尉卿、知虔州，丁父憂去。

儂智高反邕州，乘勝掠九郡，以兵圍廣州。朝廷方顧南事，就喪次起靖爲祕書監、知潭州，改桂州，詔以廣南西路委靖經制。智高西走邕州，靖策其必結援交阯而脅諸峒以自固，乃約李德政會兵擊賊於邕州，備萬人糧以待之；而詔亦給緡錢二萬助德政興師，且約賊平更賞以緡錢二萬。又募儂、黃諸姓酋長，皆縻以職，使不與智高合。既而朝廷遣狄青、孫沔將兵共討賊。青卻交阯援兵不用，賊平。就遷靖給事中。御史梁蒨言賞薄，又遷尚書工部侍郎。

初，青兵未至前，戒部將勿戰。靖迫鈐轄陳曙出鬬，敗走。青至，按軍法斬曙及指使袁用等於坐，靖瞿然起拜。及諸將班師，獨留靖廣西，遣人入特磨道擒智高母子弟三人，生致之闕下。加集賢院學士，徙知潭州，又徙青州。

交阯蠻申紹泰寇邕州，殺五巡檢。以靖安撫廣西，至則召交阯用事臣費嘉祐詰問之，嘉祐至，紿以近邊種落相侵報，誤犯官軍，願悉推治，還所掠及械罪人以自贖。靖信之，厚謝遣去，嘉祐遂歸，不復出。

知廣州，官至工部尚書，代歸，卒。三司使蔡襄爲靖言，特贈刑部尚書，謚曰襄。靖嘗夢神人告以所終官而死秦亭，故靖常畏西行。及卒，則江寧府秦淮亭也。

彭思永字季長，廬陵人。第進士，知南海、分寧縣，通判睦州。台州大水敗城，人多溺，往攝治焉。盡葬死者，作文祭之；民貧不能葺居，爲伐木以助之，數月，公私之舍皆具，城築高於前，而堅亦如之。

知潮州、常州。入爲侍御史，論內降授官賞之弊，謂斜封非盛世所當有，仁宗深然之。皇祐祀明堂前一日，有傳百官皆進秩者〔三〕。思永言不宜濫恩，以益僥倖。時張堯佐已貴而猶覬執政，王守忠已受寵而求旄節。思永率同列言之，或曰：「俟命出，未晚也。」思永曰：「先事而言，第得罪爾；命一出，不可止矣。」遂獨抗疏曰：「陛下覃此謬恩，豈爲天下孤寒哉。不過爲堯佐、守忠取悅衆人耳。外戚秉政，宦侍用權，非社稷之福也。」帝怒，中丞郭勸、諫官吳奎爲之請，乃以汎恩轉司封員外郎而解臺職，爲湖北轉運使。

下溪蠻彭仕義作亂，先移書激罵辰州守。守將討之，思永按部適至，仕義懼，遣使迎謝，寢其謀。

加直史館，爲益州路轉運使。成都府吏盜公錢，付獄已三歲，出入自如。思永攝府事甫一日，即具獄。民以楮券爲市，藏衣帶中，盜置刃於爪，捷取之，鮮敗者。思永得一人詰之，悉黥其黨隸兵間。中使歲祠峨眉，率留成都掊珍玩，價直數百萬錢，悉出於民。思永㬥其三之一，使怒去，而不能有所中傷也。

尋爲戶部副使，擢天章閣待制、河北都轉運使、知瀛州。北俗以桑麻爲產籍，民懼賦不敢藝，日益貧，思永始奏更之。徙知江寧府。

治平中，召爲御史中丞。濮王有稱親之議，言事者爭之，皆斥去。思永更上疏極論曰：「濮王生陛下，而仁宗以陛下爲嗣，是仁宗爲皇考，而濮王於屬爲伯，此天地大義，生人大倫。如乾坤定位，不可得而變也。陛下爲仁廟子，曰考曰親，乃仁廟也；若更施於濮王，是有二親矣。使王與諸父夷等，無有殊別，則於大孝之心亦爲難安。臣以爲當尊爲濮國大王，祭告之辭，則曰『姪嗣皇帝書名昭告于皇伯父』。在王則極尊崇之道，而於仁廟亦無所嫌矣；此萬世之法也。」疏入，英宗感其切至，垂欲施行，而中書持之甚力，卒不果。

神宗卽位，御史蔣之奇糾歐陽脩陰事，挽思永自助。思永以爲帷薄之私，非外人所知，但其首建濮議，違典禮以犯衆怒，不宜更在政府。詔問語所從來，思永不肯對，而極陳大臣專恣朋黨。乃出知黄州，改太平州。熙寧三年，以户部侍郎致仕，卒，年七十一。

思永仁厚廉恕。爲兒時，旦起就學，得金釵於門外，默坐其處。須臾亡釵者來物色，審之良是，即付之。其人欲謝以錢，思永笑曰：「使我欲之，則匿金矣。」始就舉，持數釧爲資。同舉者過之，出而玩，或墜其一於袖間，衆相爲求索。思永曰：「數止此耳。」客去，舉手揖，釧墜于地，衆皆服其量。居母喪，窶甚，鄉人餽之，無所受。子衞，亦孝謹，以父老，棄官家居十餘年，族里稱之。

張存字誠之，冀州人。舉進士，爲安肅軍判官。天禧中，詔銓司以身言書判取士，才得二人，存預其選。改著作佐郎，知大名府朝城縣。寇準爲守，異待之。御史中丞王曙，屢薦爲殿中侍御史，遷侍御史。

仁宗初親政，罷百官轉對，存請復之。又言：「前者曹修古輩同忤旨廢黜，布衣林獻可因上封事竄惡地，恐自今忠直之言，與夫理亂安危之機，蔽而不達。」因歷引周昌、朱雲、辛慶忌、辛毗事，以開帝意。歷京東陝西河北轉運使、户部度支副使。西邊動兵，以天章閣待制爲陝西都轉運使。

黃德和之誣劉平也，存奏言：「平與敵接戰，自旦至暮，殺傷相當，因德和引卻，以致潰敗。方賊勢甚張，非平搏戰，其勢必不沮；延州孤壘，非平解圍，其城必不守。身既陷沒，而不幸又爲讒狡所困，邊臣自此無復死節矣。」朝廷采其說，始遣文彥博按治，由是平得直，而德和誅。

元昊求款附，議者猶執攻討之策。存建言：「兵役不息，生民疲弊。敵既有悛心，雖名號未正，頗羈縻之。」遷龍圖閣直學士，知延州。以母老憚行，徙澤州，還爲待制。踰年，知成德軍，復學士。

契丹與元昊結昏，陰謀相首尾，聚兵塞上而求關南。存言：「河北城久不治，宜留意。」乃以爲都運使，盡城諸州。入知開封府，復使河北。王則反，坐失察，降知汀州。

存壻李駁之弟李教，因醉爲妖言，事覺自縊死。或言教不死，在貝州，父母私屬以存故得免。御史案驗無狀，猶奪職知池州，又徙郴。久之，乃復職，以吏部侍郎致仕，凡十五年，積遷禮部尚書。

存性孝友，嘗爲蜀郡，得奇繒文錦以歸，悉布之堂上，恣兄弟擇取。常曰：「兄弟，手足也；妻妾，外舍人耳。奈何先外人而後手足乎？」收恤宗屬，嫁聘窮嫠，不使一人失所。家居矜莊，子孫非正衣冠不見。與賓友燕接，垂足危坐終日，未嘗傾倚。棗彊河決，勢逼冀城，或勸使他徙，曰：「吾家，衆所望也，苟輕舉動，使一州吏民何以自安。」訖不徙。卒，年八十八，謚恭安。

論曰：蔡襄、王素、余靖，皆昭陵賢御史也。襄數論治體，推韓琦、范仲淹之賢。素請罷不急之賞，論仁宗納二女子爲非。靖黜夏竦、王舉正爲不可用。蓋仁宗銳於求治，數君子提綱振紀而扶持之，卒成慶曆之治，良有以也。夫襄精於民事，吏不敢欺；靖用兵蠻徼，卒收功名；素在西邊多惠政，其尹開封，雖頗厭煩劇，再爲渭州，邊民老幼，至相率稱賀，其惠之在民者，深矣哉。若呂溱論陳執中，則不欲以口舌中人。彭思永名士，能識程頤之賢，而不能容歐陽脩之剛；蔣之奇之誣，竟坐是黜，士論憾之。劉平之死，衆莫敢言，張存獨處而明之。使忠義之氣，死而復生，較之諸人，亦無忝焉。

校勘記

〔一〕溫成后父碑　歐陽修歐陽文忠公文集卷三五蔡襄墓誌銘、蔡襄蔡忠惠公文集卷二二卷首引東越文苑都作「溫成皇后碑」。

〔二〕有傳百官皆進秩者　「百官」原作「百姓」。按此語，長編卷一六九作「有傳赦書百官皆遷官者」，二程文集卷三程顥彭思永行狀作「有傳赦語，百官皆得遷秩者」。據改。

宋史卷三百二十一

列傳第八十

鄭獬　陳襄　錢公輔　孫洙　豐稷　呂誨　劉述　劉琦　錢顗　鄭俠

鄭獬字毅夫，安州安陸人。少負俊材，詞章豪偉峭整，流輩莫敢望。進士第一。通判陳州，入直集賢院、度支判官、修起居注、知制誥。

英宗即位，治永昭山陵，悉用乾興制度。獬言：「今國用空乏，近者賞軍，已見橫斂，富室嗟怨，流聞京師。先帝節儉愛民，蓋出天性，凡服用器玩，極於朴陋，此天下所共知也。而山陵制度，乃欲效乾興最盛之時，獨不傷儉德乎？願飭有司，損其名數。」又言：「天子初即位，郡國馳表稱賀，例官其人，此出五代餘習，因仍未改。今庶官猥衆，充溢銓曹。況前日羣臣進官，已布維新之澤，不須復行此恩，以開僥倖。」皆不報。

又上疏言：「陛下初臨御，恭默不言，所與共政者七八大臣而已，焉能盡天下之聰明哉？願申詔中外，許令盡言，有可采錄，召與之對。至於臣下進見，訪以得失，虛心求之，必能有益治道。」帝嘉納之。時詔諸郡敦遣遺逸之士，至則試之祕閣，命以官。頗有謬舉者，衆論喧譁，旋卽廢罷。獬言：「古之薦士，以謂拔十得五，猶得其半；況今所失未至十五，而遽以浮言廢之，可乎？願復此科，使豪俊無遺滯之歎。」未及行，出知荆南。

治平中，大水求言，獬上疏曰：「陛下側身思咎，念有以消復之，不知求忠言者，將欲用之邪，抑但舉故事邪？觀前世之君，因變異以求諫者甚衆，及考其實，則能用其言而載於行事者，蓋亦鮮矣。今詔發天下忠義之士，必有極其所蘊，以薦諸朝，一日萬機，勢未能盡覽，不過如平時下之中書、密院，至於無所行而後止。如是則與前世之爲空言者等爾。謂宜選官置屬，掌所上章，與兩府近臣從容講貫，可則行之，否則罷之，有疑焉，則廣詢而決之。羣臣得而衆事舉，此應天之實也。天下之進言也甚難，而上之受言也常忽。願陛下采羣臣之章疏，容而聽之，史册大書，以爲某年大水，詔求直言，用某人之辭而求某事，以出夫前世之爲空言者，無令徒掛牆壁爲虛文而已。」還，判三班院。

神宗初，召獬夕對內東門，命草吳奎知青州及張方平、趙抃參政事三制，賜雙燭送歸舍人院，外廷無知者。遂拜翰林學士。朝廷議納橫山，獬曰：「兵禍必起於此。」已而种諤取綏州，獬言：「臣竊見手詔，深戒邊臣無得生事。今乃特尊用變詐之士，務爲掩襲，如戰國暴君之所尚，豈帝王大略哉！謬擅興，當誅。」又請因諒祚告哀，遣使立其嗣子，識者韙之。

權發遣開封府。民喻興與妻謀殺一婦人，獬不肯用按問新法，爲王安石所惡，出爲侍讀學士、知杭州。御史中丞呂誨乞還之，不聽。未幾，徙青州。方散青苗錢，獬言：「但見其害，不忍民無罪而陷憲網。」引疾祈閑，提舉鴻慶宮，卒，年五十一。家貧子弱，其柩藁殯僧屋十餘年，滕甫爲安州，乃克葬。

陳襄字述古，福州侯官人。少孤，能自立，出游鄉校，與陳烈、周希孟、鄭穆爲友。時學者沉溺於雕琢之文，所謂知天盡性之說，皆指爲迂闊而莫之講。四人者始相與倡道於海濱，聞者皆笑以驚，守之不爲變，卒從而化，謂之「四先生」。

襄舉進士，調浦城主簿，攝令事。縣多世族，以請託脅持爲常，令不能制。襄欲稍革其俗，每聽訟，必使數吏環立於前，私謁者不得發，老姦束手。民有失物者，賊曹捕偷兒至，數輩相撐拄，襄語之曰：「某廟鐘能辨盜，犯者捫之輒有聲，餘則否。」乃遣吏先引以行，自率同列詣鐘所祭禱，陰塗以墨，而以帷蔽之。命羣盜往捫，少焉呼出，獨一人手無所汚，扣之，乃爲盜者；蓋畏鐘有聲，故不敢觸，遂服罪。

知河陽縣，始教民種稻。富弼爲郡守，一見卽禮遇之。襄留意教化，進縣子弟於學。或讒之於弼，謂其誘邑子以資過客，弼疑焉。人勸毀學舍以塞謗，不聽。久之，弼以語襄，襄曰：「自反而縮，雖千萬人往矣。公苟有惑志，何名知己。」益講說不少懈。弼由是愈益奇之，及入相，薦爲祕閣校理、判祠部。譯經僧死，遺表度十僧，列子廟三年度一道士，皆抑不行。

知常州，運渠橫遏震澤，積水不得北入江，爲常、蘇二州病。襄度渠之丈尺與民田步畝，定其數，授以浚法。未幾，遂削望亭古堰，水不復積。入爲開封府推官、鹽鐵判官。神宗立，奉使契丹，以設席小異於常，不卽坐。契丹移檄疆吏，坐出知明州。明年，同修起居注，知諫院，改侍御史知雜事。論青苗法不便，曰：「臣觀制置司所議，莫非引經以爲言，而其實則稱貸以取利，事體卑削，貽中外譏笑。是特管夷吾、商鞅之術，非聖世所宜行。望貶斥王安石、呂惠卿以謝天下。」又乞罷韓絳政府，以杜大臣爭利而進者，且言韓維不當爲中丞，劉述、范純仁等無罪，宜復官。皆不聽，而召試知制誥。襄以言不行，辭不肯試，願補外。安石欲以爲陝西轉運使，帝惜其去，留修起居注。襄懇辭，手詔諭之，乃就職。踰年，爲知制誥，安石又欲出之，帝不許。尋直學士院，安石益忌之，擿其書詔小失，出知陳州，徙杭州，以樞密直學士知通進、銀臺司兼侍讀，判尚書都省。卒，年六十四，贈給事中。

襄蒞官所至，必務興學校。平居存心以講求民間利病爲急。既亡，友人劉彝視其篋，得手書累數十幅，盈紙細書，大抵皆民事也。在經筵時，神宗顧之甚厚，嘗訪人材之可用者。襄以司馬光、韓維、呂公著、蘇頌、范純仁、蘇軾至于鄭俠三十三人對，謂光、維、公著皆股肱心膂之臣，不當久外；謂俠愚直敢言，發於忠義，投竄瘴癘，朝不謀夕，願使得生還。帝不能盡用。

錢公輔字君倚，常州武進人。少從胡翼之學，有名吳中。第進士甲科。通判越州，爲集賢校理、同判吏部南曹。歷開封府推官、戶部判官、知明州。衙前法以三等差次勞勤，應格者聽指酒場以自補，富者足欲而貧者日困，充募益鮮；額有不足，至役鄉民，破產不供費。公輔取酒場官鬻之，分輕重以給役者，不復調民。同修起居注，進知制誥。

英宗卽位，陳治平十議，大要言采民政，分吏課，擇守宰，置二府官屬。又作帝問一篇上之。王疇爲翰林學士未久，擢副樞密。公輔謂疇素望淺，不草制。帝以初政用大臣，而公輔格詔，謫爲滁州團練使。議者以爲重，呂誨等上章救之，不得。踰年，起知廣德軍。神宗立，拜天章閣待制、知鄧州，復知制誥。入見，帝勞苦之，使錄十議以進，命知諫院。嘗至中書白事，富弼謂曰：「上求治如飢渴，正賴君輩同心以濟。」公輔曰：「朝廷所爲是，天下誰敢不同！所爲非，公輔欲同之，不可得已。」

王安石雅與之善，既得志，排異己者，出滕甫鄆州。公輔數於帝前言甫不當去。薛向更鹽法，安石主其議，而公輔謂向當黜，遂拂安石意，罷諫職，旋出知江寧府。明年，帝欲召還，安石言其助小人爲異議，不宜在左右，但徙揚州。以病乞越，改提舉崇福觀，卒，年五十二。

孫洙字巨源，廣陵人。羈丱能文，未冠擢進士。包拯、歐陽脩、吳奎舉應制科，進策五十篇，指陳政體，明白剴切。韓琦讀之，太息曰：「慟哭流涕，極論天下事，今之賈誼也。」再遷集賢校理、知太常禮院。

治平中求言，以洙應詔疏時弊要務十七事後多施行，兼史館檢討、同知諫院，乞增諫員以廣言路。凡有章奏，輒焚其稿，雖親子弟不得聞。王安石主新法，多逐諫官御史，洙知不可，而鬱鬱不能有所言，但力求補外，得知海州。免役法行，常平使者欲加斂緡錢，以取羸爲功，洙力爭之。方春旱，發運使調民濬漕渠以通鹽舸，洙持之不下，三上奏乞止其役。旱蝗爲害，致禱於朐山，徹奠，大雨，蝗赴海死。

尋幹當三班院。三班員過萬數，功罪籍不明，前後牴牾，吏左右出入，公爲欺姦。洙革其甚者八事，定爲令。同修起居注，進知制誥。先是，百官遷敍，用一定之詞，洙建言：「羣臣進秩，事理各異，而同用一詞；至或一門之內，數人拜恩，名體散殊，而格以一律。苟從簡便，非所以暢王言、重命令也。」詔自今封贈蔭補，每大禮一易，他皆隨等撰定。

元豐初，兼直學士院。澶州河平，作靈津廟，詔洙爲之碑，神宗奬其文。擢翰林學士，纔踰月，得疾。時參知政事闕，帝將用之，數遣中使、尚醫勞問。入朝期日，洙小愈，在家習肄拜跽，僨不能興，於是竟卒，年四十九。帝臨朝嗟惜，常賻外賜錢五十萬。

洙博聞強識，明練典故，道古今事甚有條理。出語皆成章，雖對親狎者，未嘗發一鄙語。文詞典麗，有西漢之風。士大夫共以丞輔期之，不幸早世，一時憫傷焉。

豐稷字相之，明州鄞人。登第，爲穀城令，以廉明稱。從安燾使高麗，海中大風，檣折，舟幾覆，衆惶擾莫知所爲，稷獨神色自若。燾歎曰：「豐君未易量也。」知封丘縣，神宗召對，問：「卿昔在海中遭風波，何以不畏？」對曰：「巨浸連天，風濤固其常耳，憑仗威靈，尚何畏！」帝悅，擢監察御史。治參知政事章惇請託事，無所移撓，出惇陳州。徙著作佐郎、吏部員外郎，提點利州、成都路刑獄。

入爲殿中侍御史。上疏哲宗曰：「陛下明足以察萬事之統，而不可用其明；智足以應變曲當，而不可用其智。順考古道，二帝所以聖；儀刑文王，成王所以賢。願以洪範爲元龜，祖訓爲寶鑑，一動一言，思所以爲則於四海，爲法於千載，則教化行，習俗美，而中國安矣。」劉奉世册立夏國嗣子乾順，而乾順來賀坤成節，奉世遽出境，稷劾之，奉世以贖論，遷右司諫。揚、荆二王爲天子叔父，尊寵莫並，密令蜀道織錦茵。稷於正衙論曰：「二聖以儉先天下，而宗王僭侈，官吏奉承，皆宜糾正。」既退，御史趙屼謂曰：「聞君言，使屼汗流浹背。」

改國子司業、起居舍人，歷太常少卿、國子祭酒。車駕幸太學，命講書無逸篇，賜四品服，除刑部侍郎兼侍講。元祐八年春，多雪，稷言：「今嘉祥未臻，沴氣交作，豈應天之實未充，事天之禮未備，畏天之誠未孚歟？宮掖之臣，有關預政事，如天聖之羅崇勛、江德明，治平之任守忠者歟？願陛下昭聖德，祗天戒，總正萬事，以消災祥。」帝親政，召內侍居外者樂士宣等數人。稷言：「陛下初親萬機，未聞登進忠良，而首召近幸，恐上累大德。」

以集賢院學士知潁州、江寧府，拜吏部侍郎，又出知河南府，加龍圖閣待制。章惇欲困以道路，連歲亟徙六州。徽宗立，以左諫議大夫召，道除御史中丞。入對，與蔡京遇，京越班揖曰：「天子自外服召公中執法，今日必有高論。」稷正色答曰：「行自知之。」是日，論京姦狀，既而陳瓘、江公望皆言之，未能動。稷語陳師錫等曰：「京在朝，吾屬何面目居此？」擊之不已，京遂去翰林。又乞辨宣仁誣謗之禍，且言：「史臣以王安石日錄亂神宗實錄，今方修哲宗實錄，願申飭之。」時宦官漸盛，稷懷唐書仇士良傳讀於帝前，讀數行，帝曰：「已諭。」稷爲若不聞者，讀畢乃止。

曾布得助夔暱，將拜相，稷約其僚共論之。俄轉工部尚書兼侍讀，布遂相。稷謝表有佞臣之語，帝問爲誰，對曰：「曾布也。陛下斥之外郡，則天下事定矣。」改禮部。論宋用臣不當賜美謚，不爲書敕。哲宗升祔，議功臣配享，稷以爲當用司馬光、呂公著。或謂二人嘗得罪，不可用。稷曰：「止論其有功於時爾，如唐五王豈非得罪於中宗，何嫌於配享？」又言：「陛下以『建中靖國』紀元，臣謂尊賢納諫，舍己從人，是謂『建中』；不作奇技淫巧，毋使近習招權，是謂『靖國』。以副體元謹始之義。」禁內織錦緣宮簾爲地衣，稷言：「仁宗衾褥用黃絁，服御用縑繒，宜守家法。」詔罷之。

稷盡言守正，帝待之厚，將處之尚書左丞，而積忤貴近，不得留，竟以樞密直學士守越。

蔡京得政，修故怨，貶海州團練副使、道州別駕，安置台州。除名徙建州，稍復朝請郎。卒，年七十五。建炎中，追復學士，諡曰清敏。

初，文彥博嘗品稷爲人似趙抃，及賜諡，皆以「清」得名。稷三任言責，每草疏，必密室，子弟亦不得見。退多焚稿，未嘗以時政語人。所薦士如張庭堅、馬涓、陳瓘、陳師錫、鄒浩、蔡肇，皆知名當世云。

論曰：熙寧行新法，輕進少年爭趨競進，老成知務者逡巡引退，何其見幾之明耶？獬議論剴切，精練民事，青苗法行，獬獨幡然求去，至窘迫不堪，弗卹也。襄奮起海隅，屢折不變，學者卒從而化，乃心民事，死猶不已。公輔以忤安石見黜，洙爲諫官不能言，至免役取贏，洙方力爭，所謂不揣其本者歟！稷劾蔡京，論司馬光、呂公著當配享廟庭，蓋亦名侍從也。

呂誨字獻可，開封人。祖端，相太宗、眞宗。誨性純厚，家居力學，不妄與人交。進士登第，由屯田員外郎爲殿中侍御史。時廷臣多上章訐人罪，誨言：「臺諫官許風聞言事，蓋欲廣采納以補闕政。苟非職分，是爲侵官。今乃詆斥平生，暴揚曖昧，刻薄之態浸以成風，請下詔懲革。」樞密副使程戡結貴倖，致位政地，誨疏其過，以宣徽使判延州。復上言：「戡以非才罷，不宜更委邊任；宣徽使地高位重，非戡所當得也。」兗國公主薄其夫，夜開禁門入訴。誨請并劾閽吏，且治主第宦者罪，悉逐之。御藥供奉官四人遙領團練使，御前忠佐當汰復留，誨劾樞密使宋庠陰求援助，徇私紊法。詔罷庠而用陳升之爲副使，誨又論之。升之既去，誨亦出知江州，時嘉祐六年也。

上疏請蚤建皇嗣，曰：「竊聞中外臣僚，以聖嗣未立，屢有密疏請擇宗人。唯陛下思忠言，奮獨斷，以遏未然之亂。又聞太史奏，彗躔心宿，請備西北。按天文志，心爲天王正位，前星爲太子，直則失勢，明則見祥。今既直且暗，而妖彗乘之，臣恐咎證不獨在西北也。自夏及秋，雨淫地震，陰盛之沴，固有冥符。近者宗室之中，訛言事露，流傳四方，人心駭惑，窺覦之志，可不防其漸哉！願爲社稷宗廟計，審擇親賢，稽合天意，宸謀已定，當使天下共知。萬一有姦臣附會其間，陽爲忠實，以緩上心，此爲患最大，不可不察也。」仁宗以誨章付中書韓琦，由此定議。

召爲侍御史，改同知諫院。英宗不豫，誨請皇太后日命大臣一員，與淮陽王視進藥餌。

都知任守忠用事久，帝之立非守忠意，數間諜東朝，播爲惡言，內外洶懼。誨上兩宮書，開陳大義，詞旨深切，多人所難言者。帝疾小愈，屢言乞親萬幾。太后歸政，誨言於帝曰：「后輔佐先帝歷年，閱天下事多矣。事之大者，宜關白咨訪然後行，示弗敢專。」遂論守忠平生罪惡，幷其黨史昭錫竄之南方。內臣王昭明等爲陝西四路鈐轄，專主蕃部。誨言：「自唐以來，舉兵不利，未有不自監軍者。今走馬承受官品至卑，一路已不勝其害，況鈐轄乎？」卒罷之。

治平二年，遷兵部員外郎，兼侍御史知雜事。上言：「臺諫者，人主之耳目，期補益聰明，以防壅蔽。舊三院御史，常有二十員，而後益衰減，蓋執政者不欲主上聞中外之闕失。今臺閾中丞，御史五員，惟三人在職，封章十上，報聞者八九。諫官二人，一他遷，一出使，言路壅塞，未有如今日之甚者。竊爲陛下羞之。」帝覽奏，卽命邵必知諫院。

於是濮議起，侍從請稱王爲皇伯，中書不以爲然，誨引義固爭。會秋大水，誨言：「陛下有過舉而災沴遽作，惟濮王一事失中，此簡宗廟之罰也。」郊廟禮畢，復申前議，七上章，不聽；乞解臺職，亦不聽。遂劾宰相韓琦不忠五罪，曰：「昭陵之土未乾，遽欲追崇濮王，使陛下厚所生而薄所繼，隆小宗而絕大宗。言者論辨累月，琦猶遂非，不爲改正，中外憤鬱，萬口一詞。願黜居外藩，以慰士論。」又與御史范純仁、呂大防共劾歐陽脩「首開邪議，以枉道說人主，以近利負先帝，陷陛下於過舉」。皆不報。已而詔濮王稱親，誨等知言不用，卽上還告敕，居家待罪，且言與輔臣勢難兩立。帝以問執政，脩曰：「御史以爲理難並立，若臣等有罪，當留御史。」帝猶豫久之，命出御史，旣而曰：「不宜責之太重。」乃下遷誨工部員外郎、知蘄州。

神宗立，徙晉州，加集賢殿修撰、知河中府。召爲鹽鐵副使，擢天章閣待制，復知諫院，拜御史中丞。初，中旨下京東買金數萬兩，又令廣東市眞珠，傳云將備宮中十閤用度。誨言：「陛下春秋富盛，然聰明睿知，以天下爲心，必不留神於此，願亟罷之。」

王安石執政，時多謂得人。誨言其不通時事，大用之，則非所宜。著作佐郎章辟光上言，岐王顥宜遷居外邸。皇太后怒，帝令治其離間之罪。安石謂無罪。誨請下辟光吏，不從，遂上疏劾安石曰：「大姦似忠，大佞似信，安石外示朴野，中藏巧詐，陛下悅其才辨而委任之。安石初無遠略，惟務改作立異，罔上欺下，文言飾非，誤天下蒼生，必斯人也。如久居廟堂，必無安靜之理。辟光之謀，本安石及呂惠卿所導。辟光揚言：『朝廷若深罪我，我終不置此二人。』故力加營救。願察於隱伏，質之士論，然後知臣言之當否。」帝方注倚安石，還其章。誨求去，帝謂曾公亮曰：「若出誨，恐安石不自安。」安石曰：「臣以身許國，陛下處之有義，臣何敢以形跡自嫌，苟爲去就。」乃出誨知鄧州。蘇頌當制，公亮謂之曰：「辟光治平四年上書時，安石在金陵，惠卿監杭州酒稅，安得而教之？」故制詞云：「黨小人交譖之言，肆罔上無根之語。」制出，帝以咨頌，以公亮之言告，乃知辟光治平時自言他事，非此也。

誨之將有言也，司馬光勸止之，誨曰：「安石雖有時名，然好執偏見，輕信姦回，喜人佞己。聽其言則美，施於用則疎；置諸宰輔，天下必受其禍。且上新嗣位，所與朝夕圖議者，二三執政而已，苟非其人，將敗國事。此乃腹心之疾，救之惟恐不逮，顧可緩耶？」誨既斥，安石益橫。光由是服誨之先見，自以爲不及也。

明年，改知河南，命未下而寢疾矣。旋提舉崇福宮，以疾表求致仕曰：「臣本無宿疾，醫者用術乖方，妄投湯劑，率任情意，差之指下，禍延四支。一身之微，固無足卹，奈九族之託何！」蓋以身疾諭朝政也。

誨三居言責，皆以彈奏大臣而去，一時推其鯁直。居病困，猶旦夕憤歎，以天下事爲憂。既革，司馬光往省之，至則目已瞑。聞光哭，蹶然而起，張目強視曰：「天下事尚可爲，君實勉之。」光曰：「更有以見屬乎？」曰：「無有。」遂卒，年五十八，海內聞者痛惜之。

元祐初，呂大防、范純仁、劉摯表其忠，詔贈通議大夫，以其子由庚爲太常寺太祝。自誨罷去，御史劉述、劉琦、錢顗皆以言安石被黜。

劉述字孝叔，湖州人。舉進士，爲御史臺主簿，知溫、耀、眞三州，提點江西刑獄，累官都官員外郎，六年不奏考功課。知審官院胡宿言其沉靜有守，特遷兵部員外郎，改荊湖北、京西路轉運使，再以覃恩遷刑部郎中。

神宗立，召爲侍御史知雜事，又十一年不奏課。帝知其久次，授吏部郎中。嘗言去奢當自後宮始，章辟光宜誅，高居簡宜黜，張方平不當參大政，王拱辰不當除宣徽使。皆不報。滕甫爲中丞，述將論之。甫聞，先請對。甫退，述乃言甫爲言官無所發明，且擿其隱慝。帝曰：「甫遇事輒爭，裨益甚多，但外人不知耳。甫談卿美不輟口，卿無言也。」

王安石參知政事，帝下詔專令中丞舉御史，不限官高卑。趙抃爭之，弗得。述言：「舊制，舉御史官，須中行員外郎至太常博士，資任須實歷通判，又必翰林衆學士與本臺丞雜互舉。蓋衆議僉舉，則各務盡心，不容有偏蔽私愛之患。今專委中丞，則愛憎在於一己。若一一得人，猶不至生事；萬一非其人，將受權臣屬託，自立黨援，不附己者得以中傷，媒蘖誣陷，其弊不一。夫變更法度，其事不輕，而止是參知政事二人，同書箚子。且宰相富弼暫謁告，曾公亮已入朝，臺官今不闕人，何至急疾如此！願收還前旨，俟弼出，與公亮同議，然後行之。」弗聽。

述兼判刑部，安石爭謀殺刑名，述不以爲是。及敕下，述封還中書，奏執不已。安石白帝，詔開封府推官王克臣劾述罪。於是述率御史劉琦、錢顗共上疏曰：「安石執政以來，未踰數月，中外人情囂然胥動。蓋以專肆胸臆，輕易憲度，無忌憚之心故也。陛下任賢求治，常若飢渴，故置安石政府。必欲致時如唐、虞，而反操管、商權詐之術，規以取媚。遂與陳升之合謀，侵三司利柄，取爲己功；開局設官，用八人者分行天下，驚駭物聽，動搖人心。去年因許遵文過飾非，妄議自首按問之法，安石任一偏之見，改立新議，以害天下大公。章辟光獻岐邸遷外之說，疎間骨肉，罪不容誅。呂誨等連章論奏，乞加竄逐。陛下雖許其請，安石獨進瞽言，熒惑聖聽。陛下以爲愛己，隱忍不行。先朝所立制度，自宜世世子孫，守而勿失；乃欲事事更張，廢而不用。安石自應舉歷官，尊尚堯、舜之道，以倡率學者，故士人之心靡不歸向，謂之爲賢。陛下亦聞而知之，遂正位公府。遭時得君如此之專，乃首建財利之議，務爲容悅，言行乖戾，一至於此。剛狠自任，則又甚焉。姦詐專權之人，豈宜處之廟堂，以亂國紀！願早罷逐，以慰安天下元元之心。曾公亮位居丞弼，不能竭忠許國，反有畏避之意，陰自結援以固寵，久妨賢路，亦宜斥免。趙抃則括囊拱手，但務依違大臣，事君豈當如是！」

疏上，安石奏先貶琦、顗監處、衢州鹽務。公亮疑太重，安石曰：「蔣之奇亦降監，當從之。」司馬光乃上疏曰：「臣聞孔子曰：『守道不如守官。』孟子曰：『有言責者，不得其言則去。』此古今通義，人臣之大節也。彼謀殺已傷自首刑名，天下皆知其非。朝廷既違衆議而行之，又以守官之臣而罪之，臣恐失天下之心也。夫絀食鷹鸇者〔一〕，求其鷙也，鷙而烹之，將安用哉！今琦、顗所坐，不過疏直，乃以迕犯大臣，猥加譴謫，恐臣下自此以言爲諱。乞還其本資，以靖羣聽。」不報。

開封獄具，泚三問不承。安石欲置之獄，光又與范純仁爭之，乃議貶爲通判。帝不許，以知江州。踰歲，提舉崇禧觀。卒，年七十二。紹興初，贈祕閣修撰。

劉琦字公玉，宣城人。博學強覽，立志峻潔。以都官員外郎通判歙州。召爲侍御史，建言：「自城綏州，數致羌寇，宜棄之。」浙西開漕渠，役甚小，使者張大其事，以功遷官。言者論其非，詔琦就劾，官吏人人惴恐。琦但按首謀二人而已。既貶，通判鄧州而卒，年六十一。

錢顗字安道，常州無錫人。初爲寧海軍節度推官，守孫沔用威嚴爲治，屬吏奔走聽命。顗當官而行，無所容撓，遇不可，必爭之，由是獨見器重。知贛、烏程二縣，皆以治行聞。治平末，以金部員外郎爲殿中侍御史裏行。許遵議謀殺案問刑名，未定而入判大理，顗以爲：「一人偏詞，不可以汩天下之法，遵所見迂執，不可以當刑法之任。」不從。二年而貶，將出臺，於衆中責同列孫昌齡曰：「平日士大夫未嘗知君名，徒以昔官金陵，媚事王安石，宛轉薦君，得爲御史。亦當少思報國，奈何專欲附會以求美官？顗今當遠竄，君自謂得策邪？我視君犬彘之不如也。」卽拂衣上馬去。

後自衢徙秀州。家貧母老，至丐貸親舊以給朝晡，而怡然無謫官之色。蘇軾遺以詩，有「烏府先生鐵作肝」之句，世因目爲「鐵肝御史」。卒，年五十三。

鄭俠字介夫，福州福清人。治平中，隨父官江寧，閉戶苦學。王安石知其名，邀與相見，稱奬之。進士高第，調光州司法參軍。安石居政府，凡所施行，民間不以爲便。光有疑獄，俠讞議傳奏，安石悉如其請。俠感爲知己，思欲盡忠。

秩滿，徑入都。時初行試法之令，選人中式者超京官，安石欲使以是進，俠以未嘗習法辭。三往見之，問以所聞。對曰：「青苗、免役、保甲、市易數事，與邊鄙用兵，在俠心不能無區區也。」安石不答。俠退不復見，但數以書言法之爲民害者。久之，監安上門。安石雖不悅，猶使其子雱來，語以試法。方置修經局，又欲辟爲檢討，更命其客黎東美諭意。俠曰：「讀書無幾，不足以辱檢討。所以來，求執經相君門下耳。而相君發言持論，無非以官爵爲先，所以待士者亦淺矣。果欲援俠而成就之，取其所獻利民便物之事，行其一二，使進而無愧，不亦善乎？」

是時，免役法出〔三〕，民商咸以爲苦，雖負水、拾髮、擔粥、提茶之屬，非納錢者不得販鬻。稅務索市利錢，其末或重於本，商人至以死爭，如是者不一。俠因東美列其事。未幾，詔小夫裨販者免征，商之重者十損其七，他皆無所行。

是時，自熙寧六年七月不雨，至于七年之三月，人無生意。東北流民，每風沙霾曀，扶攜塞道，羸瘠愁苦，身無完衣。並城民買麻糠麥麩，合米爲糜，或茹木實草根，至身被鎖械，而負瓦楬木，賣以償官，累累不絕。俠知安石不可諫，悉繪所見爲圖，奏疏詣閤門，不納。乃假稱密急，發馬遞上之銀臺司。其略云：「去年大蝗，秋冬亢旱，麥苗焦枯，五種不入，羣情懼死；方春斬伐，竭澤而漁，草木魚鼈，亦莫生遂。災患之來，莫之或禦。願陛下開倉廩，賑貧乏，取有司掊克不道之政，一切罷去。冀下召和氣，上應天心，延萬姓垂死之命。今臺諫充位，左右輔弼又皆貪猥近利，使夫抱道懷識之士，皆不欲與之言。陛下以爵祿名器，駕馭天下忠賢，而使人如此，甚非宗廟社稷之福也。竊聞南征北伐者，皆以其勝捷之勢、山川之形，爲圖來獻，料無一人以天下之民質妻鬻子，斬桑壞舍，流離逃散，遑遑不給之狀上聞者。臣謹以逐日所見，繪成一圖，但經眼目，已可涕泣。而況有甚於此者乎！如陛下行臣之言，十日不雨，卽乞斬臣宣德門外，以正欺君之罪。」

疏奏，神宗反覆觀圖，長吁數四，袖以入。是夕，寢不能寐。翌日，命開封體放免行錢，三司察市易，司農發常平倉，三衞具熙河所用兵〔三〕，諸路上民物流散之故。青苗、免役權息追呼，方田、保甲並罷，凡十有八事。民間讙叫相賀。又下責躬詔求言。越三日，大雨，遠近沾洽。輔臣入賀，帝示以俠所進圖狀，且責之，皆再拜謝。

安石上章求去，外間始知所行之由，羣姦切齒，遂以俠付御史，治其擅發馬遞罪。呂惠卿、鄧綰言於帝曰：「陛下數年以來，忘寐與食，成此美政，天下方被其賜；一旦用狂夫之言，罷廢殆盡，豈不惜哉？」相與環泣於帝前，於是新法一切如故。

安石去，惠卿執政，俠又上疏論之。仍取唐魏徵、姚崇、宋璟、李林甫、盧杞傳爲兩軸，題曰正直君子邪曲小人事業圖跡。在位之臣暗合林甫輩而反於崇、璟者，各以其類，復爲書獻之。并言禁中有被甲、登殿等事。惠卿奏爲謗訕，編管汀州。御史臺吏楊忠信謁之曰：「御史緘默不言，而君上書不已，是言責在監門而臺中無人也。」取懷中名臣諫疏二帙授俠曰：「以此爲正人助。」惠卿暴其事，且嗾御史張琥并劾馮京爲黨與。俠行至太康，還對獄，獄成，惠卿議致之死。帝曰：「俠所言非爲身也，忠誠亦可嘉，豈宜深罪？」但徙英州。既至，得僧屋將壓者居之，英人無貧富貴賤皆加敬，爭遣子弟從學，爲築室以遷。

哲宗立，始得歸。蘇軾、孫覺表言之，以爲泉州教授。元符七年，再竄于英。徽宗立，赦之，仍還故官，又爲蔡京所奪，自是不復出。布衣糲食，屏處田野，然一言一話，未嘗忘君。

宣和元年，卒，年七十九。里人揭其閭爲鄭公坊，州縣皆祀之於學。紹熙初，詔贈朝奉郎。官其孫嘉正爲山陰尉。

論曰：誨以言三黜，洮、琦、頵窮厄至死，皆充然無悔，身雖不偶，而聲名則昭著於天下後世矣。俠以區區小官，雖未信而諫，能以片言悟主，殃民之法幾於一舉而空之，功雖不成，而此心亦足以白於天下後世。呂惠卿、鄧綰之罪，可勝誅哉！

校勘記

〔一〕夫紲食鷹鸇者　「紲」字原脫，據司馬光溫國文正司馬公文集卷四一論責降劉述等箚子、東都事略卷七八劉述傳補。

〔二〕是時免役法出　按本段內容係論免行錢事，與免役法無關，具見鄭俠西塘先生文集卷一免行錢事；通考卷二〇市糴考，熙寧六年「詳定行戶利害所言」條引鄭俠奏議跋，亦有詳述。疑此處「免役法」當是「免行法」之誤。

〔三〕三衞具熙河所用兵　此處敍熙河用兵事，「三衞」疑當作「三衙」。

宋史卷三百二十二

列傳第八十一

何郯　吳中復從孫擇仁　陳薦　王獵　孫思恭　周孟陽
齊恢　楊繪　劉庠　朱京

何郯字聖從，本陵州人，徙成都。第進士，由太常博士爲監察御史，轉殿中侍御史，言事無所避。王拱辰罷三司使守亳，已而留經筵，郯乞正其營求之罪。石介死，樞密使夏竦讒其詐，朝廷下京東體實，郯與張昪〔一〕極陳竦姦狀，事得寢。楊懷敏以衞卒之亂，猶爲副都知，郯又與昪及魚周詢論之。仁宗召諭云：「懷敏實先覺變，宜有所寬假。」郯等皆言不可，卒出之。郯爭辨尤力。帝曰：「古有碎首諫者，卿能之乎？」對曰：「古者君不從諫，則臣有碎首；今陛下受諫如流，臣何敢掠美而歸過君父。」帝欣納之。

夏竦倡張貴妃之功，諫官王贄遂言賊根本起於皇后閤，請究其事，冀搖動中宮，而陰爲妃地。帝以語鄴，鄴曰：「此姦人之謀也。」乃止不究。竦負罪不去，鄴等奏出知河南，竦乞留京師。鄴言：「佞人在君側，爲善政累，願勿革前命。」竦遂行。

時詔羣臣陳左右朋邪、中外險詐，久而無所行。鄴請閱實其是否，因言曰：「誠以待物，物必應以誠。誠與疑，治亂之本也，不可以一臣詐而疑衆臣，一士詐而疑衆士。且擇官者宰相之職，今用一吏，則疑其從私，故細務或勞於親決。分閫者將帥之任，今專一事，則疑其異圖，故多端而加羈制。博訪者大臣之體，今見一士，則疑其請託。相先後者士之常，今進其類，則疑爲朋黨。君臣交疑，而欲天下無否塞之患，不可得矣。」

都知王守忠以修祭器勞，遷景福殿使，給兩使留後奉。鄴曰：「守忠勞薄賞重。舊制，內臣遙領止於廉察。今雖不授留後，而先給其祿；既得其祿，必得其官；若又從之，則何求不可。」既又詔許如正班。守忠移閤門，欲綴本品坐宴，鄴又言：「祖宗之制，未有內臣坐殿上者。此弊一開，所損不細。」守忠聞之，不敢赴。知雜御史闕，執政欲進其黨，帝以鄴不阿權勢，越次用之。鄴遍歷三院，有直聲。晚節頗回畏，因地震言陰盛臣強，以譏切韓琦；又乞召還王陶以迎合上意，由是聲名損於御史時也。

以母老求西歸，加直龍圖閣、知漢州。將行，上疏言：「張堯佐緣後宮親，叨竊非據，外庭竊議，謂將處以二府。若此命一出，言事之臣，必以死爭之。倘罷堯佐則傷恩，黜言者則累德，累德、傷恩，皆爲不可。臣謂莫若富貴堯佐而不假之以權，如李用和可也。」其後卒罷堯佐宣徽之命。進集賢殿修撰、知梓州，擢天章閣待制，還判銀臺司。時封駁之職廢，郯乞準故事，凡詔敕並由門下，從之。唐介出荆南，敕過門下，郯封還之，介復留諫院。遷龍圖閣直學士，爲河東都轉運使。故相梁適帥太原，病不能事，內臣蘇安靜鈐轄兵馬，怙寵不法，皆劾奏之。

歷知永興、河南。治平末，再知梓州。居三年，老而病，猶乞進用。神宗薄之，詔提舉成都玉局觀。從臣外祠自此始。遂以尙書右丞致仕。卒，年六十九。

吳中復字仲庶，興國永興人。父仲舉，仕李煜爲池陽令。曹彬平江南，仲舉嘗殺彬所招使者。城陷，彬執之，仲舉曰：「世祿李氏，國亡而死，職也。」彬義而不殺。

中復進士及第，知峨眉縣。邊夷民事淫祠太盛，中復悉廢之。廉於居官，代還，不載一物。通判澶州，御史中丞孫抃薦爲監察御史，初不相識也。或問之，抃曰：「昔人恥爲呈身御史，今豈有識面臺官耶？」遷殿中侍御史。彈宰相梁適，仁宗曰：「馬遵亦言之矣。」且問中復曰：「唐自天寶後治亂分，何也？」中復歷引姚、宋、九齡、林甫、國忠用舍以對。適罷，中復亦通判虔州，未至，復還臺。

富弼主李仲昌開六漯河，內臣劉恢密告所斷岡與國姓上名同，賈昌朝陰助之，欲以搖弼。詔中復往治，促行甚急。中復言：「獄起姦臣，非盛世所宜有。」馳至，較其名，乃趙征村也，亦無岡勢，獄以故得止。又彈宰相劉沆，沆罷。改右司諫，同知諫院。遷御史知雜事、戶部副使，擢天章閣待制，知澤州、瀛州，移河東都轉運使，進龍圖閣直學士、知江寧府。鄆兵苦巡轄官苛刻，縶而鞭之。獄具，法不至死，中復以便宜戮首惡，流其餘，入奏為令。歷成德軍、成都府、永興軍。

河北行青苗法，使者至，將先下州縣。中復檄之曰：「斂散自有期，今先事擾之，何也？」拒不聽，且以報。安撫司韓琦方疏諫青苗，錄其語以上。熙寧併省郡邑，以永康為縣，中復言：「永康控威、茂，不可廢。」其後因夷竟復之。關內大旱，民多流亡。中復請加賑卹，執政惡之，遣使往視，謂為不實，削一階，提舉玉隆觀。起知荊南，坐過用公使酒免。卒，年六十八。中復樂易簡約，好周人之急，士大夫稱之。從孫擇仁。

擇仁字智夫，以父任，為開封雍丘主簿。元祐中，金水河隄壞，十六縣皆選厲庀役，得詣朝堂白事。宰相范純仁獨異之，曰：「簿領中乃有是人邪？」

建中靖國初，畿內饑，多盜，以擇仁知太康縣。始至，召令賊曹曰：「民窮而盜，非天性也，我以靜鎮之。若亡命椎埋故犯，我一切誅之，毋得貸。」羣盜相戒不入境。中貴人譚稹奴犯法，按致於理。稹羞恚造譖，徽宗召戶部郎中宋喬年往鞫。喬年，伉吏也，疾驅至。候者惶遽入白，擇仁著衣冠坐廡下。喬年慮囚擿隱，剔抉帑庾出入，不能得毫毛罪，乃歸傳舍。擇仁上謁，喬年迎笑曰：「所以來，爲察君罪，顧乃得一奇士，吾今薦君矣。」居數日，召詣闕。

方有事青唐，擢熙河路轉運判官，即以直秘閣爲副使，從招討使王厚領兵深入，克蘭、廓城柵十三。加龍圖，進集賢殿修撰，爲京畿都轉運使。鄭州城惡，受命更築之。或譖於帝曰：「新城雜以沙土，反不如故，且速圮。」帝怒，密遣取塊城上，緘以來，令衞卒三投之，堅緻如削鐵，譖不能售。遂拜戶部侍郎兼知開封府。故事，尹以三日聽訟，右曹吏十輩列庭下，自占姓名，一人云「某人送某獄，某人當杖，某人去」，而尹無所可否。有寶鑑者，以捕盜寵，官諸司使，服金帶。擇仁視事，狃舊態來前，叱而械諸獄，一府大驚。賣珠人居民貨久不返，度事急，匿宦官楊戩第，擇仁跡取之，竄于遠。

戩中以事，出爲顯謨閣直學士、知熙州，從永興軍〔三〕。走馬承受藍從熙言其擅改茶法，奪職，免。再閱歲，以徽猷閣待制領江、淮發運，還直學士、知渭州。以病提舉崇福宮，起知青州，不克拜，卒，年六十六。

陳薦字彥升，邢州沙河人。舉進士，爲華陽尉。盜殺人，棄尸民田。薦出驗，有以移尸告者。田主又殺其母。縣欲聞致殺二人，以逭薦失盜之責。薦不可，曰：「焉有誣人以自貰者邪！」已而獲盜。

從韓琦定州、河東幕府。性木彊簡澹，獨琦知之最深，每語人曰：「廉於進，勇於退，嫌疑間毫髮不處，與人交久而不變，如彥升者，無幾也。」琦輔政，薦爲秘閣校理、判登聞檢院、知太常禮院。

英宗諸王出閤，選爲記室參軍，直集賢院。潁王爲皇太子，加右諭德；王卽位，拜天章閣待制，進知制誥、知諫院。薛向首謀取橫山，功不成，薦請以漢王恢之罪罪向。楊繪論曾公亮用人不當，言既行而遷侍讀，罷諫職。薦曰：「此乃宰相欲杜繪言爾，所言是，宜責宰相。」疏入不報。

除龍圖閣直學士、河北都轉運使。河決棗彊，水官議於恩、冀、深、瀛之間築堤三百六十里，期一月就功，役丁夫八萬。薦曰：「河未能爲數州害，民力方困，願以歲月爲之。」還，判流內銓、太常寺。議學校貢舉法，請會三年貢士數均之諸路，計口察孝廉如漢制。權主管御史臺，言李定匿所生母喪，不宜爲御史。罷臺事。又以議典禮不合，出知蔡州。召爲寶文閣學士兼侍讀，進資政殿學士。

屢求退，以爲本州，命兩省燕餞資善堂。擢其子厚御史臺主簿。未幾，提舉崇福宮。卒，年六十九，贈光祿大夫。

王獵字得之，長垣人。累應進士不第，乃治生積錢，既而歎曰：「此敗吾志也。」悉以班諸親族。

慶曆用兵，詔求遺逸，范仲淹薦之，得出身爲永興藍田主簿。府使之掌學。諸生有犯法者，獵自責數，以爲教之不至，屏出之府。帥意其私，捕生下獄，獵前白曰：「此特年少不率教爾。致于理，不足以益美化，恐適貽士類辱。」帥悟而喜曰：「吾慮初不及此。」即釋生而待獵加敬。徙林慮令，縣依山，俗以蒐田爲生，不知學。獵立孔子廟，擇秀民誨之。漢杜喬墓在境中，往奠謁，建祠其旁。居官無絲髮擾，吏民愛信，共目爲淸長官。

入爲吳王潭王宮教授、睦親廣親宅講書、諸王侍講。凡在京藩十二年，宗室無高卑少長，各得其歡如一日。英宗在邸，尊禮之；入爲皇子，卽拜說書；及卽位，拜天章閣待制兼侍講。方議濮王稱，以問獵，獵不可。帝曰：「王待侍講厚，亦持此說邪？」對曰：「臣荷皇恩厚，不敢以非禮名號加於王，所以報王也。」帝大悟，自是不復議。以疾請謝事，不許。疾愈入見，帝喜曰：「侍講乃欲捨朕去乎？」

神宗立，進龍圖閣直學士。求知襄州，未行，改滑州。自工部郎中爲本曹侍郎致仕，給全奉。後八年卒，年八十。詔賻絹千匹，官其二孫，賜家人冠帔，人以爲寵。

孫思恭字彥先，登州人。擢第後，卽遭父喪，不肯復從官，二十年間纔三書吏考。爲宛丘令，轉運使以水災時調春夫，爭弗得，乃棄官去。吳奎薦其學行，補國子直講，加秘閣校理。事神宗藩邸爲說書，又爲侍講、直集賢院。以居中都久，力請補外，王奏留之。及卽位，擢天章閣待制。

思恭性不忤物，犯而不校，篤於事上。有所見，必密疏以聞。帝亦間訪以政。歐陽脩初不知思恭，脩出政府，思恭盡力救解。出知江寧府、鄧州，以疾移單州，管幹南京留司御史臺。卒，年六十一。

思恭精關氏易，尤妙於大衍。嘗修天文院渾儀，著堯年至熙寧長曆，近世曆數之學，未有能及之者。

周孟陽字春卿，其先成都人，徙海陵。醇謹夷緩。第進士，爲潭王宮教授、諸王府記室。

英宗居環列，以其質厚，禮重之；會除知宗正寺，力辭，凡上十八表，皆孟陽爲文。又從容陳古事以諷，英宗悚然起拜；及爲皇子，愈堅臥不出。孟陽入見臥內，勸之曰：「天子知太尉賢，參以天人之助，乃發德音。何爲堅拒如此？」英宗曰：「非敢徼福，以避禍也。」孟陽曰：「今已有此跡，設固辭不拜，使中人別有所奉，遂得燕安無患乎？」時中使趣召十輩，又命宗諤傾一宮往請，不能動，及是，意乃決。

帝卽位，命爲皇子位說書，以嘗侍藩邸，固辭。加直秘閣、同知太常禮院。數引對，訪以時務。最後，召至隆儒殿，在邇英苑中，羣臣未嘗至。人疑且大用，帝亦諭以不次進擢意。孟陽稱他人，使代己，乃遷集賢殿修撰、同判太常寺兼侍讀。神宗初立，入奏事，方升殿，帝望見慟哭，左右皆泣下。拜天章閣待制。卒，年六十九。詔特官其壻及子孫二人，除其家負官緡錢數萬。

齊恢字熙業，蒲陰人。唐宰相映之裔也。第進士，歷通判陳州，提點成都府路刑獄三年，徙河東。凡公帑格外餽餉之物，一無所受。單車而東，入爲戶部判官。神宗出閤，精簡宮僚，韓琦薦其賢，以直昭文館，爲潁王府翊善，進太子左諭德。帝卽位，拜天章閣待制，知通進、銀臺司。出知相州，召知審官西院，糾察在京刑獄。卒，年六十六。恢居鄉里，恂恂稱君子；臨政府，明白簡約，不苛擾，所至人愛之。帝念舊僚，自諫議大夫特贈工部侍郎。

楊繪字元素，綿竹人。少而奇警，讀書五行俱下，名聞西州。進士上第，通判荊南。以集賢校理爲開封推官，遇事迎刃而解，諸吏惟日不足，繪未午率沛然。仁宗愛其才，欲超寘侍從，執政見其年少，不用。以母老，請知眉州，徙興元府。吏請攝穿窬盜庫緣者，繪就視之，蹤跡不類人所出入，則曰：「我知之矣。」呼戲沐猴者詰於庭，一訊具伏，府中服其明。在郡獄無繫囚。

神宗立，召修起居注、知制誥、知諫院。詔遣內侍王中正、李舜舉等使陝西，繪言：「陛下新卽位，天下拭目以觀初政。館閣、臺省之士，朝廷所素養者不之遣，顧獨遣中人乎？」向傳範安撫京東西路，繪請易之，以杜外戚干進之漸。執政曰：「不然，傳範久領郡，有政聲，故使守鄆，非由外戚也。」帝曰：「諫官言是，斯可窒異日妄求矣。」曾公亮請以其子判登聞鼓院，用所厚曾鞏爲史官。繪爭曰：「公亮持國，名器視如己物。向者公亮官越，占民田，爲郡守繩治，時鞏父易占亦官越，深庇之。用鞏，私也。」帝爲寢其命。繪亦解諫職，改兼侍讀，繪固辭，滕甫言於帝。帝詔甫曰：「繪抗跡孤遠，立朝寡援，不畏強禦，知無不爲。朕一見許其忠藎，擢寘言職，信之亦篤矣。今日之除，蓋難與宰相並立於輕重之間，姑令少避爾，卿其諭朕意。」繪曰：「諫官不得其言則去，經筵非姑息之地。」卒不拜。未閱月，復知諫院，擢翰林學士，爲御史中丞。

時安石用事，賢士多謝去。繪言：「老成之人，不可不惜。當今舊臣多引疾求去：范鎭年六十有三，呂誨五十有八，歐陽脩六十有五而致仕，富弼六十有八而引疾，司馬光、王陶皆五十而求散地，陛下可不思其故乎？」又言：「方今以經術取士，獨不用春秋，宜令學者以三傳解經。」免役法行，繪陳十害。安石使曾布疏其說。詔繪分析，岡執前議，遂罷爲侍讀學士、知亳州，歷應天府、杭州，再爲翰林學士。

議者欲加孔子帝號，繪以爲非禮，又言不宜用遼曆改置閏，悉從之。繪常薦屬吏王永年，御史蔡承禧言其私通饋賂，坐貶荊南節度副使。詳在竇卞傳。數月，分司南京，改提舉太平觀，起知興國軍。元祐初，復天章閣待制，再知杭州。卒，年六十二。

繪爲吏敏強，主愛利，而受性疎曠，訖以是見廢斥。然表裏洞達，一出於誠，爲范祖禹所咨重。爲文立就，有集八十卷。

劉庠字希道，彭城人。八歲能詩。蔡齊妻以子，用齊遺奏，補將作監主簿。復中進士第，爲高密廣平院教授。

英宗求直言，庠上書論時事。帝以示韓琦，琦對之「未識」，帝益嘉重，除監察御史裏行。日食甫數日，苑中張具待幸，庠言非所以祗天戒，詔罷之。會聖宮修仁宗神御殿，甚宏麗。庠言：「天子之孝，在繼先志，隆大業，不在宗廟之靡。宜損其制，以昭先帝儉德。」奉宸庫被盜，治守藏吏。庠言：「皇城幾察厲禁，實近侍主之，當幷按。」仁宗外家李珣犯銷金法，庠奏言，法行當自貴近始。帝不豫，儲嗣未正，庠拜疏謂：「太子，天下本。漢文帝於初元即爲無窮計。潁王長且賢，宜亟立，使日侍禁中，閱四方章奏。」帝皆行之。

神宗立，遷殿中侍御史，爲右司諫。言：「中國禦戎之策，守信爲上。昔元昊之叛，五來五得志，海內爲之困弊。今莫若示大信、捨近功，爲國家長利。」奉使契丹。故事，兩國忌日不相避。契丹張宴白溝，日當英宗祥祭，庠丐免，契丹義而聽之。

除集賢殿修撰、河東轉運使。庠計一路之產，鐵利爲饒，請復舊冶鼓鑄，通隰州鹽礬，博易以濟用。又請募民入粟塞下，豫爲足食。進天章閣待制、河北都轉運使。契丹侵霸州土場，或言河北不可不備。庠上五策，料其必不動，已而果然。大河東流，議者欲徙而北。內侍程昉希功，請益兵濟役。庠請遲以歲月，徐觀其勢而順導之。朝廷是其議。移知眞定府，又爲河東都轉運使，召知開封府。

庠不肯屈事王安石。安石欲見之，戒典謁者曰：「今日客至勿納，惟劉尹來，卽告我。」有語庠者曰：「王公意如此，盍一往見。」庠謂：「見之，何所言？自彼執政，未嘗一事合人情。脫問青苗、免役，將何辭以對？」竟不往。奏論新法，神宗諭之曰：「奈何不與大臣協心濟治乎？」庠曰：「臣子於君父各伸其志。臣知事陛下，不敢附安石。」會與蔡確爭廷參禮，遂以爲龍圖閣直學士、知太原府。請復憲州募民子弟剽銳工技擊者，籍爲勇敢，倣漢謫戍法，貰流以下罪徙實河外。

契丹建牙雲中，遣騎涉內地，邊吏執之。契丹檄取紛然，又遣使議疆事。衆疑其造兵端，欲大爲備。庠奏言：「雲朔歲儉，軍無見糧。契丹張形示疆，造端首禍，曲在彼不在我，願勿聽。宜先諭以理，然後飭兵觀釁。」帝嘉使者辭順，訖以黃嵬山分水嶺立新疆。遭母喪，服終，知成都府。乞禁西山六州與漢人婚姻，勿蹈吐蕃取維州之害。徙秦州。坐失舉，降知虢州，移江寧府、滁州，徙永興軍。時西征無功，關內騷動。庠過闕，力言虛內事外，恐搖根本，帝感納其忠。

元祐初，加樞密直學士、知渭州。卒，年六十四。宣仁聞之曰：「帥臣極難得，劉庠可惜也。」庠有吏能，淹通歷代史，王安石稱其博。卒後，蘇頌論庠治平建儲之功，詔褒錄其子。

朱京字世昌，南豐人。父軾，有隱德。京博學淹貫，登進士甲科。教授亳州、應天府，入爲太學錄。

神宗數召見論事，擢監察御史。時中丞及同僚多罷去，京抗疏曰：「御史假之則重，略之則輕。今耳目之官，屢進屢卻，則言者不若靜默爲賢，直者不若柔從爲智。偷安取容，雖得此百數，亦何益國邪？」他日入見，帝勞之曰：「昨覽奏疏，所補多矣。」京風神峻整，見者憚之，目爲眞御史。

初，臺臣奏事，必先移閤門，得班乃入。京嘗以名聞，翌旦既入，會有先之者，不及對而退。帝問京安在，左右以告，詔趣之入，辰漏且盡，爲留班以須。未幾，論大臣除擬有愛憎之私。中書言其失實，謫監興國軍鹽稅。歷太常博士、湖北京西江東轉運判官，提點淮西刑獄、司封員外郎。元符初，遷國子司業。京在元祐時，嘗爲幸太學頌，或擿其語有及先朝者，京亦固辭不拜。徽宗初立，復命之，踰月而卒。

論曰：何郯、吳中復，皆良御史也。郯出夏竦，阻王守忠，姦人庶幾少戢矣。中復恥識面臺官，其所守可見矣。薦之論李定，思恭之右歐陽脩，繪請惜老成，庠不附新法，數子所見，何其同也。獵爲令而興孔子廟，孟陽以教授而參決大計，此其卓然者乎。恢臨政簡約，無可議者。京持論端確，竟以去位，君子惜之。

校勘記

〔一〕張昇　原作「張昪」，參看本書卷三一八本傳校勘記〔一〕。

〔二〕從永興軍　「從」，疑爲「徙」字之誤。

宋史卷三百二十三

列傳第八十二

蔚昭敏　高化　周美　閻守恭　孟元　劉謙　趙振　張忠
范恪　馬懷德　安俊　向寶

蔚昭敏字仲明，開封祥符人。父興，事周世宗，數戰伐有功，又從太宗平太原，終龍尉都虞候。眞宗爲襄王，昭敏自東班殿侍選隸襄王府。帝卽位，授西頭供奉官，累遷崇儀使、冀貝行營兵馬都監。契丹以五千騎突至冀州城南，昭敏帥部兵與戰，敗之，得其器甲，賊遁去，而師不失一人。

咸平四年，領順州刺史、定州行營鈐轄兼押大陣，又爲鎭、定、高陽關三路先鋒。契丹入寇，帝北巡至大名，契丹退趨莫州，昭敏與范廷召追至莫州東三十里，斬首萬餘級，擒生口甚衆，契丹委器甲遁去。拜唐州團練使，累遷至殿前副都指揮使，遷都指揮使、保靜軍節度使。以足疾，命入謁無拜。卒，贈侍中。

高化字仲熙，眞定人。少沉勇有力，不事耕稼，學擊劍，善射。契丹犯河北，應募轉餉飛狐口。楊業留戲下，使捕賊酋大鵬翼，獲之。會契丹又犯眞定，乃辭業還家，家屬盡爲契丹所略去。從州將入京師，遂隸禁軍，選爲襄王牽攏官。王尹京，命巡內外八廂，積獲姦盜甚衆。盜有遺化金帛者，化弗受。一日，王趨急召出府門，馬驚墮，化掖之而起。王曰：「微爾，吾幾殆。」益親信之。

眞宗卽位，擢御龍弩直雙員都頭，累遷御龍骨朶直都虞候。乾興初，授天武右第二軍都指揮使、滎州刺史，遷天武右廂都指揮使、蜀州團練使。天聖六年夏，大雨，命護汴堤。夜馳至城西，堤欲壞，督守兵負土不能遏。時夏守恩方典軍，積材木城隅，化盡取以塞堤，乃得無患。仁宗嘉之，進神龍衞四廂都指揮使、襲州防禦使，爲鄜延路馬步軍副都總管，徙涇原路、權知渭州，遷捧日、天武四廂都指揮使。

發兵襲明珠族，不利，降滑州總管。改興州防禦使、眞定路副都總管，徙高陽關路。修護章惠太后園陵，累拜殿前副都指揮使，歷建武軍節度使。以老，辭管軍。詔入朝，化又固請，改武安軍節度使、知滄州，未行，改相州。部有大獄已具，皆當論死。化疑之，遣移訊，果出無罪者三人。踰年，復告老，以右屯衞上將軍致仕。卒，年八十。贈太尉，謚曰恭壯。

化謹質少過，馭軍有法。雖起身行伍，然頗知民事焉。

周美字之純，靈州回樂人。少隸朔方軍，以材武稱。趙保吉陷靈州，美棄其族，間走歸京師，天子召見，隸禁軍。契丹犯邊，眞宗幸澶州，禦城北門，美慷慨自陳，願假數騎縛契丹將至闕下，帝壯之，常令宿衞。

天聖初，德明部落寇平涼方渠，美以軍候戍邊，與州將追戰，破之于九井原、烏崙河，斬首甚衆。累遷天武都虞候。元昊反，陝西用兵，經略使夏竦薦其材，擢供備庫使、延州兵馬都監。夏人既破金明諸砦，美請于經略使范仲淹曰：「夏人新得志，其勢必復來。金明當邊衝，我之蔽也〔二〕，今不亟完，將遂失之。」仲淹因屬美復城如故。數日，賊果來，其衆數萬薄金明，陣于延安城北三十里。美領衆二千，力戰抵暮，援兵不至，乃徙軍山北，多設疑兵。夏人望見，以爲救至，即引去。既而復出艾蒿砦，遂至郭北平，夜鬥不解。美率衆使人持一炬從間道上山，益張旗幟，四面大譟，賊懼走。獲牛羊、槖駝、鎧甲數千計，遂募兵築萬安城而還。敵復寇金明，美引兵由盧家堡並北山而下，敵即引卻。遷文思使，徙知保定軍。經略使龐籍表留之，改東路都巡檢使。敗敵于金湯城，焚其族部二十一。

元昊大入，據承平砦。諸將會兵議攻討，洛苑副使种世衡請齎三日糧直擣敵穴。美曰：「彼知吾來，必設伏待我。不如間道掩其不意。」世衡不聽。美獨以兵西出芙蓉谷，大破敵。世衡等果無功。未幾，敵復略土塠砦，美迎擊于野家店，追北至拓跋谷，大敗其衆。以功遷右騏驥使。軍還，築栅于葱梅官道谷，以據敵路。令士卒益種營田，歲收穀六千斛。復率衆繇聽子部西濟大理河，屠蓊萬多移二百帳，焚其積聚以歸。籍、仲淹交薦之，除鄜延路兵馬都監，遷賀州刺史。

初，美自靈武來，上其所服精甲，詔藏軍器庫。至是，加飾黃金，遣使即軍中賜之。又破敵于無定河，乘勝至綏州，殺其酋豪，焚廬帳，獲牛馬、羊駝、器械三百計，因城龍口平砦。敵以精騎數千來襲，美從百餘騎馳擊破之。加本路鈐轄，遂爲副總管。遷龍神衞四廂都指揮使、通州刺史；進捧日、天武四廂都指揮使，陵州團練使。

慶曆中，又城淸水、安定、黑水、佛堂、北橫山、乾谷、土明、柳谷、雕巢、盧兒、原安砦十一堡。安定之役，諜報敵數萬將大至，經略使遣管勾機宜楚建中分諸將兵，趣城黑水以待。諸將憚敵且至，不肯與兵。美曰：「兵常以寡擊衆，何自怯也。」卒以兵二千與建中，而敵亦引去。每邊書至，諸將各擇便利，獨美未嘗辭難，然所向輒克，諸將以此服之。歷侍衞親軍馬軍殿前都虞候、眉州防禦使、步軍副都指揮使、遂州觀察使、鄜延副都總管。召還，授耀州觀察使，又進馬軍副都指揮使。卒，贈忠武軍節度使，謚忠毅。

自陝西用兵，諸將多不利，美前後十餘戰，平族帳二百，焚二十一，招種落內附者十一族，復城堡甚多。在軍中所得祿賜，多分其麾下，有餘，悉饗勞之。及死，家無餘貲。子蚤卒，以孫永清爲子，官至引進副使。

閻守恭，并州楡次人。父榮，倜儻有志略，劉繼元欲召至帳下，辭以母老不就。守恭生而體貌奇偉，榮曰：「是必當事太平天子，吾無恨矣。」後十七年，劉氏平，徙太原民於大名府，因家焉。往來負販於并、汾間，過西山，聞郭進爲都巡檢使，太宗甚寵遇之。乃慨然曰：「進不遇主，亦行伍爾，吾自度豈不及進邪？」遂應募，隸拱聖軍，擢殿前押班。

咸平中，從幸河北，以功爲捧日副指揮使，歷拱聖、龍衞、捧日指揮使，累遷左第二軍指揮使、乾州刺史。明道中，落軍職，以德州刺史爲永興軍兵馬鈐轄，徙并代路。

守恭性沉勇，御軍嚴。雖家居如對賓客。常訪求士大夫，取郭進事而師法之。所得奉祿悉散予人。在并州，因春社會賓客曰：「守恭，太原一貧民爾。徒步位刺史，老復官鄉里，踰分多矣。今日與卿輩訣。」後十日卒。

孟元字善長，洺州人。性謹愿少過，頗喜讀書。少隸禁軍，以挽彊選補殿侍，累遷散都頭班指揮使，擢如京使、并代州兵馬都監，改鈐轄，徙高陽關路，又徙眞定路。王則據貝州反，元赴城下攻戰，被數十創，又中機石，墜濠中。既出，戰愈力。更募死士由永濟渠穴地以進。賊平，改右騏驥使，徙大名府路鈐轄。河朔饑，權知滄州。民鬻鹽爲生，歲荒鹽多不售，民無以自給。元度軍食有餘，悉用易鹽，繇是民不轉徙。御史中丞郭勸言其貝州功而賞未當，乃擢普州刺史，遷宮苑使，專管勾麟府軍馬事。護築永寧堡，敵不敢動。爲龍神衞四廂都指揮使、忠州團練使、高陽關馬步軍總管，遷天武、捧日四廂都指揮使，又遷步軍都虞候、眉州防禦使、并代路副都總管。判北京賈昌朝奏爲大名府路副都總管，徙定州路，遷馬軍都虞候，徙鄜延路，行至鄭州卒，贈遂州觀察使。

劉謙字漢宗，開封人。少補衞士，數遷至捧日右廂都指揮使，領嘉州團練使兼京城巡檢。元昊反，改博州團練使、環慶路馬步軍總管兼知邠州。謙不讀書，然門訟曲直，皆區處當理。前守者多強市民物以飾廚傳，謙獨無所撓，邠人頗愛之。夏竦奏爲涇原路總管，徙知涇州，未行，會賊寇鎮戎軍，謙引兵深入賊境，破其聚落而還。以功擢龍神衞四廂都指揮使、象州防禦使。暴疾卒，贈永清軍節度觀察留後。

趙振字仲威，雄州歸信人。景德中，從石普于順安軍，獲契丹陣圖，授三班借職。後數年，爲隰州兵馬監押，捕盜于青灰山，殺獲甚衆。高平蠻叛，徙湖北都巡檢使兼制置南路。以南方暑濕，弓弩不利，別創小矢，激三百步，中輒洞穿，蠻遂駭散。

歲中，遷慶州沿邊都巡檢使。時，金湯李欽、白豹神木馬兒、高羅跛臧三族尤悍難制，振募降羌，啗以利，令相攻，破十餘堡。欽等詣振自歸。振爲置酒，先酧，取細仗，圍財數分，植百步外共射。欽等百發不中，振十矢皆貫，欽等皆驚，誓不復敢犯。

明年，涇原屬羌胡薩逋歌等叛，鈐轄王懷信以兵數千屬振游奕，屢捷。從數十騎詣懷信，遇賊十倍，射殪數十，餘悉退散。數月，賊數萬圍平遠砦，都監趙士龍戰沒。振出別道，力戰抵砦，奪取水泉，率敢死士破圍，賊走，追斬數千級。徙涇原都監，歷知順安保安廣信軍、霸州，改京東都大提舉捉賊。明年，知環州，累遷象州防禦使。

元昊將反，爲金銀冠珮隱飾甲騎遺屬羌，振潛以金帛誘取之，以破其勢，得冠珮銀鞍三千、甲騎數百。告鄰部俾以環爲法，不聽，於是東茭、金明、萬劉諸族勝兵數萬，悉爲賊所有。及劉平等皆敗，唯環慶無患。

自本路馬步軍副總管擢龍神衞四廂都指揮使、鄜延路副都總管、知延州，代范雍。尋改捧日、天武四廂。振謂將吏曰：「今賊以我夷傷，必乘勝以進，勢宜固守。倘慮諸城不能皆如吾謀，苟延州弗支，則陝西未可測，此天下安危之幾也。」

未幾，賊寇塞門砦。振有兵幾八千，按甲不動。砦中兵纔千人，屢告急，被圍五月，才遣百餘人赴之，砦遂陷。砦主高延德、監押王繼元皆沒于賊。振坐擁兵不救，爲都轉運使龐籍所奏，貶白州團練使、知絳州。未行，會延德、繼元家復訴於朝，敕御史方偕就劾振。法當斬，再貶太子左清道率府率、潭州安置。踰年，復右武衞將軍、惠州團練使、并代路兵馬鈐轄，就遷副總管、祁州團練使。

元昊既破豐州，將襲近砦，振率鈐轄張亢、麥允言出麟州深柏堰，擊破之。兼領嵐、憲六州軍事。河外饑，振設法通砦外商，得米數十萬斛，軍民以濟。進博州防禦使，改解州致仕。復起爲左神武軍大將軍，卒。

振剛強自負，有武力，便弓馬，喜謀畫，輕財尚氣，衆樂爲用。子珣、瑜，皆工騎射。

珣年十六，仁宗召試便殿，授三班借職。景祐中，有言珣藝益進，且習書史。復召見閱武伎，又試策略于中書，條對數千言。自殿直進閤門祗候，未幾，除濠州兵馬都監。初，珣隨父在西邊，訪得五路徼外形勝利害，作聚米圖經五卷。詔取其書，并召珣至，又上五陣圖、兵事十餘篇。帝給步騎使按陣，既成，臨觀之。陳執中招討陝西，薦爲緣邊巡檢使。呂夷簡、宋庠爲奏曰：「用兵以來，策士之言以萬計，無如珣者。」即擢通事舍人、招討都監。珣自以年少新進，辭都監。授兵萬人，御賜鎧仗，令自擇偏裨、參佐，居涇原，兼治籠竿城。

厮鐸、党留百餘帳處近塞爲暴，珣白府，引兵二萬，自靜邊歷揆吳抵木寧襲賊，俘獲數千計。靜邊將劉滬殿後，爲賊所掩。珣登阪望見，從騎數百復入，拔滬之衆以出，士皆歎服。

瞎氈居龕谷無所屬，珣與書招之，遺以綈綿，瞎氈聽命。改本路都監，詔追入朝。將行，適元昊大入，府檄留珣，會葛懷敏於瓦亭。懷敏已屯五谷口西至馬欄城，聞夏人徙軍新壕外，議欲質明掩襲。珣謂懷敏曰：「敵遠來，衆倍鋒銳，莫若依馬欄城布栅以扼其路，守鎭戎城以便餉道，俟其衰擊之，此必勝之道也。不然，必爲賊所屠。」懷敏不聽，兵遂逼鎭戎城，越界壕，抵定川。未及陣，夏人引鐵騎來犯，珣居陣西北，瑜亦在軍中，戰甚力。東壁兵輒潰，中軍大擾，珣擁刀斧手前鬥，夏衆稍却，我軍復陣。懷敏詰朝退走，就食鎭戎。俄夏騎四合，珣被擒，瑜以身免。

珣美風儀，性勁特好學，恂恂類儒者。旣沒，人多惜之。贈莫州刺史，後卒賊中。瑜弟璞，亦知名。

張忠字聖毗，開封人。先世業農，忠慷慨不事生產。初隸禁軍，累遷龍、神衞左第二軍指揮使。仁宗即位，遷天武左第三指揮使、融州刺史，改天武右廂指揮使、潮州團練使。未幾，眞拜齊州團練使，擢知滄州、本路鈐轄。

楊懷敏以忠御下急，因奏對言之，徙澶州總管。會河決商胡，詔留戍滿卒以助隄役，輒羣譟，將劫庫兵爲亂。州將恐，召忠議。忠潛捕倡前者數人，斬以徇。明年，以疾求醫京師，卒。

范恪字許國，開封人。初名全，少隸軍籍於許州，選入捧日軍，又選爲殿前指揮使，歷行門、龍旗直、散員押班〔一〕。康定元年，元昊數寇邊。試武伎，擢內殿崇班、慶州北路都巡檢使，與攻白豹城，破之。既還，夏人遣騎襲其後。恪設伏崖險，敵半度，邀擊之，斬首四百級，生獲七十餘人。以功遷內殿承制。

嘗會諸道兵攻十二盤暨咄當、迷子砦〔二〕，中流矢，督戰愈力。視砲石中有火爨者，恪取號於衆曰：「賊矢石盡，用竈下甓矣。」於是士卒爭奮，果先得城。遷供備庫副使。

恪有弓勝一石七斗，其箭鏃如鏵，名曰鏵弓。又於羽間識其官稱、姓氏，凡所發必中，至一箭貫二人。他日，取蕉蒿砦歸，恪獨殿後，爲數千騎所襲。恪視矢箙止有二鏵，卽爲引滿之勢，賊遽卻。嘗與總管杜惟序、鈐轄高繼隆將兵分討漢乞、薛馬、都嵬等三砦，恪先破都嵬，而繼隆圍薛馬不能下，恪馳往取之，既又援惟序下漢乞砦。改左騏驥副使。

虜犯大順城，諸將皆閉城自守。恪率兵一千餘，戰克之。改宮苑副使、環慶路兵馬都監，因特召見。仁宗謂曰：「適有邊奏，賊犯高平軍劉璠堡，可乘驛亟往。」遂遷禮賓使、榮州刺史、環慶路鈐轄，手詔令趣范仲淹麾下起兵赴援。恪晝夜兼行，比至平涼，賊已解。頃之，遷洛苑使，權秦鳳路兵馬總管。

恪驍勇善射，臨難敢前，故數有戰功，自龍、神衞四廂都指揮使累遷至侍衞親軍馬步軍副都指揮使，歷坊州刺史、解州防禦、宣州觀察使、保信軍節度觀察留後，以疾出爲永興軍路副都總管，數月卒，贈昭化軍節度使。

馬懷德字得之，開封祥符人。父玉，東頭供奉官，言懷德可試引弓、擊劍、角觝，補三班奉職，爲延州南安砦主、東路巡檢。數以少擊西賊，敗其衆。范仲淹知延州，修靑澗城，奏懷德爲兵馬監押，以所部兵入賊境，破遮鹿、要册二砦，親射殺其酋狗兒廂主，遷左班殿直。又率蕃漢燒蕩賊海溝、茶山、龍柏、安化十七砦三百餘帳，斬首數百級，虜馬駝牛羊萬數，遷右侍禁。

以范仲淹、韓琦薦，授閤門祗候，延州龐籍入奏爲東路都巡檢使。夷黑神、厥保等十八砦，賊以四萬騎犯邊，趨僕射谷。懷德以兵數千據谷旁高原待之，斬首二百級，得畜產、器械以千數。遷內殿崇班。又以兵修龍安城，虜不敢犯，遂爲鄜延路都監。又城綏平，破賊靑化、押班、吃當三砦，殺獲甚衆。

元昊爲夏國主，命國子博士高良夫與懷德會西人畫界。龐籍具論其前後功，遷供備庫副使兼閤門通事舍人。時用兵久，民多亡散，懷德招輯有方，經略使梁適奏請推其法諸路。歷知保安軍、環州、環慶益利路鈐轄，累遷至四方館使、舒州團練使，徙鄜延路副都總管。坐違法賂宦官閻士良，爲安撫呂景初奏，降四方館使、英州刺史。大名府路總管，侍衞親軍步軍都虞候、象州防禦使、鄜延路副都總管，遷馬軍都虞候，徙環慶路。環州蕃官蘇恩以其屬叛，往降之。又遷殿前都虞候、步軍副指揮使、隨州觀察使。英宗卽位，遷靜難軍節度觀察留後，召還，卒，贈安遠軍節度使。嘗因戰，流矢中其顙，鏃入於骨，以弩弦繫鏃，發機而出之。

安俊字智周，其先太原人。祖贇，高州團練使。仁宗爲皇太子，俊以將家子謹厚，選爲資善堂祗候。及卽位，補右班殿直，累遷東頭供奉官、閤門祗候，爲環州都監。破趙元昊吃哐、井那等諸砦，安撫使韓琦上其功，遷內殿崇班、環慶路都監，徙涇原。契丹欲渝盟，與狄青、范恪同召至京師，將使備北邊，擢內園副使。翌日，改禮賓使。會葛懷敏敗，命爲秦鳳路鈐轄，復徙涇原。因條上禦戎十三事，改原州，徙麟州，遷六宅使、貴州刺史、知忻州，徙代州。爲帥臣誣奏，降京東路鈐轄。富弼知青州，爲之辨理，眞除虢州刺史，徙高陽關路，又遷原州刺史，知滄、涇、冀三州。秦州築古渭城，蕃部大擾，徙秦鳳路總管。歷龍神衞、捧日天武四廂都指揮使，果州團練使，環慶路副總管；遷侍衞步軍都虞候、陵州防禦使。卒，贈閬州觀察使。

俊久在邊，羌人識之。環州得俘虜，知州种世衡問之曰：「若屬於吾將孰畏？」曰：「畏安大保。」指俊于坐曰：「此長髯將軍是也。」

向寶，鎭戎軍人，爲御前忠佐，換禮賓使，涇原、秦鳳鈐轄。積勞，自皇城使帶御器械，歷眞定、鄜延副總管，遷龍神衞四廂都指揮使、嘉州團練使，卒。

寶善騎射，年十四，與敵戰，斬首二級。及壯，以勇聞。有虎踞五原卑邪州，東西百里斷人跡，寶一矢殪之。道過潼關，巨盜郭邈山多載關中金帛、子女，寶射走之，盡得其所掠。嘗至太原，梁適射弩再中的，授寶矢射之，四發三中。適曰：「今之飛將也。」神宗稱其勇，以比薛仁貴。及死，厚恤其家。

論曰：蔚昭敏、高化、周美，蓋皆有功於邊鄙者。化在蜀州，取軍中積材以塞水患，又能平反寃獄，脫人於死，蓋武人之知民事者。美敗夏人，焚族部，城堡砦，未嘗擇便利，而所向輒勝；所得祿賜，悉分與麾下，士亦樂爲之用，推古良將，何以加此。閻守恭慕郭進爲人，而慷慨自效，起徒步至刺史，其志亦豈小哉。孟元、劉謙、馬懷德、范恪皆經略西鄙，數戰有功。其初起自卒伍，而能練習民事、招輯散亡，不獨一武夫而已。趙振挽彊命中，精曉兵機。塞門之敗，振擁兵不救，何獨暗於此邪？子珣年少習書史，閱武技，用兵以來，人以爲無如珣者。籠竿一戰，西人奔走不暇，從容而拔劉滬於死，英風義烈，何可少哉！葛懷敏以不用珣計而取敗，珣亦力戰而沒，惜哉！安俊、向寶無多戰功，夏人皆識其名而畏之。張忠區區，較之諸人，未可同日語也。

校勘記

〔一〕我之薇也　「薇」原作「弊」，據長編卷一二八、編年綱目卷一一改。

〔二〕歷行門龍旗直散員押班　「散員」原作「散原」。隆平集卷一九本傳：「選行門，歷龍旗直、散員押班。」「散員」又見本書卷一八七兵志禁軍額。據改。

〔三〕暨卅當迷子砦　「暨」原作「既」，據隆平集卷一九本傳改。

宋史卷三百二十四

列傳第八十三

石普　張孜　許懷德　李允則　張亢兄奎　劉文質子渙　滬　趙滋

石普，其先幽州人，自言唐河中節度雄之後，徙居太原。祖全，事周爲鐵騎軍使。父通，事太宗於晉邸。

普十歲給事邸中，以謹信見親，補寄班祗候，再遷東頭供奉官。賊邢㯹駝、賈禿指數百人寇掠永興諸縣，命普督兵往捕，悉獲之。遷內殿崇班、帶御器械。李順叛，普爲西川行營先鋒，與韓守英、馬知節誅斬之。遷西京作坊使、欽州刺史。順餘黨復寇邛蜀，僞稱邛南王。又爲西川都提舉捉賊使。時蜀民疑不自安，多欲爲盜者，普因馳入對，面陳：「蜀亂由賦斂苛急，農民失業，宜稍蠲減之，使自爲生，則不討而自平矣。」帝許之。普卽日還蜀，揭牓諭之，莫不悅服。賊平，賜白金三千兩、襲衣、金帶、鞍勒馬。累遷洛苑使、富州團練使、延州緣邊都巡檢使。羌酋乜羽內寇，普追殺之。

從眞宗幸大名，會王均叛，以爲川峽路招安巡檢使，佐雷有終率諸將進討。至天回鎮，賊出拒戰，普領前陣力擊破之。賊退保益州，王師圍城數月不下，普繕車砲，又爲地道攻城。城破，均夜半突圍由南門遁，普引兵追擊于富順監，均自殺，餘黨皆平。遷冀州團練使，賜黃金三百兩、白金三千兩。故事，正任不兼帶御器械，帝特以命普。

契丹犯邊，爲保州兵馬鈐轄、北面行營押策先鋒，與契丹戰廉良城，又戰長城口，獲俘馘器甲甚衆。徙定州路副都總管。靈州失守，益兵備關中，徙永興軍副都總管。時軍制疎略，凡號令進退，及呼召將佐、會合別屯，皆遣人馳告。普上請曰：「臣嘗將兵，輒破一錢，與別將各持半，用相合爲信。」帝爲置傳信牌，漆木長六寸，闊三寸，腹背刻字而中分之，置鑿枘令可合。又穿二竅，容筆墨，上施紙札，每臨陣則分持，或傳令則書其言，繫軍吏之頸〔一〕，至彼爲合契。又獻禦戎圖，請設塹以陷敵馬，并上所置戰械甚衆。徙爲莫州總管。

初，契丹南侵，敗我兵于望都。既而諜者言復欲大入寇，帝自畫軍事，以手詔示輔臣曰：「鎭、定、高陽三路兵宜會定州，夾唐河爲大陣，立柵以守，量寇遠近出軍。俟敵疲則先鋒出致師，用騎卒居中，環以步卒，接短兵而已，無遠離隊伍。

又分兵出三路：以六千騎屯威虜軍，魏能、白守素、張鋭領之；五千騎屯保州，楊延昭、張禧、李懷岊領之；五千騎屯北平塞，田敏、楊凝、石延福領之，以當賊鋒。始至勿輕鬥，待其氣衰，背城以戰。若南越保州，與大軍遇，則令威虜之師與延昭會，使腹背受敵。若不攻定州，縱軼南侵，則復會北平田敏，合勢入契丹界，邀其輜重，令雄、霸、破虜已來，互爲聲援。

又命孫全照、王德鈞、裴自榮將兵八千屯寧邊軍，李重貴、趙守倫、張繼旻將兵五千屯邢州，扼東西路。契丹將遁，則令定州大軍與三路騎兵會擊之，令普統軍一萬于莫州，盧文壽、王守俊監之，敵騎北去，則西趨順安軍襲擊〔三〕，斷西山之路。如河冰已合，敵由東路，則劉用、劉漢凝、田思明以兵五千會普、全照爲掎角，仍命石保吉將萬兵鎮大名，以張軍勢。

繢圖以授諸將。

後數月，勑輔臣曰：「北邊已屯大兵，而邊奏至，敵未有釁，且聚軍虛費，民力何以給之？宜有制畫，以爲控遏。且靜戎、順安軍界，先開營田、河道，可以扼黑盧口、三臺、小李路，亦可通漕運至邊。宜乘此用衆浚治，使及軍城，彼或撓吾役，卽合兵擊之。」李沆等曰：「設險以制敵，守邊之利也。」遂詔內侍閻文慶與靜戎、順安知軍事王能、馬濟督其事，而徙普屯順安之西，與威虜魏能、保州楊延昭、北平田敏爲掎角。

內侍馮仁俊掌御劍于莫州，與普不叶。帝曰：「勿窮治以驕將帥。」第召仁俊還。又令普率所部屯乾寧軍，復還普冀州團練使，徙本州總管。車駕幸澶淵，時王繼忠已陷契丹，契丹欲請和，因繼忠遣人持信箭爲書遺普，且通密表。事平，遷容州觀察使。向敏中爲鄜延路都總管，以普副之。趙德明納款，詔降制命，普言：「不宜授以押蕃落使，使之總制屬羌，則強橫不可制矣。」乃止兼管內蕃落使。

未幾，徙并代路，給公使錢二千五百緡，普援例歲給錢三千緡，樞密院言無此例。又言李漢超守河朔時，歲給以萬計，今并代屯軍多，不足以犒軍，帝不納。改桂州觀察使、鎭州路總管，遷保平軍節度觀察留後，赴本鎭。帝祀汾陰，還至陝西，普請駐蹕城中。因賜詩，令扈從至西京。拜河西軍節度使、知河陽，徙許州。築大流堰，引河通漕京師。上軍儀條目二卷、用將機宜要訣二圖。時方崇尚符瑞，而普請罷天下醮設，歲可省緡錢七十餘萬，以贍國用，繇是忤帝意。

大中祥符九年，上言九月下旬日食者三；又言：「商賈自秦州來言唃廝囉欲陰報曹瑋，請以臣所獻陣圖付瑋，可使瑋必勝。」帝以普言踰分，而樞密使王欽若言普欲以邊事動朝廷，帝怒，命知雜御史呂夷簡劾之。獄具，集百官參驗，九月下旬日不食。坐普私藏天文，下百官雜議，罪當死。議以官當，詔除名，貶賀州，遣使絷送流所。帝謂輔臣曰：「普出微賤，性輕躁，干求不已。旣懵文藝，而假手撰述，以揣摩時事。聞在繫所思其幼子，時時泣下，可聽挈家以行。」甫至賀州，授太子左淸道率府副率、房州安置，增房州屯兵百人護守。稍復爲左千牛衞將軍，其妻表求普領小郡，遷左領軍衞大將軍。仁宗卽位徙安州，遷左屯衞大將軍，徙蔡州。坐失保任，降本衞將軍。歷遷左千牛、左領軍衞大將軍，起知信陽軍，徙光州。以私用孔子廟錢，貶太子左監門率府副率，滁州安置。以左衞將軍分司西京，給官第居蔡州，遷大將軍，卒。

普倜儻有膽略，凡預討伐，聞敵所在卽馳赴之。兩平蜀盜，大小數十戰，摧鋒與賊角，衆推其勇。頗通兵書、陰陽、六甲、星曆、推步之術。太宗嘗曰：「普性剛鷙，與諸將少合。」然藉其善戰，每厚遇之。後以罪廢，每太宗忌日，必盡室詣佛寺齋薦，率以爲常。

張孜，開封人。母微時生孜，後入宮乳悼獻太子。孜方在襁褓，眞宗以付內侍張景宗曰：「此兒貌厚，汝謹視之。」景宗遂養以爲子。蔭補三班奉職、給事春坊司，轉殿直。皇太子卽位，遷供奉官、閤門祗候。爲陳州兵馬都監，築堤袁家曲捍水，陳以無患。五遷至供備庫使，領恩州團練使、眞定路兵馬鈐轄，歷知莫、貝、瀛三州。轉運使張昷之奏罷冀、貝驍捷軍士上關銀、鞵錢，事下孜議，孜言：「此界河策先鋒兵，有戰必先登，故平時賜予異諸軍，不可罷。」昷之猶執不已，遂奏罷保州雲翼別給錢糧，軍怨果叛。

契丹欲背盟，富弼往使，命孜爲副，議論雖出弼，然孜亦安重習事。以勞遷西上閤門使、知瀛州，拜單州團練使、龍神衞四廂都指揮使、幷代副總管。河東更鐵錢法，人情疑貳，兵相率扣府欲訴，閉門不納。是日幾亂，孜策馬從數卒往諭之，皆散還營。遷濟州防禦使、侍衞馬軍都虞候，又遷殿前都虞候，加桂州管內觀察使，遷侍衞步軍副都指揮使。虎翼兵教不中程，指揮使問狀，屈強不肯對，乘夜，十餘人大譟，趣往將害人，孜禽首惡斬之然後聞。遷昭信軍節度觀察留後、馬軍副都指揮使。

孜長於宮禁中，內外頗涉疑似，言者請罷孜兵柄，乃出爲寧遠軍節度使、知潞州，徙陳州。仁宗以其無他，復召爲馬軍副都指揮使。御史中丞韓絳又言：「孜不當典兵，而宰相富弼薦引之，請黜弼。」弼引咎求罷政事。諫官御史皆言進擬不自弼。絳家居待罪，曰：「不敢復稱御史矣。」坐此謫知蔡州。而孜尋以罪罷，知曹州。卒，贈太尉，謚勤惠。孜初名茂實，避英宗舊名，改「孜」云。

許懷德字師古，開封祥符人。父均，磁州團練使。懷德長六尺餘，善騎射擊刺。少以父任爲東西班殿侍，累擢至殿前指揮使、左班都虞候。

元昊寇邊，選爲儀州刺史、鄜延路兵馬鈐轄，遷副總管。夏人三萬騎圍承平砦，懷德時在城中，率勁兵千餘人突圍，破之。夏人復陣，有出陣前據鞍嫚駡者，懷德引弓一發而踣，敵乃去。屠金明縣，復進圍延州。懷德遽還，夜遣裨將以步騎千餘人，出不意擊之，斬首二百級，遂解延州。遷鳳州團練使，專領延州東路葰村一帶公事。

徙秦鳳路，未行，坐夏人破塞門砦不赴援，降寧州刺史。頃之，擢龍神衞四廂都指揮使、陵州團練使、本路副都總管。遷康州防禦使，又坐當出討賊逗留不進，所部兵夫棄隨軍芻糧，更赦，徙秦鳳路副都總管，改捧日、天武四廂。又以賊侵掠屬羌，亡十餘帳，徙永興軍，又徙高陽關、并代路，歷殿前都虞候、遂州觀察使、侍衞親軍馬軍副都指揮使、武信軍節度觀察留後、殿前副都指揮使、寧遠軍節度使。會從妹亡，無子，懷德欲冒有其田，事覺，罷管軍，知亳州，徙徐州。歲餘，復爲殿前副都指揮使。祀明堂，進都指揮使，更保寧、建雄〔三〕二節度。

年八十猶生子，筋力過人。在宿衞十四年，數乞身，帝不許。懷德曰：「臣年過矣，倘爲御史所彈，且不得善罷。」即詔爲減數歲。卒，贈侍中，謚榮毅。

懷德自初擢守邊，連以畏愞被謫，已而與功臣並進典軍，及坐請託得罪，去而復還。時遭承平，保寵終祿。故事，節度使移鎭加恩，皆別上表再辭，每降批答，遣內侍齎賜，必有所遺。懷德以袷享加恩，既又移鎭，乃共爲一表以辭。翰林學士歐陽脩劾其慢朝命，詔以脩章示之，懷德謝罪而已，不復別進表。其鄙吝如此。

李允則字垂範，濟州團練使謙溥子也。少以材略聞，蔭補衙內指揮使，改左班殿直。太平興國七年，幽薊還師，始置榷場于靜戎軍，允則典其事。還，使河東路決繫囚，原治逋欠。又使荊湖察官吏，與轉運使檢視錢帛、器甲、刑獄，遂擢閤門祗候。濬治京師諸河，創水門、鄭州水磑。西川賊劉旰平，上官正議修城未決，命允則與王承衎、閻承翰往視。還，言西川以無城難守，宜如正議。又言兵分則緩急不爲用，請併屯要害，以便餽餉。高溪州蠻田彥伊入寇，遣詣辰州，與轉運使張素、荊南劉昌言計事。允則以蠻徼不足加兵，悉招輯之。

累遷供備庫副使、知潭州。將行，眞宗謂曰：「朕在南衙，畢士安嘗道卿家世，今以湖南屬卿。」初，馬氏暴斂，州人出絹，謂之地稅。潘美定湖南，計屋輸絹，謂之屋稅。營田戶給牛，歲輸米四斛，牛死猶輸，謂之枯骨稅。民輸茶，初以九斤爲一大斤，後益至三十五斤。允則請除三稅，茶以十三斤半爲定制，民皆便之。湖湘多山田，可以藝粟，而民惰不耕。乃下令月所給馬芻，皆輸本色，繇是山田悉墾。湖南饑，欲發官廩先賑而後奏，轉運使執不可，允則曰：「須報踰月，則饑者無及矣。」明年荐饑，復欲先賑，轉運使又執不可，允則請以家貲爲質，乃得發廩賤糶。因募饑民堪役者隸軍籍，得萬人。轉運使請發所募兵禦邵州蠻，允則曰：「今蠻不擾，無名益戍，是長邊患也。且兵皆新募，饑瘠未任出戍。」乃奏罷之。陳堯叟安撫湖南，民列允則治狀請留，堯叟以聞。召還，連對三日，帝曰：「畢士安不謬知人者。」

遷洛苑副使、知滄州。允則巡視州境，濬浮陽湖，葺營壘，官舍間穿井。未幾，契丹來攻，老幼皆入保而水不乏，斵冰代砲，契丹遂解去。眞宗復召謂曰：「頃有言卿濬井葺屋爲勞民者，及契丹至，始見善爲備也。」轉西上閤門副使、鎭定高陽三路行營兵馬都監，押大陣東面。請對，自陳武藝非所長，不可以當邊劇。帝曰：「卿爲我運籌策，不必當矢石也。」賜白金二千兩，副以幃幄、什器，凡下諸路宣勅，必先屬允則省而後行。及王超敗，人心震搖，允則勸超衰絰向師哭，以解衆忿。眞宗知允則始屢趣超進兵，手詔襃厲。

契丹通好，徙知瀛州，上言：「朝廷已許契丹和議，但擇邊將，謹誓約，有言和好非利者，請一切斥去。」眞宗曰：「茲朕意也。」遷西上閤門副使。何承矩爲河北緣邊安撫、提點榷場，及承矩疾，詔自擇代，乃請允則知雄州。初，禁榷場通異物，而邏者得所易琨玉帶。允則曰：「此以我無用易彼有用也，縱不治。」遷東上閤門使、獎州刺史。河北既罷兵，允則治城壘不輟，契丹主曰：「南朝尙修城備，得無違誓約乎？」其相張儉曰：「李雄州爲安撫使，其人長者，不足疑。」旣而有詔詰之，允則奏曰：「初通好不即完治，恐他日頹圮因此廢守，邊患不可測也。」帝以爲然。

城北舊有甕城，允則欲合大城爲一。先建東嶽祠，出黃金百兩爲供器，道以鼓吹，居人爭獻金銀。久之，密自徹去，聲言盜自北至，遂下令捕盜，三移文北界，乃興版築，揚言以護祠。而卒就關城浚壕，起月隄，自此甕城之人，悉內城中。始，州民多以草覆屋，允則取材木西山，大爲倉廩營舍。始教民陶瓦甓，標里閈，置廊市、邸舍、水磑。城上悉累甓，下環以溝塹，蒔麻植楡柳。廣閤承翰所修屯田，架石橋，構亭榭，列隄道，以通安肅、廣信、順安軍。

歲修禊事，召界河戰棹爲競渡，縱北人遊觀，潛寓水戰。州北舊多設陷馬阬，城上起樓爲斥堠，望十里；自罷兵，人莫敢登。允則曰：「南北旣講和矣，安用此爲？」命徹樓夷阬，爲諸軍蔬圃，浚井疏洫，列畦隴，築短垣，縱橫其中，植以荊棘，而其地益阻隘。因治坊巷，徙浮圖北原上，州民旦夕登望三十里。下令安撫司，所治境有隙地悉種榆，久之榆滿塞下。顧謂僚佐曰：「此步兵之地，不利騎戰，豈獨資屋材耶？」

上元舊不燃燈，允則結綵山，聚優樂，使民夜縱遊。明日，偵知北酋欲間入城中觀，允則與同僚伺郊外。果有紫衣人至，遂與俱入傳舍，不交一言，出奴女羅侍左右〔四〕，劇飲而罷。且置其所乘騾廡下，使遁去，即幽州統軍也。後數日，爲契丹所誅。

嘗宴軍中，而甲仗庫火。允則作樂行酒不輟，副使請救，不答。少頃火熄，命悉瘞所焚物，密遣吏持檄瀛州，以茗籠運器甲。不浹旬，兵數已完，人無知者。樞密院請劾不救火狀，眞宗曰：「允則必有謂，姑詰之。」對曰：「兵械所藏，儆火甚嚴，方宴而焚，必姦人所爲。舍宴而救，事或不測。」

又得諜，釋縛厚遇之，諜言燕京大王遣來，因出所刺緣邊金穀、兵馬之數。允則曰：「若所得謬矣。」呼主吏按籍書實數與之。諜請加緘印，因厚賜以金，縱還。未幾，諜遽至，還所與數，緘印如故，反出彼中兵馬、財力、地里委曲以爲報。

一日，民有訴爲契丹民毆傷而遁者。允則不治，與傷者錢二千，衆以爲怯。逾月，幽州以其事來詰，答以無有。蓋他諜欲以毆人爲質驗，比得報，以爲妄，乃殺諜。雲翼卒亡入契丹，允則移文督還，契丹報以不知所在。允則曰：「在某所。」契丹駭，不敢隱，即歸卒，乃斬以徇。歷四方館引進使、高州團練使。天禧二年，以客省使知鎭州，徙潞州。仁宗即位，領康州防禦使。天聖六年，卒。

允則不事威儀，間或步出，遇民可語者，延坐與語，以是洞知人情。訟至，無大小面訊立斷。善撫士卒，皆得其用。盜發輒獲，人亦莫知所由。身無兼衣，食無重羞，不畜資財。在河北二十餘年，事功最多，其方略設施，雖寓於遊觀、亭傳間，後人亦莫敢隳。至於國信往來，費用儀式，多所裁定。晚年居京師，有自契丹亡歸者，皆命舍允則家。允則死，始寓樞密院大程官營。

張亢字公壽，自言後唐河南尹全義七世孫。家于臨濮。少豪邁有奇節，事兄奎甚謹。進士及第，爲廣安軍判官、應天府推官。治白沙、石梁二渠，民無水患。改大理寺丞、簽書西京判官事。

通判鎭戎軍，上言：「趙德明死，其子元昊喜誅殺，勢必難制，宜亟防邊。」因論西北攻守之計，章數十上，仁宗欲用之，會丁母憂。既而契丹聚兵幽、涿間，河北增備，遂起爲如京使、知安肅軍。因入對曰：「契丹歲享金帛甚厚，今其主孱而歲歉，懼中國見伐，特張言耳，非其實也。萬一倍約，臣請擐甲爲諸軍先。」

元昊反，爲涇原路兵馬鈐轄、知渭州，累遷右騏驥使、忠州刺史，徙鄜延路、知鄜州。上疏曰：

舊制，諸路總管、鈐轄、都監各不過三兩員，餘官雖高，止不過一路。總管、鈐轄不預本路事。今每路多至十四五員，少亦不減十員，皆兼本路分事，不相統制，凡有論議，互報不同。按唐總管，統軍，都統，處置、制置使，各有副貳，國朝亦有經略、排陣使，請約故事，別置使名，每路軍馬事，止以三兩員領之。

又涇原一路，自總管、鈐轄、都監、巡檢及城砦所部六十餘所，兵多者數千人，少者才千人，兵勢既分，不足以當大敵。若敵以萬人爲二十隊，多張聲勢以綴我軍，後以三五萬人大入奔突，則何以支？

又比來主將與軍伍移易不定，人馬強弱，配屬未均。今涇原正兵五萬，弓箭手二萬，鄜延正兵不減六七萬，若能預爲團結，明定節制，迭爲應援，以逸待勞，則烏合饑餒之衆，豈能窺我淺深乎？請下韓琦、范仲淹分按，逐路以馬步軍八千已上至萬人，擇才位兼高者爲總領。其下分爲三將：一爲前鋒，一爲策前鋒，一爲後陣。每將以使臣、忠佐三兩人，分屯要害之地，敵小入則一將出，大入則大將出。

又量敵數多少，使鄰路出兵應接，此所謂常山蛇勢也。今萬人已上爲一大將，一路又有主帥，延州領三大將，鄜州一大將，保安軍及西路巡檢、德靖砦共爲一大將，則鄜延路兵五萬人矣。原渭州、鎭戎軍各一大將，渭州山外及瓦亭各一大將，則涇原路五萬人矣。弓箭手、熟戶不在焉。昨延州之敗，蓋由諸將自守，不相應援。請令邊臣預定其法，敵寇某所，則某將爲先鋒，某將出某所爲奇兵，某將出某所爲聲援，某城砦相近出敢戰死士某所設覆，都、同巡檢則各扼要害。

又令鄰路取某路出應，仍潛用旗幟爲號。昨劉平救延州，前鋒陷賊者已二千騎，平猶不知。趙瑜部馬軍間道先進，而趙振與王逵趨塞門，至高頭平路，白馬報敵張青蓋駐山東，振麾兵掩襲，乃瑜也。臣在山外策應，未嘗用本指揮旗號，自以五行支干別爲引旗。若甲子日本軍相遇，則先見者張靑旗，後見者以緋旗應之，此是干相生，其干相尅及支相生尅亦如之。蓋兵馬出入，晝則百步之外不能相知，若不預爲之號，必誤軍事。國家承平日久，失於訓練，今每指揮藝精者不過百餘人，餘皆瘦弱不可用。且官軍所恃者，步軍與強弩爾。臣知渭州日，見廣勇軍彍弩者三百五十人，引一石二斗者僅百人，餘僅及七八斗，正欲閱習時易爲力爾。臣以跳鐙弩試，皆不能張，閱習十餘日，裁得百餘人。又教以小坐法，亦十餘日，又教以帶甲小坐法，五十餘日始能服熟。若安前弊以應新敵，其有必勝之理乎？

又兵官務張邊事，以媒進邀賞，劉平之敗，正繇貪功輕進。鎮戎軍最近賊境，每報賊騎至，不問多寡，凡主兵者皆出，至邊壕則賊已去矣。蓋權均勢埒，各不相下，若不出，則恐得怯懦之罪。且諸路騎兵不能馳險，計其芻粟，一馬之費，可養步軍五人。馬高不及格，宜悉還坊監，止留十之三，餘以步兵代之。又比來禁衞隊長，繇年勞換前班者，或爲諸司使副，白丁試武技，亦命以官，而諸路弓箭手生長邊陲，父祖效命，累世捍賊，乃無進擢之路，何以激勸邊民？

竊聞大帥議五路進師，且用兵以來，屢出無功，若一旦深入，臣切以爲未可也。山界諸州城砦，距邊止二三百里，夏兵器甲雖精利，其鬥戰不及山界部族，而財糧又盡出山界。若十月後令諸將分番出界，使夏人不得耕牧。然後出步兵，負十日糧，人日給米一升，馬日給粟四升、草五分，賊界有草地，以半資放牧，亦可減輓運之半。王師既行，使唃廝囉及九姓回紇分制其後，必蕩覆巢穴。

又言：「陝西民調發之苦，數倍常歲，宜一切權罷，令安撫司與逐州長吏減省他役，蠲應邊須。及選殿侍軍將各三十人，以駝、騾各二百，留其半河中，以運鄜、延、保安軍軍須，其半留乾州或永興軍，以運環、慶、原、渭、鎮戎軍軍須，分一轉運使專董其事。又鄜州四路半當衝要，嘗以閑慢路遞鋪兵卒之半，貼衝要二路。驛百人，每三人挽小車，載二百五十斤至三百斤，若團併輦運，邊計亦未至失備，而民力可以寬矣。」

初，亢請乘驛入對，詔令手疏上之，後多施用。進西上閤門使，改都鈐轄，屯延州。又奏邊機軍政措置失宜者十事，言：

王師每出不利，豈非節制不立，號令不明，訓練不至，器械不精？或中敵詭計，或自我貪功；或左右前後自不相救，或進退出入未知其便；或兵多而不能用，或兵少而不能避；或爲持權者所逼，或因懦將所牽；或人馬困饑而不能奮，或山川險阻而不能通：此皆將不知兵之弊也。未聞深究致敗之由而爲之措置，徒益兵馬，未見勝術。一也。

去春敵至延州，諸路發援兵，而河東、秦鳳各踰千里，涇原、環慶不減十程。去秋賊出鎮戎，遠自鄜延發兵，千里遠鬥，銳氣已衰，如賊已退，乃是空勞師徒，異時更寇別路，必又如此，是謂不戰而自弊。二也。

今鄜延副都總管許懷德兼管勾環慶軍馬，環慶副總管王仲寶復兼鄜延，其涇原、秦鳳總管等亦兼鄰路，雖令互相策應，然環州至延州十四五驛，徑赴亦不下十驛；涇原至秦鳳千里，若發兵互援，而山路險惡，人馬之力已竭。三也。

四路軍馬各不下五六萬，朝廷罄力供億，而邊臣但言兵少，每路欲更增十萬人，亦未見功效。且兵無節制一弊，無奇正二弊，無應援三弊，主將不一四弊，兵分勢弱五弊。有此五弊，如驅市人而戰，雖有百萬，亦無益於事。四也。

古人教習，須三年而後成，今之用兵已三年矣，將帥之材孰賢孰愚，攻守之術孰得孰失，累年敗衄，而居邊要者未知何謀。使更數年未罷兵，國用民力，何以克堪。若因之以饑饉，加之以他寇，則安危之策，未知如何。五也。

今言邊事者甚衆，朝廷或即奏可，或再詳究以聞，或付有司。前條方行，後令即變，胥史有鈔錄之勞，官吏無商略之暇，邊防軍政，一無定制。六也。

夏竦、陳執中皆朝廷大臣，凡有邊事，當付之不疑。今但主文書、守詔令，每有宣命，則翻錄行下；如諸處申稟，則令候朝旨。如是，則何必以大臣主事？七也。

前河北用兵，減冗官以省費，今陝西日以增員，如制置青白鹽使副、招撫蕃部使臣等十餘員〔三〕，所占兵士千餘人，請給歲約萬緡。復有都大提舉馬鋪器甲之類，諸州並募克敵、致勝、保捷、廣鋭、宣毅等兵，久未曾團結訓練，但費軍廩，無益邊備。八也。

今軍有手藝者，管兵之官，每一指揮，抽占三之一。如延州諸將不出，即有兵二萬，除五千守城之外，其餘止一萬五千。若有警急，三日內不能團集，況四十里外便是敵境，一有奔突，何以備之？九也。

陝西教集鄉兵，共十餘萬人。市井無賴，名掛尺籍，心薄田夫〔六〕，豈無姦盜雜於其中？苟無措置，他日爲患不細。十也。

既而復請面陳利害，不報。

會元昊益熾，以兵圍河外。康德輿無守禦才，屬戶豪乜囉叛去，導夏人自後河川襲府州，兵至近道纔覺，而蕃漢民被殺掠已衆。攻城不能下，引兵屯琉璃堡，縱遊騎鈔麟、府間，二州閉壁不出。民乏飲，黃金一兩易水一栝。時豐州已爲夏人所破，麟、府勢孤，朝廷議棄河外守保德軍未果，徙亢爲幷代都鈐轄、管勾麟府軍馬事。單騎叩城，出所授敕示城上，門啓，既入，即縱民出采薪芻汲澗谷。然夏人猶時出鈔掠，亢以州東焦山有石炭穴，爲築東勝堡；下城旁有蔬畦，爲築金城堡；州北沙阬有水泉，爲築安定堡，置兵守之。募人穫于外，腰鐮與衞送者均得。

其時禁兵皆敗北，無鬥志，乃募役兵敢戰者，夜伏隘道，邀擊夏人遊騎。比明，有持首級來獻者，亢以錦袍賜之，禁兵始慚奮曰：「我顧不若彼乎？」又縱使飲博，方窘乏幸利，咸願一戰。亢知可用，始謀擊琉璃堡，使諜伏敵砦旁草中，見老羌方炙羊髀占吉凶，驚曰：「明當有急兵，且趣避之。」皆笑曰：「漢兒皆藏頭膝間，何敢！」亢知無備，夜引兵襲擊，大破之。夏人棄堡去，乃築宣威砦于步駝溝〔七〕扞寇路。

時麟州餽路猶未通，勅亢自護賞物送麟州。敵旣不得鈔，遂以兵數萬趨柏子砦來邀。亢所將才三千人，亢激怒之曰：「若等已陷死地，前鬥則生，不然，爲賊所屠無餘也。」士皆感厲。會天大風，順風擊之，斬首六百餘級，相蹂踐赴崖谷死者不可勝計，奪馬千餘匹。

乃修建寧砦。夏人數出爭，遂戰于兔毛川。亢自抗以大陣，而使驍將張岊〔八〕伏短兵強弩數千于山後。亢以萬勝軍皆京師新募市井無賴子弟，罷耎不能戰，敵目曰「東軍」，素易之，而怯虎翼軍勇悍。亢陰易其旗以誤敵，敵果趣「東軍」，而値虎翼卒，搏戰良久，伏發，敵大潰，斬首二千級。不踰月，築淸塞、百勝、中候、建寧、鎭川五堡，麟、府之路始通。

亢復奏：「今所通特一徑爾，請更增並邊諸柵以相維持，則可以廣田牧，壯河外之勢。」議未下，會契丹欲渝盟，領果州團練使、知瀛州。葛懷敏敗，遷四方館使、涇原路經略安撫招討使、知渭州，亢聞詔卽行，及至，敵已去。鄭戩統四路，亢與議不合，遷引進使，徙并代副都總管。御史梁堅劾亢出庫銀給牙吏往成都市易，以利自入，奪引進使，爲本路鈐轄。

及夏人與契丹戰河外，復引進使、副都總管，知代州兼河東沿邊安撫事。范仲淹宣撫河東，復奏亢前所增廣堡砦，宜使就總其事。詔旣下，明鎬以爲不可，屢牒止之。亢曰：「受詔置堡砦，豈可得經略牒而止耶？坐違節度，死所甘心，堡砦必爲也。」每得牒，置案上，督役愈急。及堡成，乃發封自劾，朝廷置不問。蕃漢歸者數千戶，歲減戍兵萬人，河外遂爲幷、汾屏蔽。

復知瀛州，因言：「州小而人衆，緩急無所容，若廣東南關，則民居皆在城中。」夏竦前在陝西，惡亢不附己，特沮其役，然卒城之。加領眉州防禦使，復爲涇原路總管、知渭州。會給郊賞，州庫物良而估賤，三司所給物下而估高，亢命均其直，以便軍人。轉運使奏亢擅減三司所估。會竦爲樞密使，奪防禦使，降知磁州。御史宋禧繼言亢嘗以庫銀市易，復奪引進使，爲右領衞大將軍、知壽州。

後陝西轉運使言亢所易庫銀非自入者，改將作監、知和州。坐失舉，徙筠州。久之，復爲引進使、果州團練使，又復眉州防禦使、眞定府路副都總管。遷客省使，以足疾知衞州，徙懷州。坐與鄰郡守議河事，會境上經夕而還，降曹州鈐轄。改河陽總管，以疾辭，爲秘書監。未幾，復客省使、眉州防禦使、徐州總管，卒。

亢好施輕財，凡燕犒餽遺，類皆過厚，至遣人貿易助其費，猶不足。以此人樂爲之用。同學生爲吏部，亢憐其老，薦爲縣令。後旣爲所累，出筠州，還，所薦者復求濟，亢又贈金帛，終不以屑意。馭軍嚴明，所至有風跡，民圖像祠之。

奎字仲野，先亢中進士。歷幷、秀州推官，監衢州酒。徐生者毆人至死，繫婺州獄，再問輒言寃。轉運使命奎復治。奎視囚籍印窾僞，深探之，乃獄吏竄易，卒釋徐生，抵吏罪，衆驚伏。同時薦者三十九人，改大理寺丞、知合淝縣，徙南充縣。

以殿中丞通判瀘州，罷歸。會秦州鹽課虧緡錢數十萬，事連十一州。詔奎往按，還奏三司發鈔稽緩，非諸州罪。因言：「鹽法所以足軍費，非仁政所宜行。若不得已，令商人轉貿流通，獨關市收其征，上下皆利。孰與設重禁壅閼之爲民病？」於是悉除所負。未幾，知江州，徙楚州，遷太常博士，召爲殿中侍御史、知滑州，徙邢州。母病，輒割股肉和藥以進，母遂愈。其後母卒，廬于墓，自負土植松柏。

服終，授度支判官，出爲京東轉運使，以侍御史爲河東轉運使，進刑部員外郎、知御史雜事。安撫京東，募民充軍凡十二萬，奏州縣吏能否數十人。還爲戶部副使。及分陝西爲四路，擢天章閣待制、環慶路經略安撫招討使、知慶州，以父名餘慶辭，不許。歷陝西都轉運使、知永興軍、河東都轉運使，加龍圖閣直學士，知澶、靑、徐、揚等州，再遷吏部郎中。

時李宥知江寧府，府廨盡焚。諫官言金陵始封之地，守臣視火不謹，宜擇才臣繕治之。遷右諫議大夫、知江寧府。奎簡材料工，一循舊制，不踰時復完。還，判吏部流內銓，徙審官院、知河南府。河南宮闕歲久頗摧圮，奎大加興葺。又按唐街陌，分牓諸坊。初，全義守洛四十年，洛人德之，有生祠。及見奎偉儀觀，曰：「眞齊王孫也。」因復興齊王祠。歲餘，以能政聞，遷給事中，歸朝。京東盜起，加樞密直學士、知鄆州，數月，捕諸盜，悉平。

奎治身有法度，風力精強，所至有治跡，吏不敢欺，第傷苛細。亢豪放喜功名，不事小謹。兄弟所爲不同如此，然皆知名一時。子亹，龍圖閣直學士。

劉文質字士彬，保州保塞人，簡穆皇后從孫也。父審琦，虎牢關使，從討李重進戰死。文質幼從母入禁中，太宗授以左班殿直，遷西頭供奉官、寄班祗候。帝頗親信之，數訪以外事。嘗謂內侍竇神興曰：「文質，朕之近親，又忠謹，其賜白金百斤。」出爲兩浙走馬承受公事，擢西京左藏庫副使、嵐嵐軍使，賜金帶、名馬。徙知麟州，改麟府濁輪砦兵馬鈐轄。擊蕃酋萬保移，走之。越河破契丹，拔黃太尉砦，殺獲萬計，賜錦袍、金帶。徙知慶州。李繼遷入寇，文質將出兵，而官吏不敢發庫錢。乃以私錢二百萬給軍，士皆感奮，遂大破賊。徙涇州，充麟州、淸遠軍都監，又破敵于枝子平。咸平中，淸遠軍陷，坐逗撓奪官，雷州安置。久之，起爲太子率府率、杭州駐泊都監。封泰山，以內殿崇班爲靑、齊、淄、濰州巡檢。進禮賓副使、石隰緣邊同都巡檢使，徙秦州鈐轄。建小落門砦，親率士版築。會李濬知秦州，因就賜白金五百兩。

天禧中，知代州。先是，蕃部獲逃卒，給絹二匹、茶五斤，卒皆論死。時捕得百三十九人，文質取二十九人，以赦後論如法，餘悉配隸他州。再遷內園使、知邠州，數從曹瑋出戰，築堡障。復徙秦州鈐轄，領連州刺史，再知代州，卒。厚賻其家，官子三人。

文質以簡穆親，又父死事，故前後賜予異諸將。眞宗嘗問保塞之舊，文質上宣祖、太祖賜書五函。仁宗亦以書賜之。然性剛，喜訐刺短長，於貴近無所避，故不大顯。子十六人，渙、滬皆知名。

渙字仲章，以父任爲將作監主簿，監并州倉。天聖中，章獻太后臨朝久，渙謂天子年加長，上書請還政。后震怒，將黥隸白州，呂夷簡、薛奎力諫得免。仁宗親政，擢爲右正言。郭后廢，渙與孔道輔、范仲淹等伏闕爭之，皆罰金。會河東走馬承受奏，渙頃官并州，與營妓游，黜通判磁州，尋知遂州。

夏人叛，朝廷議遣使通河西唃氏，渙請行。間道走青唐，諭以恩信。唃氏大集庭帳，誓死扞邊，遣騎護出境，得其誓書與西州地圖以獻。加直昭文館，遷陝西轉運使，由工部郎中知滄州，改吉州刺史，知保州。州自戍卒叛後，兵益驕。渙至，虎翼軍謀舉城叛，民大恐。渙單騎徐叩營，械首惡者歸，斬之，一軍帖服。徙登州，益治刀魚船備海寇，寇不敢犯，詔嘉獎之。

歷知邢、恩、冀、涇、澶五州。恩承賊蹂踐後，渙經理繕葺有敍，兵民犯法，一切用重典，威令大振。治平中，河北地震，民乏粟，率賤賣耕牛以苟朝夕。渙在澶，盡發公錢買之。明年，民無牛耕，價增十倍，渙復出所市牛，以元直與民，澶民賴不失業。歷秦鳳、涇原、眞定、定州路總管，四遷至鎭寧軍節度觀察留後。熙寧中，還，爲工部尚書致仕。

渙有才略，尚氣不羈，臨事無所避，然銳於進取。方開拓洮、岷，討安南，渙既老，猶露章請自效，不報。卒，年八十一。

滬字子濬，頗知書傳，深沉寡言，有知略。以蔭補三班奉職，累遷右侍禁。康定中，爲渭州瓦亭砦監押，權靜邊砦，擊破党留等族，斬一驍將，獲馬牛橐駝萬計。時任福敗，邊城晝閉，居民畜產多爲賊所掠，滬獨開門納之。

遷左侍禁，韓琦、范仲淹薦授閤門祗候。又破穆寧生氐。西南去略陽〔九〕二百里，中有城曰水洛，川平土沃，又有水輪、銀、銅之利，環城數萬帳，漢民之逋逃者歸之，敎其百工商賈，自成完國。曹瑋在秦州，嘗經營不能得。滬進城章川，收善田數百頃，以益屯兵，密使人說城主鐸廝那令內附。會鄭戩行邊，滬遂召鐸廝那及其酋屬來獻結公、水洛、路羅甘地，願爲屬戶。戩即令滬將兵往受地。既至而氐情中變，聚兵數萬合圍，夜縱火呼嘯，期盡殺官軍。滬兵才千人，前後數百里無援，滬堅臥，因令晨炊緩食，坐胡床指揮進退，一戰氐潰，追奔至石門，酋皆稽顙請服。因盡驅其衆隸麾下，以通秦、渭之路。又敗臨洮氐于城下。遷內殿崇班。

戩以三將兵遣董士廉助築城，功未半，會戩罷四路招討使，而涇原路尹洙以爲不便，令罷築，且召滬，不聽，日增版趣役。洙怒，使狄青械滬、士廉下獄。氐衆驚，收積聚、殺吏民爲亂，朝廷遣魚周詢、程戡往視，氐衆詣周詢，請以牛羊及丁壯助工役，復以滬權水洛城砦主。城成，終以違本路安撫使節制，黜一官，爲鎮戎軍西路都巡檢。復內殿崇班，瘍發首，卒。弟淵將以其柩東歸，居人遮道號泣請留，葬水洛，立祠城隅，歲時祀之。

經略司言，得熟戶蕃官牛裝等狀，願得滬子弟主其城。乃命其弟淳爲水洛城兵馬監押，城中有碑記滬事。

趙滋字子深，開封人。父士隆，天聖中，以閤門祗候爲邠寧環慶路都監，戰沒。錄滋三班奉職。

滋少果敢任氣，有智略。康定初，以右侍禁選捕京西叛卒有功，遷左侍禁，後爲涇原儀渭、鎭戎軍都巡檢。會渭州得勝砦主姚貴殺監押崔絢，劫宣武神騎卒千餘人叛，攻羊牧隆城。滋馳至，諭降八百餘人，貴窮，走出砦。招討使令滋給賜降卒及遷補將吏，滋以爲如是是誘其爲亂，藏其牒不用，還，爲招討使所怒，故賞弗行。

范仲淹、韓琦經略陝西，舉滋可將領，得閤門祗候，爲鎭戎軍西路都巡檢。時京西軍賊張海久未伏誅，命滋都大提舉陝西、京西路捉賊，數月賊平。後爲京東東路都巡檢。富弼爲安撫使，舉再任登州。乳山砦兵叛，殺巡檢，州將誅首惡數人，不窮按。滋承檄驗治，馳入其壘，次第推問，得黨與百餘人付獄，衆莫敢動。

在京東五年，數獲盜，不自言，弼爲言，乃自東頭供奉官超授供備庫副使、定州路駐泊都監。嘗因給軍食，同列言粟不善，滋叱之曰：「爾欲以是怒衆耶？使衆有一言，當先斬爾以徇。」韓琦聞而壯之，以爲眞將帥材。及琦在河東，又奏滋權幷代路鈐轄，改管勾河東經略司公事。建言：「代州、寧化軍有地萬頃，皆肥美，可募人田作，教戰射，爲堡砦。」人以爲利。

累遷西上閤門副使，歷知安肅軍、保州。滋強力精悍，有吏能，所至稱治。會契丹民數違約，乘小舟漁界河中，吏憚生事，累歲莫敢禁。後又遣大舟十餘，自海口運鹽入界河。朝廷患之，以滋可任，徙知雄州。滋戒巡兵，舟至，輒捕其人殺之，聳其舟，移文還涿州，漁者遂絕。契丹因使人以爲言，而知瀛州彭思永、河北轉運使唐介燕度，皆以滋生事，請罷之。朝廷更以爲能，擢龍神衞四廂都指揮使、嘉州團練使，遷天武、捧日四廂都指揮使。英宗卽位，領端州防禦使、步軍都虞候，賜白金五百兩，留再任。未幾，卒，贈遂州觀察使。

滋在雄州六年，契丹憚之。契丹嘗大饑，舊，米出塞不得過三斗，滋曰：「彼亦吾民也。」令出米無所禁，邊人德之。馭軍嚴，戰卒舊不服役，滋役之如廂兵，莫敢有言。繕治城壁、樓櫓，至於簿書、米鹽，皆有條法。性尤廉謹，月得公使酒，不以入家。然傲慢自譽，此其短也。

論曰：石普曉暢軍事，習知民庸，然揣摩時政，終以罪廢。張孜雖稱持重，跡其所長，無足取者。許懷德以愞不任事，數遭貶斥，其不及普遠矣。渙以小官，能抗疏母后，輯暴弭姦，則其餘事也。滬，水洛之戰，仕雖偃蹇，聲名俱章章矣。劉文質以私錢給軍，且脫人於死，從容退師，滬之才略，其最優者歟？趙滋有吏能，出米塞下以振契丹，亦仁人之用心。李允則在河北二十年，設施方略，不動聲氣，契丹至以長者稱之。張亢起儒生，曉韜略，琉璃堡、兔毛川之捷，良快人意，區區書生，功名如此，何其壯哉！奎以治跡著稱，其視亢蓋所謂難爲兄難爲弟者歟？

校勘記

〔一〕繫軍吏之頸　「吏」原作「令」，據武經總要前集卷一五、長編卷五五改。

〔二〕則西趨順安軍襲擊　「安」字原脫，據下文及長編卷五四補。

〔三〕建雄　原作「進雄」，據隆平集卷一九、東都事略卷六二本傳改。

〔四〕出奴女羅侍左右　隆平集卷一六、東都事略卷二九本傳都作「出妓女列侍」。

〔五〕招撫蕃部使臣等十餘員　「等」字原脫，據文義和長編卷一三二補。

〔六〕心薄田夫　「心薄」原作「必簿」，據長編卷一三二改。

〔七〕乃築宣威砦于步駝溝　「溝」字原脫，據長編卷一三三、武經總要前集卷一七補。

〔八〕張岊　原作「孫岊」，據本書卷三二六張岊傳、卷二五五王凱傳、長編卷一三三改。

〔九〕略陽　原作「洛陽」，據東都事略卷六一本傳、長編卷一四四改。

宋史卷三百二十五

列傳第八十四

劉平 弟兼濟 郭遵附 任福 王珪 武英 桑懌 耿傅 王仲寶附

劉平字士衡，開封祥符人。父漢凝，從太宗征河東嵓嵐、憲州，累遷崇儀使。平剛直任俠，善弓馬，讀書彊記。進士及第，補無錫尉，擊賊殺五人，擢大理評事。知鄢陵縣，徙南充。夷人寇淯井監，轉運使以平權瀘州事，平率土丁三千擊走之。祠汾陰，還本寺丞。還，路由安州，遇賊十數人，平發矢斃三賊，餘駭散。以寇準薦，爲殿中丞、知瀘州，夷人懲前敗，不敢擾邊。

召拜監察御史，數上疏論事，爲丁謂所忌。久之，除三司鹽鐵判官、河北安撫，改殿中侍御史、陝西轉運使。與副使論事不合，徙知襄州。仁宗卽位，遷侍御史。

初，眞宗知其才，將用之。丁謂乘間曰：「平，將家子，素知兵，若使將西北，可以制敵。」

後章獻太后思謂言，特改衣庫使、知邠州〔一〕。屬戶明珠、磨㦤族數反覆，平潛兵殺數千人，以功領賓州刺史、鄜延路兵馬鈐轄，徙涇原路，兼知渭州。胡則爲陝西都轉運使，平奏曰：「則，丁謂黨，今隸則部，慮掎摭致罪。」徙汝州，改淮南、江、浙、荆湖制置發運副使，行數驛，召還，眞拜信州刺史、知雄州。居四年，遷忻州團練使、知成德軍。

景祐元年，拜龍神衞四廂都指揮使、永州防禦使、知定州，徙環慶路副都總管，進侍衞親步軍都虞候。奏言：「元昊勢且叛，宜嚴備之。」尋坐被酒破鎖入甲仗庫，爲轉運使蘇耆所劾，落管軍，知同州。上疏自列，召入問狀，復爲步軍都虞候、知澶州。時議塞河，而平言不知河事，乃徙滄州副都總管。

時呂夷簡爲宰相，臺諫官數言政事闕失，平奏書曰：「臣見范仲淹等毀訾大臣，此必有要人授旨仲淹輩，欲逐大臣而代其位者。臣於眞宗朝爲御史，顧當時同列，未聞有姦邪黨與詐忠賣直，所爲若此。臣慮小臣以淺文薄伎，偶致顯用，不識朝廷典故，而論事𡹎淫，遂及管軍將校。且武人進退，與儒臣異路，若掎摭短長，妄有舉劾，則心搖而怨結矣。願明諭臺諫官，毋令越職，仍不許更相引薦。或闕員，則朝廷自擇忠純者德用之。」論者以謂希夷簡意也。改高陽關副總管。

寶元元年，以殿前都虞候爲環慶路馬步軍副總管。會元昊反，遷邕州觀察使，爲鄜延路副總管兼鄜延、環慶路同安撫使。頃之，兼管勾涇原路兵馬，進步軍副都指揮使、靜江軍節度觀察留後。獻攻守之策曰：

五代之末，中國多事，唯制西戎爲得之。中國未嘗遣一騎一卒，遠屯塞上，但任土豪爲衆所伏者，封以州邑，征賦所入，足以贍兵養士，由是無邊鄙之虞。太祖定天下，懲唐末藩鎮之盛，削其兵柄，收其賦入，自節度以下，第坐給奉祿，或方面有警，則總師出討，事已，則兵歸宿衞，將還本鎮。彼邊方世襲，宜異於此，而誤以朔方李彝興、靈武馮繼業一切亦徙內地。自此靈、夏仰中國戍守，千里運糧，兵民並困。

其後靈武失守，而趙德明懼王師問罪，願爲藩臣。于時若止棄靈、夏、綏、銀，與之限山爲界，則無今日之患矣。而以靈、夏兩州及山界蕃漢戶并授德明，故蓄甲治兵，漸窺邊隙，鄜延、環慶、涇原、秦隴所以不能弛備也。

今元昊嗣國，政刑慘酷，衆叛親離，復與唃廝囉搆怨，此乃天亡之時。臣聞寇不可玩，敵不可縱。或元昊不能自立，別有酋豪代之，西與唃廝囉復平，北約契丹爲表裏，則何以制其侵軼？今元昊國勢未彊，若乘此用鄜延、環慶、涇原、秦隴四路兵馬，分兩道，益以蕃漢弓箭手，精兵可得二十萬，三倍元昊之衆，轉糧二百里，不出一月，可收山界洪、宥等州。招集土豪，縻之以職，自防禦使以下、刺史以上，第封之，給以衣祿金帛；又以土人補將校，使勇者貪於祿，富者安於家，不期月而人心自定。及遣使諭喻廝囉，授以靈武節度，使撓河外族帳，以窘元昊。復出麟、府、石州蕃漢步騎，獵取河西部族，招其酋帥，離其部衆，然後以大軍繼之，元昊不過鼠竄爲窮寇爾，何所爲哉！

且靈、夏、綏、銀地不產五穀，人不習險阻，每歲資糧，取足洪、宥。而洪、宥州羌戶勁勇善戰，夏人恃此以爲肘腋。我苟得之，以山爲界，憑高據險，下瞰沙漠，各列堡障，量以戎兵鎮守，此天險也。廟朝之謀，不知出此，而爭靈、夏、綏、銀，連年調發，老師費財，以致中國疲弊，小醜猖獗，此議臣之罪也。

今朝廷或貸元昊罪，更示含容，不惟宿兵轉多，經費尤甚。萬一元昊潛結契丹，互爲掎角，則我一身二疾，不可並治。必輕者爲先，重者爲後，如何減兵以應河北？請召邊臣，與二府定守禦長策。

疏奏未報。

屬元昊盛兵攻保安軍，時平屯慶州，范雍以書召平，平率兵與石元孫合軍趨土門。既又有告敵兵破金明、圍延州者，雍復召平與元孫救延州。平素輕敵，督騎兵晝夜倍道行，明日，至萬安鎮。平先發，步軍繼進，夜至三川口西十里止營，遣騎兵先趨延州爭門。時鄜延路駐泊都監黃德和將二千餘人，屯保安北碎金谷，巡檢万俟政、郭遵各將所部分屯，范雍皆召之爲外援，平亦使人趣其行。詰旦，步兵未至，平與元孫還逆之。行二十里，乃遇步兵，及德和、万俟政、郭遵所將兵悉至，將步騎萬餘結陣東行五里，與敵遇。

時平地雪數寸，平與敵皆爲偃月陣相嚮。有頃，敵兵涉水爲横陣，郭遵及忠佐王信薄之，不能入。官軍並進，殺數百人，乃退。敵復蔽盾爲陣，官軍復擊卻之，奪盾，殺獲及溺水死者幾千人。平左耳、右頸中流矢。日暮，戰士上首功及所獲馬，平曰：「戰方急，爾各誌之，皆當重賞汝。」語未已，敵以輕兵薄戰，官軍引卻二十步。黄德和居陣後，望見軍卻，率麾下走保西南山，衆從之，皆潰。平遣其子宜孫馳追德和，執轡語曰：「當勒兵還，併力抗敵，奈何先奔？」德和不從，驅馬遁赴甘泉。平遣軍校杖劍遮留士卒，得千餘人。轉鬥三日，賊退還水東。平率餘衆保西南山，立七栅自固。敵夜使人叩栅，問大將安在，士不應。復使人僞爲戍卒，遞文移平，平殺之。夜四鼓，敵環營譟曰：「如許殘兵，不降何待！」平旦，敵酋舉鞭麾騎，自山四出合擊，絕官軍爲二，遂與元孫皆被執。

初，德和言平降賊，朝廷發禁兵圍其家。及命殿中侍御史文彥博即河中府置獄，遣龐籍往訊焉，具得其實。遂釋其家，德和坐腰斬。而延州吏民亦詣闕訴平戰沒狀，遂贈朔方軍節度使兼侍中，謚壯武，賜信陵坊第，封其妻趙氏爲南陽郡太夫人，子孫及諸弟皆優遷，未官者錄之。其後降羌多言平在興州未死，生子于賊中。及石元孫歸，乃知平戰時被執，後沒于興州。弟兼濟。

兼濟字寶臣，以父蔭補三班奉職。善騎射，讀兵書知大旨。爲襄州兵馬監押。漢江暴漲，兼濟解衣涉水，率衆捍城，州賴以完。擢閤門祗候、雄霸州界河巡檢，徙晉、絳、澤、潞都巡檢使。歲饑，太行多盜，禽二百餘人。改左侍禁、鄜延路兵馬都監，權知保安軍，歷同提點陝西、河東刑獄，徙知籠竿城。

夏人寇邊，衆號數萬，兼濟將兵千餘，轉戰至黑松林，敗之。屬其兄平戰沒于三川口，特授內殿崇班、知原州。入辭，仁宗慰勉之曰：「國憂未弭，家仇未報，不可不力也。」屬戶明珠族叛，諸將欲亟討。兼濟第日縱飲擊鞠，繆爲不知，以疑其意。既而叛者自潰，乃追襲之，射殺其酋長，收餘衆以歸。徙寧州，破斬廝韈砦，徙鄜州。

元昊既稱藩，徙梓夔路鈐轄，又徙知鎭戎軍。兼濟御下嚴急，轉運使言士心多怨，請徙諸內地。改涇原路鈐轄，復知寧州，又知原州，徙冀州、廣信軍。累遷文思使、惠州刺史、河北緣邊安撫副使，擢西上閤門使、同管勾三班院，出知雄州。

先是，邊民避罪逃者，契丹輒納之，守將畏事不敢詰，兼濟悉移檄責還。徙冀州，踰月，改忻州，復管勾三班院，卒。

郭遵者，開封人也，家世以武功稱。遵少隸軍籍，稍遷殿前指揮使。乾興中，改左班殿直、幷代路巡檢。遷右侍禁、慶州柔遠砦兵馬監押。召試騎射優等，遷左侍禁、閤門祗候。爲秦州三陽砦主〔三〕，徙延州西路都巡檢使。

元昊寇延州，遵以裨將屬劉平，遇敵，馳馬入敵陣，殺傷數十人。敵出驍將揚言當遵，遵揮鐵杵破其腦，兩軍皆大呼。復持鐵槍進，所向披靡。會黃德和引兵先潰，敵戰益急。遵奮擊，期必死，獨出入行間。軍稍卻，卽復馬以殿，又持大矟橫突之。敵知不可敵，使人持大絙索立高處迎遵馬，輒爲遵所斷。因縱遵使深入，攢兵注射之，中馬，馬踠仆地，被殺。特贈果州團練使。以其父斌爲太子右清道率府副率；母賀，封仁壽郡君；妻尹，安康郡君；弟靑右侍禁，逵三班奉職。四子尙幼，仁宗悉爲賜名，忠嗣西頭供奉官，忠紹左侍禁，忠裔右侍禁，忠緒左班殿直。女舊爲尼，亦賜紫方袍。

遵用鐵杵、槍、矟共九十斤，其後耕者得其器于戰處，皇祐中，乃倂與其衣冠葬之河南。逵自有傳。

任福字祐之，其先河東人，後徙開封。咸平中，補衞士，由殿前諸班累遷至遙郡刺史。元昊反，除莫州刺史、嵐石隰州緣邊都巡檢使。旣辭，奏曰：「河東地介大河，斥堠疎闊，願嚴守備，以戒不虞。」仁宗善之，命知隴州，擢秦鳳路馬步軍副總管。詔陝西增城壘、器械，福受命四十日，而戰守之備皆具。以忻州團練使爲鄜延路副總管、管勾延州東路蕃部事。

尋知慶州，復兼環慶路副總管。上言：「慶州去蕃族不遠，願勒兵境上，按亭堡，謹斥堠。」因經度所過山川道路，以爲緩急攻守之備。帝益善之，聽便宜從事。

夏人寇保安、鎭戎軍，福與子懷亮、姪壻成暠自華池鳳川鎭聲言巡邊，召諸將牽制敵勢。行至柔遠砦，犒蕃部，卽席部分諸將，攻白豹城。夜漏未盡，抵城下，四面合擊。平明，破其城，縱兵大掠，焚巢穴，獲牛馬、橐駝七千有餘，委聚方四十里，平骨咩等四十一族。以功拜龍神衞四廂都指揮使、賀州防禦使，改侍衞馬軍都虞候。

康定二年春，朝廷欲發涇原、鄜延兩路兵西討，詔福詣涇原計事。會安撫副使韓琦行邊趨涇原，聞元昊謀寇渭州，琦亟趨鎭戎軍，盡出其兵，又募敢勇得萬八千人，使福將之。以耿傅參軍事，涇原路駐泊都監桑懌爲先鋒，鈐轄朱觀、都監武英、涇州都監王珪各以所部從福節制。琦戒福等倂兵，自懷遠城趨得勝砦，至羊牧隆城，出敵之後。諸砦相距纔四十里，道近糧餉便，度勢未可戰，則據險設伏，待其歸邀擊之。

福引輕騎數千，趨懷遠城捺龍川，遇鎭戎軍西路巡檢常鼎、劉肅，與敵戰于張家堡南，斬首數百。夏人棄馬羊橐駝佯北，懌引騎趨之，福踵其後。諜傳敵兵少，福等頗易之。薄暮，與懌合軍屯好水川，觀、英屯龍落川，相距隔山五里，約翌日會兵川口。路既遠，芻餉不繼，士馬乏食已三日。追奔至籠竿城北，遇夏軍，循川行，出六盤山下，距羊牧隆城五里結陣，諸將方知墮敵計，勢不可留，遂前格戰。懌馳犯其鋒，福陣未成列，賊縱鐵騎突之，自辰至午，陣動，衆傳山欲據勝地。俄伏發，自山背下擊，士卒多墜崖塹，相覆壓，懌、肅戰死。敵分兵數千，斷官軍後，福力戰，身被十餘矢。有小校劉進者，勸福自免。福曰：「吾爲大將，兵敗，以死報國爾。」揮四刃鐵簡，挺身決鬥，槍中左頰，絕其喉而死。

乃併兵攻觀、英。戰既合，王珪自羊牧隆城引兵四千，陣于觀軍之西；渭州駐泊都監趙津〔三〕將瓦亭騎兵二千繼至。珪屢出略陣，陣堅不可破，英重傷，不能視軍。敵兵益至，官軍遂大潰，英、津、珪、傅皆死；內殿崇班訾賓、西頭供奉官王慶、侍禁李簡李禹亨劉鈞亦戰沒；軍校死者數十人，士死者六千餘人。唯觀以兵千餘保民垣，四嚮縱射，會暮，敵引去，與福戰處相距五里，然其敗不相聞也。福子懷亮亦死之。

方元昊傾國入寇，福臨敵受命，所統皆非素撫之兵，既又分出趨利，故至於甚敗。奏至，帝震悼，贈福武勝軍節度使兼侍中，賜第一區，月給其家錢三萬，粟、麥四十斛。追封母爲隴西郡太夫人，妻爲琅琊郡夫人，錄其子及從子凡六人。

王珪，開封人也。少拳勇，善騎射，能用鐵杵、鐵鞭。年十九，隸親從官，累遷殿前第一班押班，擢禮賓副使、涇州駐泊都監。

康定初，元昊寇鎭戎軍，珪將三千騎爲策先鋒，自瓦亭至師子堡，敵圍之數重，珪奮擊披靡，獲首級爲多。叩鎭戎城，請益兵，不許。城中惟縋糗糧予之。師既飽，因語其下曰：「兵法，以寡擊衆必在暮，我兵少，乘其暮擊之，可得志也。」復馳入，有驍將持白幟植槍以詈曰：「誰敢與吾敵者！」槍直珪胸而傷右臂，珪左手以杵碎其腦。繼又一將復以槍進，珪挾其槍，以鞭擊殺之。一軍大驚，遂引去。珪亦以馬中箭而還，仁宗特遣使撫諭之；然以其下死傷亦多，止賜名馬二匹，黃金三十兩，裹創絹百匹；復下詔暴其功塞下，以厲諸將。

是歲，改涇原路都監。明年，爲本路行營都監，勒金字處置牌賜之，使得專誅殺。尋至黑山，焚敵族帳，獲首級、馬駝甚衆。會敵大入，以兵五千從任福屯好水川，連戰三日，諸將皆敗。任福陷圍中，望見麾幟猶在，珪欲援出之，軍校有顧望不進者，斬以徇。乃東望再拜曰：「非臣負國，臣力不能也，獨有死報爾。」乃復入戰，殺數十百人，鞭鐵撓曲，手掌盡裂，奮擊自若。馬中鏃，凡三易，猶馳擊殺數十人。矢中目，乃還，夜中卒。

珪少通陰陽術數之學〔四〕，始出戰，謂其家人曰：「我前後大小二十餘戰，殺敵多矣，今恐不得還。我死，可速去此，無爲敵所仇也。」及敵攻瓦亭，購甚急，果如所料。鎮戎之戰，以所得二槍植山上，其後邊人即其處爲立祠。贈金州觀察使，追封其妻安康郡君，錄其子光祖爲西頭供奉官、閤門祗候，後爲東上閤門使；光世，西頭供奉官；光嗣，左侍禁。

武英字漢傑，太原人。父密，隨劉繼元歸朝，仕至侍禁、鎮定同巡檢。與契丹戰，沒于望都，贈西京左坊使，錄英爲三班借職，以右班殿直爲忻、代州同巡檢。會州將出獵，因留帳飲，英曰：「今空郡而來，萬一敵乘間入城，奈何？」既而敵百餘騎果入寇，英領衆左右馳射，悉禽獲之。以功遷左班殿直、監雄州榷場，改右侍禁、閤門祗候，爲環州都巡檢使，徙洪德砦主，又徙慶州柔遠砦。

元昊寇延州，英主兵攻後橋，以分敵勢。擢內殿承制、環慶路駐泊都監。破黨平族，又從任福破白豹城，遷禮賓副使，尋兼涇原行營都監。與任福合諸將戰張家堡，斬首數十百，敵棄羊馬僞遁。諸將皆趨利爭進，英以爲前必有伏，衆不聽，已而伏發。福等既敗，英猶力戰，自辰至申，矢盡遇害。贈邢州觀察使。錄其子三班奉職永符爲東頭供奉官、閤門祗候；永孚，西頭供奉官；永昌，左侍禁。姪永保，右班殿直；永錫，三班奉職。

桑懌，開封雍丘人。勇力過人，善用劍及鐵簡，有謀略。其爲人不甚長大，與人接，常祗畏若不自足，語言如不出其口，卒遇之，不知其勇且健也。兄慥，舉進士，有名。懌以再舉進士，不中。

嘗遭大水，有粟二廩，將以舟載之，見百姓走避水者，遂棄其粟而載之，得皆不死。歲饑，聚人共食其粟，盡而止。後徙居汝、潁間，耕龍城廢田數頃以自給。

諸縣多盜，懌自請補耆長，得往來察姦。因召里中惡少年戒曰：「盜不可爲，吾不汝容也。」有頃，里老父子死未斂，盜夜脫其衣去，父不敢告縣。懌疑少年王生者，夜入其家，得其衣，不使之知也。明日，見而問之曰：「爾許我不爲盜，今里中盜屍衣者，非爾邪？」少年色動，卽推仆地，縛之，詰共盜者姓名，盡送縣，皆伏辜。

嘗之郟城，遇尉出捕盜，招懌飮酒。與俱行，至賊所藏，尉怯甚，陽爲不知，將去。懌曰：「賊在此，欲何之？」乃下馬，獨格殺數人，因盡縛之。又聞襄城有盜十許人，獨提一劍以往，殺數人，盡縛其餘，汝旁縣爲之無盜。京西轉運使奏其事，補郟城尉。

天聖中，河南諸縣多盜，轉運使奏移澠池尉。羣盜保青灰山，時出攘剽。有宿盜王伯者，尤爲民害，朝廷每授巡檢使，必疏姓名使捕之。懌至官，巡檢僞爲宣頭以示懌，牒招致之。懌不知其僞也，因挺身入賊中，與伯同卧起，十餘日，伯遂與懌出至山口，爲巡檢伏兵所執，懌幾不免。懌曰：「巡檢懼無功爾。」卽以伯與巡檢，使自爲功。巡檢俘獻京師，而懌不復自言。朝廷知之，爲黜巡檢，擢懌右班殿直、永安縣巡檢。

明道末，京西旱蝗，有惡賊二十三人，樞密院召懌至京師，授以賊名姓，使往捕。懌曰：「盜畏吾名，必潰，潰則難得矣，宜先示之以怯。」至則閉栅，戒軍吏不得一人輒出。居數日，軍吏不知所爲，數請出自效，輒不許。夜，與數卒變爲盜服以出，跡盜所嘗行處。入民家，民皆走，獨一媪留，爲具飲食，如事羣盜。懌歸，閉栅三日，復往，自攜具就媪饌，而以餘遺媪，媪以爲眞盜。乃稍就媪，與語及羣盜，一媪曰〔五〕：「彼聞桑殿直來，皆遁去。近聞閉營不出，知其不足畏，今皆還矣，某在某處。」懌又三日往，厚遺之，遂以實告曰：「我桑殿直也，爲我察其實而愼勿泄。」後三日復來，於是媪盡得居處之實以告。懌明日部分軍士，盡擒諸盜。其尤強梁者，懌自馳馬以往，士卒不及從，惟四騎追之，遂與賊遇，手殺三人。凡二十三人者，一日皆獲。

還京師，樞密吏求銀，爲致閤門祗候。懌曰：「用賂得官，非我欲，況貧無銀；有，固不可也。」吏怒，匿其功狀，止免其殛使而已。除兵馬監押，未行，會宜州蠻叛，殺海上巡檢，官軍不能制，因命懌往，盡手殺之。還，乃授閤門祗候。懌曰：「是行也，非獨吾功，位有居吾上者，吾乃其佐也。今彼留而我還，我賞厚而彼輕，得不疑我蓋其功而自伐乎？受之，徒慚吾心。」將讓其賞以歸己上者。或譏以好名，懌歎曰：「士顧其心如何爾，當自信其心以行，若欲避名，則善皆不可爲也。」益辭之，不許。

寶元初，遷西頭供奉官、廣西駐泊都監。元昊反，參知政事宋庠薦其有勇略，遷內殿崇班、鄜延路兵馬都監。踰月，徙涇原路，屯鎮戎軍，與任福遇敵于好水川，力戰而死。贈解州防禦使；子湜皇城使。

耿傅〔六〕字公弼，河南人。祖昭化，爲蜀州司戶參軍。盜據城，欲脅以官，昭化大罵，至斷手足，不屈而死。

傅少喜俠尚氣，初以父蔭爲三班奉職，換伊陽縣尉，歷明州司理參軍，遷將作監丞、知永寧縣。河南守宋綬薦其材，遷通判儀州，徙慶州。時議進兵西討，以傅督一道糧饋。

會元昊入寇，參任福行營軍事，遇敵姚家川，諸將失利，敵騎益至，武英勸傅避去，傅不答。英歎曰：「英當死，君文吏，無軍責，奈何與英俱死？」朱觀亦白傅少避賊鋒，而傅愈前，指顧自若，被數創，乃死。

始，傅與觀營籠落川，夜作書遺福，以其日小勝〔七〕，前與敵大軍遇，深以持重戒之。自寫題觀名，以致福軍中。傅死後，韓琦得其書於隨軍孔目官彭忠，奏上之。詔贈傅右諫議大夫，官其子瑗爲太常寺太祝，璩爲太常寺奉禮郎，璋爲將作監主簿，珪試秘書省校書郎，琬同學究出身。

王仲寶字器之，密州高密人。初爲刑部史，補齊州章丘尉。以捕羣盜六十餘人有功，用開封府判官鞠仲謀薦，召對，改右班殿直，爲鎭、定、保、深、永寧、天雄六州軍巡檢。又以捕賊功，遷左班，徙河北西路提舉捉賊，擒磁州名賊王遇仙、博州孫流油輩，凡四十人。夜有盜叩戶外乞降，左右欲殺之，爲首級論功，仲寶不可，納舍中使寢。擢閤門祗候，命乘驛捕登州海賊百餘人，獲之。還，爲河北提舉捉賊，又捕斬百餘人。知信安軍，復爲河北提舉捉賊。有盜百餘依西山，官軍不能捕，仲寶悉招出，隸軍籍，奏以自隨。徙澤潞晉絳慈隰、威勝軍巡檢使，至官才八日，獲太行山宿賊八十人。累賜金帛、緡錢。使契丹，積遷內殿承制。

天聖初，知鎭戎軍，改供備庫副使。破康奴族，獲首領百五十、羊馬七千，詔奬其功。

凡五年，還，巡護惠民河堤岸，遷供備庫使、麟府路兵馬鈐轄、知麟州。會鎭戎軍蕃族內寇，徙涇原路鈐轄，復知鎭戎軍，又徙原、環二州。以西京左藏庫使、惠州刺史知利州，徙幷、代州鈐轄，改西上閤門使。建言：「緣邊博羅，屬羌苦之，數逃去。請寬其法，使得復業，以捍邊境。」久之，遷東上閤門使。

元昊寇延州，仲寶將兵至賀蘭谷，以分兵勢，敗蕃將羅逋于長雞嶺。遷四方館使，領濮州團練使，爲涇原路總管、安撫副使兼管勾秦鳳路軍馬事。與西羌戰六盤山，俘馘數百人。時任福大敗好水川，別將朱觀被圍于姚家堡，仲寶以兵救之，拔觀出圍，乘以從馬。時諸將皆沒，獨仲寶與觀得還。徙環慶路副都總管、知慶州。未幾，兼本路經略安撫、招討副使。破金湯城，復賜詔獎諭，徙澶州副總管。安撫使范仲淹以仲寶武幹未衰，奏留之。明年，以磁州防禦使知代州，除左屯衞大將軍致仕，卒。

論曰：元昊乘中國弛備，悉衆寇邊，王師大衄者三，夫豈天時不利哉？亦人謀而已。好水之敗，諸將力戰以死。噫，趨利以違節度，固失計矣；然秉義不屈，庶幾烈士者哉！

校勘記

〔一〕知邠州　「邠州」原作「汾州」，按宋汾州在河東路，與下文所述地理上不合。據長編卷一〇一、東都事略卷一一〇本傳改。

〔二〕秦州三陽砦主　「秦州」原作「泰州」。按本書卷八七地理志、武經總要前集卷一八，三陽砦隸屬秦州，「泰」字是「秦」字之訛，據改。

〔三〕趙津　長編卷一三一、韓琦韓魏公集卷一一家傳、尹洙河南先生文集卷三憫忠都作「趙律」。

〔四〕珪少通陰陽術數之學　「術數」二字原倒，據東都事略卷一一〇本傳、隆平集卷一九任福傳乙正。

〔五〕一嫗曰　「一」字當是衍文。按上文已說「獨一嫗留」，此時又別無他嫗，不得再說「一嫗」。歐陽修歐陽文忠公文集卷六五桑懌傳卽無「一」字。

〔六〕耿傳　長編卷一三一、蔡襄蔡忠惠公文集卷二九耿諫議傳同；編年綱目卷一一、河南先生文集卷三辯誣、司馬光涑水紀聞卷一二都作「耿傳」，長編卷一三〇也作「耿傳」。疑作「傳」是。

〔七〕以其日小勝　「日」原作「戒」，據河南先生文集卷三辯誣改。

宋史卷三百二十六

列傳第八十五

景泰 王信 蔣偕 張忠 郭恩 張岊 張君平 史方
盧鑑 李渭 王果 郭諮 田敏 侍其曙 康德輿
張昭遠

景泰字周卿，普州人。進士起家，補坊州軍事推官。後以尚書屯田員外郎通判慶州，即上言：「元昊雖稱臣，誠恐包藏禍心。當選主將，練士卒，修城池，儲資糧，以備不虞。」三疏不報。俄元昊反，又上邊臣要略二十卷。遷都官、知成州，奏平戎策十有五篇。

會有薦泰知兵者，召對稱旨，換左藏庫使、知寧州。任福敗，徙原州。元昊衆十萬，分二道，一出劉璠堡，一出彭陽城，入攻渭州。葛懷敏援劉璠，戰崆峒北，敗沒，敵騎逾平涼，至潘原。泰率兵五千，從間道赴原，而先鋒左班殿直張迴逗遛不進，泰斬以徇。遇敵彭陽西，裨將夏佚觀欲退守彭陽，泰弗許，乃依山而陣。未成列，敵騎來犯，泰陰遣三百騎，分左右翼，張旗幟爲疑兵。敵欲遁去，將校請進擊，泰止之，遣士搜山，果得伏兵，與戰，斬首千餘級。以功遷西上閤門使、知鎭戎軍兼兵馬鈐轄。久之，領忠州刺史，徙秦鳳路馬步軍總管，卒。

子思立，熙寧中屢有戰功，爲引進使、忠州防禦使、知河州，與董氈部兵戰，沒。後思忠以左藏庫副使、遂州駐泊都監擊瀘州夷人，陷於羅箇暮山下。兄弟繼死王事，人皆憐其忠。

王信字公亮，太原人。家故饒財，少勇悍。大中祥符中，盜起晉、絳、澤、潞數州，信應募籍軍，與其徒生擒賊七十人，累以功補龍、神衞指揮使。部使者表薦，召閱其藝，遷御前忠佐，領河中府、同幹鄜延丹坊州慶成軍管界捉賊，又遷龍衞都虞候兼鄜延巡檢。

康定初，劉平、石元孫戰于三川，信以所部兵薄賊，斬首數十級。遷捧日都虞候，改西京作坊使、知鎭戎軍，徙保安軍兼鄜延路兵馬都監。始至之夕，敵衆號數萬傅城，軍吏氣慴。信領勁兵二千，夜出南門與戰，失其前鋒，因按軍不動。遲明，潛上東山整軍，乘勢而下，擊走之，獲首級、馬牛居多。遷鈐轄兼經略、安撫、招討都監，領貴州刺史。葛懷敏戰敗，信出兵拒敵，俘斬甚衆。進保州刺史，就遷馬步軍都總管。四路置招討使，遂爲本路招討副使。累遷馬步軍都虞候、象州防禦使，徙高陽關路。王則反貝州，用安撫使明鎬奏，爲貝州城下都總管。城破，則遁，信率兵執則而還，餘黨自焚死。拜感德軍節度觀察留後，召爲步軍副都指揮使，未至，卒。贈武寧軍節度〔一〕兼侍中。

蔣偕字齊賢，華州鄭縣人。幼貧，有立志。父病，嘗刲股以療，父愈，詰之曰：「此豈孝邪？」曰：「情之所感，實不自知也。」舉進士，補韶州司理參軍，以祕書省著作佐郎爲大理寺詳斷官。

密州豪人王澥使奴殺一家四人，偕當澥及奴皆大辟。宰相陳堯佐欲寬澥，判審刑院宋庠與偕持之不從，偕以是知名。

陝西用兵，數上書論邊事，遷祕書丞、通判同州，計置陝西錢粮。踰年，爲沿邊計置青白鹽使。用龐籍、范仲淹薦，改北作坊副使、環慶路兵馬都監，歷知汾、涇二州，徙原州。邊民苦屬戶爲鈔盜，偕得數輩，腰斬境上，盜爲息。遷北作坊使兼本路鈐轄。明珠、康奴諸族數爲寇，偕潛兵伺之，斬首四百，擒酋豪，焚帳落，獲馬、牛、羊千計。所俘皆刳割磔裂于庭下，坐客爲廢飲食，而偕語笑自若。徙華州兵馬鈐轄。

湖南蠻唐和內寇，徙潭州鈐轄。賊平，知忻州，徙冀州。坐擅率粮草，降知霸州。踰年，徙恩州，領韶州刺史。屬兵粮乏絕，朝廷方募民入粟，增虛直，給券詣京師射取錢貨，謂之交鈔，患未有應令者。偕使州倉謬爲入粟數，輒作鈔，遣屬官持至京師轉貿，得緡錢以補軍食。爲御史彈奏，降知坊州。

儂智高反，除宮苑使、韶州團練使，爲廣南東西路鈐轄。賊方圍廣州，偕馳傳十七日至城下。戰士未集，會儂智高徙軍沙頭，安撫楊畋檄偕焚粮儲，退保韶州。坐此，降潭州駐泊都監，再降北作坊使、忠州刺史。命未至，軍次賀州太平場，賊夜入營，襲殺之。贈武信軍節度觀察留後。

初，偕入廣州，卽數知州仲簡曰：「君留兵自守，不襲賊，又縱步兵馘平民以幸賞，可斬也。」簡曰：「安有團練使欲斬侍從官？」偕曰：「斬諸侯劍在吾手，何論侍從！」左右解之，乃止。卒以輕肆敗。

張忠，開封人。初隸龍騎備征，選爲教駿。有軍校恣掊斂，忠歐殺之，坐配鼎州。既遁去爲盜，復招出，隸龍猛軍，以材武補三班借職、陝西總管司指使。數攻破堡砦，殺劇賊張海、郭邈山。從平恩州，功第一，累遷如京使、資州刺史，歷眞定府、定州、高陽關、京東西路兵馬鈐轄。

儂智高反，就移廣東，領英州團練使。初，智高圍廣州，時洪州駐泊都監蔡保恭及知英州蘇緘以兵八千人據邊渡村，扼賊歸路，忠奪而將之。謂其下曰：「我十年前一健兒，以戰功爲團練使，若曹勉之。」於是不介騎而前。會先鋒遇賊奔，忠手拉賊帥二人，馬陷濘，不能奮，遂中標槍死。錄其父率府副率致仕餘慶爲左監門衞大將軍，賜第一區，給半俸終身；封其母爲河內郡夫人；弟愿遷右班殿直、閤門祗候；官其子永壽、永吉、永德及其壻劉錞凡四人；封長女爲淸河縣君。

郭恩，開封人。初隸諸班，出爲左侍禁、閤門祗候，歷延州西路都巡檢、環州肅遠砦主，累遷內殿承制、秦鳳路兵馬都監。開古渭州路，爲前鋒，斬首九百餘級，擢崇儀副使。會掌烏族叛，又率兵攻討，斬首八十五級，遷六宅副使。累勞，補崇儀使，爲秦隴路兵馬鈐轄，徙并、代州鈐轄，管勾麟府軍馬事。

夏人歲侵屈野河西地，至耕稼時，輒屯兵河西以誘官軍。經略使龐籍每戒邊將，斂兵河東毋與戰。嘉祐二年，自正月出屯，至三月然後去。通判并州司馬光行邊至河西白草平，數十里無寇跡。是時，知麟州武戡、通判夏倚已築一堡爲候望，又與光議曰：「乘敵去，出不意可更增二堡，以據其地。請還白經略使，益禁兵三千、役兵五百，不過二旬，壁壘可城。然後廢橫戎、臨塞二堡〔二〕，徹其樓櫓，徙其甲兵，以實新堡，列烽燧以通警急。從衙城紅樓之上，俯瞰其地，猶指掌也。有急，則州及橫陽堡出兵救之；敵來耕則驅之，種則蹂踐之；敵盛則入堡以避。如是，則堡外必不敢耕種，州西五六十里之內晏然矣。」籍遂檄麟州如其議。

五月，恩及武戡、走馬承受公事內侍黃道元等以巡邊爲名，往按視之。會詗者言，敵兵盛屯沙黍浪，恩欲止不行。道元怒，以言脅恩，夜率步騎一千四百餘人，不甲者半，循屈野河北而行，無復部伍。夏人舉火臥牛峯，戡指以謂恩曰：「敵已知吾軍至矣。」道元曰：「此爾曹故欲沮我師。」及聞鼓聲，道元猶不信。行至谷口〔三〕，恩欲休軍，須曉乃登山。道元奮衣起曰：「幾年聞郭恩名，今日懦怯與賈逵何殊？」恩亦慍曰：「不過死耳！」乃行。比明，至忽里堆。敵數十人皆西走，相去數十步，止。恩等踞胡床，遣使騎呼之，敵不應，亦不動。俄而起火，敵騎張左右翼，自南北交至。埏東有塹，其中有梁，謂之「斷道堰」。恩等東據梁口，與力戰，自旦至食。時敵自兩旁塹中攀緣而上，四面合擊，恩衆大潰。

夏倚方在紅樓，見敵騎自西山大下，與推官劉公弼率城中諸軍，閉門乘城。武戡走東山，趣城東，抉門以入。恩、道元及府州寧府砦兵馬都監劉慶皆被執，使臣死者五人，軍士三百八十七人，已馘耳鼻得還者百餘人，亡失器甲甚衆。恩不肯降，迺自殺。贈同州觀察使，封其妻爲京兆郡君，錄其子弟有差，給舊俸三年。武戡坐棄軍除名，編管江州。

張岊字子雲，府州府谷人。以貲爲牙將，有膽略，善騎射。天聖中，西夏觀察使阿遇有子來歸。阿遇寇麟州，虜邊戶，約還子然後歸所虜。麟州還其子，而阿遇輒背約。安撫使遣岊詰問，岊徑造帳中，以逆順諭阿遇，阿遇語屈，留岊共食。阿遇袖佩刀，貫大臠啗岊，岊引吻就刀食肉，無所憚。阿遇復弦弓張鏃，指岊腹而彀，岊食不輟，神色自若。阿遇撫岊背曰：「眞男子也。」翌日，又與岊縱獵，雙兔起馬前，岊發兩矢，連斃二兔。阿遇驚服，遺岊馬、槖駝，悉歸所虜。州將補爲來遠砦主。手殺僞首領，奪其甲馬。時年十八，名動一軍。

元昊犯鄜延，詔麟府進兵。岊以都敎練使從折繼閔破浪黃、党兒兩族，射殺數十人，斬僞軍主敖保，以功補下班殿侍、三班差使。

時敵騎方熾，中人促賜軍衣，至麟州，不得前。康德輿管勾軍馬司事，遣昷馳騎五十往護之。至青眉浪，遇賊接戰，流矢貫雙頰，昷拔矢，鬥愈力，奪馬十二匹而還。賊兵攻府州甚急，城西南隅庳下，賊將登，衆囂曰：「城破矣！」昷乘陴大呼搏賊，賊稍却，飛矢中右目，下身被三創，晝夜督守。又帥死士開關，護州人汲于河，訖圍解，城中水不乏，以勞，遷右班殿直。

然賊嘗往來邀奪餽運，以昷爲麟、府州道路巡檢。至深柏堰，遇賊數千，分兵追擊，斬首百餘級，奪兵械、馬牛數百。近郊民田，比秋成未敢穫，昷以計干張亢，得步卒九百人護之〔四〕，大敗賊於龍門川。從諸將通麟州糧道，破賊於柏子砦。改左班殿直。

內侍宋永誠傳詔砦下，昷護永誠，遇賊三松嶺。賊以精騎挑戰，矢中昷臂，猶躍馬左右馳射，諸將乘勝而進，賊皆棄潰。特改西頭供奉官，又遷內殿崇班。賊破豐州，昷與諸將一日數戰，破容州刺史耶布移守貴叁砦，俘獲萬計。遷禮賓副使。

明鎬在河東，以嵓嵐軍當雲、朔路，奏昷爲麟府路駐泊都監兼沿邊都巡檢使，駐嵓嵐。張亢修並砦堡障，初議置安豐砦於石臺神，昷以爲非要害之地，遂徙砦於生地骨堆以扼賊。左右親信咸曰：「擅易砦地可乎？」昷曰：「苟利國家，得罪無憾也。」卒易之。已而本道上言，左遷絳州兵馬都監。二州未解嚴，復鱗府駐泊都監，屯安豐。累遷洛苑使。嘗從數騎夜入羌中偵機事，既還，羌覺追之，旵隨羌疾馳，効羌語，與羌俱數里，乃得脫。前後數中流矢，創發臂間，卒。

張君平字士衡，磁州滏陽人。以父承訓與契丹戰死，補三班差使殿侍、黔州指揮使。獠兵屢入寇，君平引兵擊破之，以功遷奉職，除駐泊監押，徙容、白等州巡檢。又以捕賊功，遷右班殿直。

謝德權薦君平河陰窖務，擢閤門祗候，管勾汴口。建言：歲開汴口，當擇其地；得其地，則水湍駛而無留沙，歲可省功百餘萬。又請沿河縣植楡柳，爲令佐、使臣課最，及瘞汴河流尸。悉從其言。

天聖初，議塞滑州決河，以君平習知河事，命以左侍禁簽書滑州事兼修河都監。既而河未塞，召同提點開封府界縣鎭公事。以嘗護滑州隄有功，特遷內殿崇班。

君平以京師數罹水災，請委官疏鑿近畿諸州古溝洫，久之，稍完，遂詔畿內及近畿州縣長吏，皆兼管勾溝洫河道。自畿至泗州，道路多羣寇，君平請兩驛增置使臣，專主捕盜，而罷夾河巡檢，於是行者無患。復爲滑州修河都監，遷供備庫副使。河平，改西作坊使，就遷鈐轄，卒。

君平有吏材，尤明於水利，自議塞河，朝廷每訪以利害。河平，君平且死，論者惜之。錄三子官。子翬，皇祐中，以尚書虞部員外郎爲河陰發運判官，管勾汴口，嗣其父職云。

論曰：孔子謂：「暴虎馮河，死而無悔者，不與也。」老氏曰：「佳兵者不祥。」景泰輩或起書生，或奮行伍，或出亡命，非有將率之材也。泰、信以區區之卒，嘗摧西夏之彊鋒，頗知持重以制敵耳。蔣、張輕肆自用，竟殞于烏合之寇。恩忱道元之勢，身啗虎口，守義不屈，猶足尚也。昷之驍勇，固非臨事而懼者。君平死戰之子，迺明習水利，以吏材稱，亦可謂善變矣。

史方字正臣，開封人。應周易學究不中，補西第二班殿侍，再遷三班奉職，爲潭、澧、鼎沿邊同巡檢，改右班殿直、閤門祗候。會澧州民訴下溪州蠻侵其土地，遣乘驛往視。自竹疎驛至中文崖，復地四百餘里，得所掠五百餘人，又置澧州、武口、楊泉、索溪四砦，以扼賊衝。就知邵州，徙澧州，遷右侍禁。

天禧中，下溪州蠻彭仕漢寇辰州，殺巡檢王文慶。方勒兵入溪洞討捕，降其黨李順同等八百餘人，誅其尤惡者社忽等十九人。遷西頭供奉官、知辰州兼沿邊溪洞都巡檢使，修南、北江五砦，徙夔州。

時富、順州蠻田彥晏寇施州，焚暗利砦〔三〕。方領兵直抵富、順，蕩其巢穴，窮追彥晏至七女栅，降之。遷內殿崇班，改內殿承制，奉使契丹，以供備庫副使知環州、環慶路兵馬都監。

先是，磨娟、浪壴、托校、拔新、兀二、兀三六族內寇，方諭以恩信，乃傳箭牽羊乞和。減禁兵五千，徙內地以省邊費。徙慶州，遷禮賓使兼環慶路兵馬鈐轄，復知環州。歲餘，遷愛州刺史，爲益州鈐轄，徙秦鳳路，遷西京作坊使，卒。

盧鑑字正臣，金陵人。累舉進士不中，授三班奉職、監坊州酒稅，以右班殿直爲鄜延路走馬承受公事。李繼遷寇邊，與總管王榮敗走之；又與鈐轄張崇貴擊賊，焚其積聚，斬首級而還。擢閤門祗候，爲本路兵馬都監。復出蕩族帳，獲羊牛萬計。徙鳳翔、秦隴階成等州提點賊盜公事，尋爲都巡檢使，徙利州都監。

初，繼遷聲言石隕帳前，有文曰：「天誡爾勿爲中國患。」鑑時爲承受，入奏事，眞宗問之，鑑曰：「此詐爲之以欺朝廷也，宜益爲備。」至是，繼遷陷靈武，帝思其言，特遷右侍禁、知儀州。州有制勝關，最號險要，繼遷欲乘虛襲取之，放言將由此大入。諜者以告，有詔徙老幼、芻粟于內地。鑑曰：「此姦謀也，且示虜弱，搖民心，臣不敢奉詔。」卒不徙，已而賊亦不至。再遷西頭供奉官、知利州。

會歲飢，以便宜發倉粟振民。秩滿，民請留，詔留一年。提點河東路刑獄，歷知保州、廣信軍、原州，就爲環慶路都監兼知慶州，徙環州。平磨媚族于合道鎭。坐事徙知丹州。累遷西京左藏庫使、恩州刺史，爲環慶路鈐轄兼知環州，改西上閤門使、秦州，卒。

李渭字師望，其先西河人，後家河陽。進士起家，爲臨潁縣主簿，累官至太常博士。會河決滑州，天聖初，上治河十策，參知政事魯宗道奉詔行河，奏渭換北作坊副使，與張君平並爲修河都監。未幾皆罷，以渭爲鄆州兵馬都監，徙知憲州，又知鳳州兼階、成州鈐轄。

初，屬戶寇陷階州沙灘砦，渭至，詰所以然者，乃都校趙釗擾之，奏流釗道州，以恩信諭酋帥，復其砦。遷軍器庫副使，歷知原、環、慶三州。時詔舉勇略任邊者，李諮以渭應詔。徙益利路兵馬鈐轄，領惠州刺史，遷東八作使，擢西上閤門使，徙鄜延路，再遷四方館使。寶元元年，元昊將山遇率其族來歸，且言元昊反狀，渭與知州郭勸謀，卻之。既而元昊果反。又與勸奏，以爲元昊表至猶稱臣，可漸屈以禮。朝廷初以渭兼知鄜州，坐是貶爲尙食使、知汝州，徙磁州。元昊犯邊，言者益歸罪于渭，復降右監門衞將軍、白波兵馬都監，卒。

王果字仲武，深州饒陽人。舉明法，歷大理寺詳斷官，遷光祿寺丞，以太子右贊善大夫爲審刑院詳議官，遷殿中丞。奏邊策，試舍人院，改衣庫副使、知永寧軍，更尙食使、知保州。

契丹謀致書求關南地，使未至，果購諜者先得其稿，奏之，擢領賀州刺史兼高陽關路兵馬鈐轄。中官楊懷敏領沿邊屯田事，大廣塘水，邊臣莫敢言，果獨抗辨水侵民田，無益邊備。懷敏怒，訴果以不法，左遷靑州兵馬都監。歷永興軍兵馬鈐轄、知隴州。

俄詔還，遷皇城使、河北沿邊安撫副使，徙知定州兼眞定路兵馬鈐轄。叛卒據保州，果坐多傷士衆，徙知密州。又知忻州、鄜州，權秦鳳路兵馬總管，遷西上閤門使，徙知滄州，卒。

郭諮字仲謀，趙州平棘人。八歲始能言，聰敏過人。舉進士，歷通利軍司理參軍、中牟縣主簿，改大理寺丞、知濟陰縣。建言：「澶、滑堤狹，無以殺大河之怒，故漢以來河決多在澶、滑。且黎陽九河之原，今若引河出汶子山下，穿金堤，與橫壠合，以達于海，則害可息。」詔本道使者共議，弗合。部夫坐小法，監通利軍稅。

洺州肥鄉縣田賦不平，歲久莫治，轉運使楊偕遣諮攝令以往。既至，閉閤數日，以千步方田法四出量括，遂得其數，除無地之租者四百家，正無租之地者百家，收逋賦八十萬，流民乃復。偕奏其才，遷殿中丞、知館陶縣。

康定西征，諮上戰略，獻拒馬槍陣法〔六〕，其制利山川險隘，以騎士試上前，擢通判鎭戎軍，募兵教習。會三司議均稅法，知諫院歐陽脩言，惟諮方田法簡而易行，詔諮與孫琳均蔡州上蔡縣稅。以母憂免官。用宰相呂夷簡薦，起爲崇儀副使、提舉黃御河堤岸。

時富弼使契丹，諮入對，陳大水禦戎之要。詔與楊懷敏、鄧保信行河，其議「決黎陽大河，下與胡蘆、滹沱、後唐河以注塘泊，混界河，使東北抵于海，上溢鸛鵲陂，下注北當城，南視塘泊，界截虜疆，東至海口，西接保塞。惟保塞正西四十里，水不可到，請立堡砦，以兵戍之」。詔儲用興役，會契丹約和而止。知丹、利二州。

王則叛，文彥博薦諮知冀州，運糧助攻討。賊平，徙忻州，開渭渠，導汾水，興水利，置屯田。轉運使任顓言諮有巧思，自爲兵械皆可用。詔以所作刻漏、圓楯、獨轅弩、生皮甲來上，帝頗嘉之。除益州路兵馬鈐轄，累遷英州刺史，後爲契丹祭奠副使、知汾州。未行，言獨轅弩可試，改鄜延路兵馬鈐轄，許置弩五百，募土兵敎之。既成，經略使夏安期言其便，詔立獨轅弩軍。以西上閤門使知潞州。言懷、保二郡旁山，可以植稻；定武唐河抵瀛、莫間，可興水田。又作鹿角車、陷馬槍，請廣獨轅弩於他道。

詔諮置弩于分給幷、潞，諮因上疏曰：「臣自冠武弁，未嘗一日不思禦戎之計。頃使契丹，觀幽燕地方不及三百里，無十萬人一年之費，且烏合之衆，非二十萬不敢舉。若以術制之，使舉不得利，居無以給，不踰數年，必棄幽州而遁。臣慶曆初經畫河北大水，界斷敵疆，乃其術也。臣所創車弩可以破堅甲，制奔衝，若多設之，助以大水，取幽薊如探囊中物爾。」

時三司議均田租，召還，諮陳均括之法四十條。復上平燕議曰：「契丹之地，自瓦橋至古北口，地狹民少。自古北口至中原，屬奚、契丹，自中原至慶州，道旁纔七百餘家。蓋契丹疆土雖廣，人馬至少，儻或南牧，必率高麗、渤海、黑水、女眞、室韋等國會戰，其來既遠，其糧匱乏。臣聞以近待遠，以佚待勞，以飽待飢，用兵之善計。又聞得敵自至者勝，先據便地者佚。以臣所見，請舉慶曆之策，合衆河於塘泊之北界，以限戎馬，然後以景德故事，頓兵自守。步卒十二萬，騎卒三萬，彊壯三萬，歲計糧餉百八十三萬六千斛。又傍河郡邑，可以水運以給保州。然後以拒馬車三千，陷馬槍千五百，獨轅弩三萬，分選五將，臣可以備其一，來則戰，去則勿追。幽州糧儲既少，敵不可久留，不半年間，當遁沙漠。則進兵斷古北口，砦松亭關，傳檄幽薊，燕南自定。且彼之所恃者，惟馬而已。但能多方致力，使馬不獲伸用，則敵可破，幽燕可取。」帝壯其言，詔置獨轅弩二萬，同提舉百司及南北作坊，以完軍器。

諮嘗謂：作汴乘索河三十六陂之流，危京師，請自鞏西山七里店孤柏嶺下鑿七十里，導洛入汴，可以四時行運。詔都水監楊佐同往計度。歸，未及論功而卒。

田敏字子俊，本易州牙吏。雍熙中，王師討幽薊，曹彬進兵涿州，敵斷其後。王繼恩募勇士持書抵彬，敏應募，間行由祁溝關達涿州。彬得詔，選壯士五十人衞敏還，道遇賊，力戰，四十八人死，敏與兩人者，僅以身免。彬上其事，太宗召見，復令齎詔諭彬。師還，補敏易州靜砦指揮使。

端拱初，以所部兵屯定州。契丹攻唐河北〔七〕，大將李繼隆遣部將逆戰，爲敵所乘，奄至水南。敏以百騎奮擊，敵懼，退水北，遂引去。又出狼山，襲契丹，至滿城，獲首級甚衆。既而敵陷易州，敏失其家所在。帝擢敏本軍都虞候，賜白金三百兩，使間行求其父母，得之以歸。徙屯鎭州，而升其指揮爲內員僚直。

李繼隆討夏州，奏隸麾下。敏率兵至靈州橐駝口雙堠西，遇敵，斬首三千級，獲羊馬、橐駝、鎧仗數萬計。繼隆上其功，遷御前忠佐馬步軍副都軍頭。既而又從傅潛于定州。時契丹斷蒲陰路，城中有神勇軍士千餘人，屬敵兵盛，不敢戰，敏率輕銳援出之。眞宗幸天雄軍，詔敏隸高瓊，使追賊至寧遠軍，以功領涿州刺史。王均亂西川，從招安使雷有終敗賊於靈池山。賊平，遷馬步軍都軍頭。

咸平中，契丹復入寇，敏從王顯爲鎭、定先鋒，大敗契丹於遂城西羊山，斬其酋長。眞授單州刺史，後爲邢州兵馬鈐轄。未幾，從王超屯定州，遇契丹于望都，逆戰，斬首二千餘級。徙北平砦兵馬鈐轄，領騎兵五千以當其衝。

先是，兩地供輸民多爲契丹鄉導，敏自魚臺北悉驅南徙，凡七百餘戶，送定州。遷北平砦總管，賜御劍，聽以便宜從事。至是，契丹復入寇，復與敵戰楊村，敗之。敏諜知契丹主去北平十里蒲陰駐砦，敏夜率銳兵，襲破其營帳。契丹主大驚，問撻覽曰：「今日戰者誰？」撻覽曰：「所謂田廂使者。」契丹主曰：「其鋒銳不可當。」遂引衆去。

敵攻瀛州不下，欲乘虛犯貝、魏，詔敏與魏能、張凝三路兵，入敵境縱擊，以牽其勢。敏出西路，抵易州南十里，屯師石村，虜獲人畜、鎧仗以萬計。尋詔三路兵還定州，敏遇敵于鎭州之北馬頭嶺，復大破之。契丹請和，乃徙敏鎭定路都鈐轄，遷本州團練使，充鎭定路總管。徙永興軍、陝州，歷鄜延、環慶、鳳翔三路，久之，爲環慶路都總管。

時後橋屬羌數擾邊，敏誅違命者十八族，又敗羅骨於三店川，遷鄭州防禦使、涇原路總管，後徙環慶。坐與部豪往還納賂爲不法，降左屯衞大將軍、昭州防禦使。既而以虢州團練使知隰州，復爲環慶路都總管、儀州防禦使，卒。敏在邊二十餘年，凡遷授，多以功伐，雖晚不自飭，而朝廷亦優容之。

侍其曙字景升。父稹，左監門衞大將軍。曙少舉進士，不第，以父任爲殿前承旨，改右班殿直。咸平中，以閤門祗候爲蘇、杭、湖、秀等州都巡檢使。遷左侍禁，領東西排岸司，與謝德權提舉在京倉草場。嘗於倉隙地牧牛羊，爲德權所訟。眞宗以問德權曰：「牛羊食倉粟邪？」曙聞而自劾，帝勉諭之。它日，召曙問：「汝才孰與德權？」對曰：「德權畏法愼事，臣乃敢於官倉牧牛羊，是不及也。」人多稱之。

鄂州男子聞人若拙，告其徒永興民李琰將作亂，命曙同度支判官李應機往按之。至則設方略，捕琰黨三十餘人，皆伏法。琰辭連己所不快者數十人，一切不問。青州卒龐德訟其校李緒謀以衆叛，帝疑其誣，又命曙至青州，與通判魏德昇同至劾，無驗，遂棄德市。知青州張齊賢奏曙擅戮人，帝曰：「不爾，無以安被告者。」曙還，奏德憚緒治軍嚴，故誣之。帝擢緒本軍虞候，而進曙東頭供奉官。初，太宗平河東，建塔于太原故城，塔毁，帝欲新之，遣內侍經度，計工二百萬。帝疑，命曙往，減費十九。改內殿崇班。

祥符二年，黎州夷人爲亂，詔曙乘驛往招撫，其酋首納款，殺牲爲誓。曙按行鹽井，夷人復叛。曙率部兵百餘，生擒首領三人，斬首數十級。因上言蠻阻險拒命，請必加討。詔知慶州孫正辭、環慶駐泊都監張繼勳領陝西兵，同曙俱進，所至皆降。曙又言：王師已至而方出，請誅之。眞宗謂王旦曰：「已降而殺之，何以信四夷？」不許。夷人平，遷內殿承制，再遷如京副使、知登州。會歲飢，請漕江、淮米以振貧乏，活者甚衆。累遷西京作坊使、惠州刺史、知桂州，徙滑州，遷西上閤門使，徙鄆州，提舉在京諸司庫務，卒。曙爲人沈敏，有幹略，善論利害事，朝廷數任使之。

康德輿字世基，河南洛陽人。父贇元，嘗以作坊使從曹光實襲李繼遷，獲其母妻，擢崇儀使、武州刺史。贇元死，眞宗追其功，錄德輿三班奉職，遷右班殿直、涇原路走馬承受，擢閤門祗候。河齧陽武埽，詔遣德輿完築。歷開封府西路都巡檢、勾當榷貨務，皆兼領埽事。改巡護開封府等六州黃河隄岸。

天聖中，使夏州，賜趙德明冬服。夏人謂曰：「前康將軍戰靈武者，非先世邪？」德輿懼其復仇，紿曰：「非也。」還，勾當汴口，改西頭供奉官。用樞密使曹利用薦，遷內殿崇班、河陰兵馬都監，建沿汴斗門以節水。會積雨，汴水將溢，德輿請自京西導水入護龍河，水得不溢。歷知原州、慶州，益州路兵馬鈐轄，久之，領昭州刺史，徙并代兵馬鈐轄、管勾麟府路軍馬事。

有蕃部乜羅爲殿侍，求錦袍、驛料，德輿不與，乜羅頗出怨言。後有譖乜羅與賊通，戰則反射漢人，乜羅無以自明，乃謀附賊。指揮張岊聞之，召乜羅與飲，乜羅泣曰：「我豈附賊者邪？蓋逃死耳。」岊以告德輿：「乜羅叛，信矣，不可不殺。」元昊方屢入寇，德輿不聽，曰：「今日豈殺蕃部時邪？」岊曰：「叛者特乜羅，非衆所欲也。請爲君召與飲，仆崖谷中，聲言墮馬死，安知漢殺之？」德輿猶豫不決，以問所親，所親惡岊，短毁之，岊計不得行。

知府州折繼閔聞賊將至，以告德輿，德輿怒曰：「君不召之，何以知其來也！」賊果以乜羅爲嚮導，自後河川入襲府州。蕃漢欲入城，德輿閉門不納，或降賊，或爲賊所殺，不可勝計。賊既圍府州，德輿與馬步軍副總管王元、兵馬鈐轄楊懷忠按兵不出戰，但移文轉運司調軍食。轉運副使文彥博籍民藿運，至境以俟，而德輿等終不出。及陷豐州，纔出屯州城數里，三日而還。居民望見，以謂寇復至，皆棄其所齎，入保城郭。然朝廷不悉聞，德輿止坐不出戰，降爲東染院使、河陽兵馬都監。尋復昭州刺史、知保州，徙眞定府定州路總管，歷知代、石、儀三州，大名府路鈐轄，提舉金堤，累遷西上閤門使。

至和中，河決小吳埽，破東堤頓丘口，居民避水者趨堤上，而水至不得達，德輿以巨艘五十，順流以濟之，遂免墊溺。復領果州團練使、知冀州，徙趙州。有告雲翼卒〔八〕謀以上元夜劫庫兵爲亂，德輿會賓屬燕飲自若，陰遣人捕首謀誅之。徙陳州鈐轄，卒。

張昭遠字持正，滄州無棣人。父凝，殿前都虞候、寧州防禦使。契丹內寇，凝與康保裔伏兵瀛州，陷圍中。昭遠年十八，挺身掖出之，擢左班殿直、寄班祗候。每出使還，奏利害，多稱旨。爲忻州都巡檢，改閤門祗候、知火山軍，管勾河東緣邊安撫司，再遷內殿崇班。天禧初，閤門副使缺員，樞密院方奏擬人，眞宗曰：「朕有人矣。張昭遠知邊略，曹儀習朝儀，可並除西上閤門副使。」俄爲河北緣邊安撫副使，尋知瀛州，改東上閤門副使、知定州，以引進副使復知瀛州，遷西上閤門使、知雄州。獻言歲會四榷場入中銀，帝謂輔臣曰：「先朝置榷場，所以通貨，非所以計貿易之利也。」

會大雨，陂塘大溢，昭遠勒兵築長堤，以捍其衝。徙鄜延路兵馬鈐轄，進都鈐轄，築堡成平川。領忠州刺史、知成德軍，遷四方館使。滹沱河決，壞城郭，乃修五關城，外環以堤，民至今爲利。擢捧日天武四廂都指揮使、新州防禦使，歷步軍馬軍都虞候、嘉州防禦使、知代州。召還，改莫州防禦使，罷管軍，授左龍武軍大將軍、昭州防禦使，卒。特贈應州觀察使。

論曰：郭諮以其智巧材略，自見於功利之間，有足稱者。曙，抑其次也，餘皆碌碌者矣。如方之禦寇，鑑之料敵，王果持法峭深，治軍嚴辦，玆其長也。田敏屢有戰功，而貪墨敗度，幸容於時。李渭治無遠略，一失機會，關中兵禍，數年不解。德輿閉城以棄其民，昭遠計榷場所入，焉知聖人懷柔之意哉。

校勘記

〔一〕武寧軍節度　原作「武密軍節度」，按宋無此軍額，宋會要儀制一一之一七說：「步軍副指揮使、感德軍節度觀察留後王信，慶曆八年八月，贈武寧軍節度使兼侍中。」據改。

〔二〕橫戎臨塞二堡　「臨塞」原作「臨砦」，據長編卷一八五、隆平集卷一九本傳改。

〔三〕行至谷口　「谷口」原作「皆口」，據長編卷一八五改。

〔四〕得步卒九百人護之　「護」，長編卷一三三作「穫」。

〔五〕富順州蠻田彥晏寇施州焚晤利砦　長編卷九九作「順州蠻田彥晏焚劫晤利寨」。

〔六〕拒馬槍陣法　「槍」原作「搶」。按拒馬槍是一種兵器，武經總要前集卷一三說：「拒馬槍，其制以竹若木三枝六首，交竿相貫，植地輒立。貫處以鐵爲索，更相勾聯。或布陣立營，拒險塞空，皆宜設之。」郭諮蓋以此布陣，故名「拒馬槍陣法」。「搶」當爲「槍」字之譌，據改。

〔七〕契丹攻唐河北　「北」字原置「唐河」上，據長編卷一二九、編年綱目卷四移正。

〔八〕雲翼卒　原作「雲冀卒」。按「雲翼」是駐河北路禁軍軍名，見本書卷一八七兵志，其駐在趙州的有三指揮，本傳所謂謀「劫庫兵爲亂者」當爲所屬。「冀」字係「翼」字之訛，據改。

宋史卷三百二十七

列傳第八十六

王安石 子雱 唐坰附 王安禮 王安國

王安石字介甫，撫州臨川人。父益，都官員外郎。安石少好讀書，一過目終身不忘。其屬文動筆如飛，初若不經意，既成，見者皆服其精妙。友生曾鞏攜以示歐陽脩，脩爲之延譽。擢進士上第，簽書淮南判官。舊制，秩滿許獻文求試館職，安石獨否。再調知鄞縣，起堤堰，決陂塘，爲水陸之利；貸穀與民，出息以償，俾新陳相易，邑人便之。通判舒州。文彥博爲相，薦安石恬退，乞不次進用，以激奔競之風。尋召試館職，不就。脩薦爲諫官，以祖母年高辭。脩以其須祿養言於朝，用爲羣牧判官，請知常州。移提點江東刑獄，入爲度支判官，時嘉祐三年也。

安石議論高奇，能以辨博濟其說，果於自用，慨然有矯世變俗之志。於是上萬言書，以爲：「今天下之財力日以困窮，風俗日以衰壞，患在不知法度，不法先王之政故也。法先王之政者，法其意而已。法其意，則吾所改易更革，不至乎傾駭天下之耳目，囂天下之口，而固已合先王之政矣。因天下之力以生天下之財，收天下之財以供天下之費，自古治世，未嘗以財不足爲公患也，患在治財無其道爾。在位之人才既不足，而閭巷草野之間亦少可用之才，社稷之託，封疆之守，陛下其能久以天幸爲常，而無一旦之憂乎？願監苟且因循之弊，明詔大臣，爲之以漸，期合於當世之變。臣之所稱，流俗之所不講，而議者以爲迂闊而熟爛者也。」後安石當國，其所注措，大抵皆祖此書。

俄直集賢院。先是，館閣之命屢下，安石屢辭；士大夫謂其無意於世，恨不識其面，朝廷每欲畀以美官，惟患其不就也。明年，同修起居注，辭之累日。閤門吏賫敕就付之，拒不受；吏隨而拜之，則避於廁；吏置敕於案而去，又追還之；上章至八九，乃受。遂知制誥，糾察在京刑獄，自是不復辭官矣。

有少年得鬥鶉，其儕求之不與，恃與之昵輒持去，少年追殺之。開封當此人死，安石駁曰：「按律，公取、竊取皆爲盜。此不與而彼攜以去，是盜也；追而殺之，是捕盜也，雖死當勿論。」遂劾府司失入。府官不伏，事下審刑、大理，皆以府斷爲是。詔放安石罪，當詣閤門謝。安石言：「我無罪。」不肯謝。御史舉奏之，置不問。

時有詔舍人院無得申請除改文字，安石爭之曰：「審如是，則舍人不得復行其職，而一聽大臣所爲，自非大臣欲傾側而爲私，則立法不當如此。今大臣之弱者不敢爲陛下守法；而彊者則挾上旨以造令，諫官、御史無敢逆其意者，臣實懼焉。」語皆侵執政，由是益與之忤。以母憂去，終英宗世，召不起。

安石本楚士，未知名於中朝，以韓、呂二族爲巨室，欲藉以取重。乃深與韓絳、絳弟維及呂公著交，三人更稱揚之，名始盛。神宗在潁邸，維爲記室，每講說見稱，輒曰：「此非維之說，維之友王安石之說也。」及爲太子庶子，又薦自代。帝由是想見其人，甫即位，命知江寧府。數月，召爲翰林學士兼侍講。熙寧元年四月，始造朝。入對，帝問爲治所先，對曰：「擇術爲先。」帝曰：「唐太宗何如？」曰：「陛下當法堯、舜，何以太宗爲哉？堯、舜之道，至簡而不煩，至要而不迂，至易而不難。但末世學者不能通知，以爲高不可及爾。」帝曰：「卿可謂責難於君，朕自視眇躬，恐無以副卿此意。可悉意輔朕，庶同濟此道。」

一日講席，羣臣退，帝留安石坐，曰：「有欲與卿從容論議者。」因言：「唐太宗必得魏徵，劉備必得諸葛亮，然後可以有爲，二子誠不世出之人也。」安石曰：「陛下誠能爲堯、舜，則必有皋、夔、稷、禼；誠能爲高宗，則必有傅說。彼二子皆有道者所羞，何足道哉？以天下之大，人民之衆，百年承平，學者不爲不多。然常患無人可以助治者，以陛下擇術未明，推誠未至，雖有皋、夔、稷、卨、傅說之賢，亦將爲小人所蔽，卷懷而去爾。」帝曰：「何世無小人，雖堯、舜之時，不能無四凶。」安石曰：「惟能辨四凶而誅之，此其所以爲堯、舜也。若使四凶得肆其讒慝，則皋、夔、稷、卨亦安肯苟食其祿以終身乎？」

登州婦人惡其夫寢陋，夜以刃斮之，傷而不死。獄上，朝議皆當之死，安石獨援律辨證之，爲合從謀殺傷，減二等論。帝從安石說，且著爲令。

二年二月，拜參知政事。上謂曰：「人皆不能知卿，以爲卿但知經術，不曉世務。」安石對曰：「經術正所以經世務，但後世所謂儒者，大抵皆庸人，故世俗皆以爲經術不可施於世務爾。」上問：「然則卿所施設以何先？」安石曰：「變風俗，立法度，最方今之所急也。」上以爲然。於是設制置三司條例司，命與知樞密院事陳升之同領之。安石令其黨呂惠卿任其事。而農田水利、青苗、均輸、保甲、免役、市易、保馬、方田諸役相繼並興，號爲新法，遣提舉官四十餘輩，頒行天下。

青苗法者，以常平糴本作青苗錢，散與人戶，令出息二分，春散秋斂。均輸法者，以發運之職改爲均輸，假以錢貨，凡上供之物，皆得徙貴就賤，用近易遠，預知在京倉庫所當辦者，得以便宜蓄買。保甲之法，籍鄉村之民，二丁取一，十家爲保，保丁皆授以弓弩，教之戰陣。免役之法，據家貲高下，各令出錢雇人充役，下至單丁、女戶，本來無役者，亦一概輸錢，謂之助役錢。市易之法，聽人賒貸縣官財貨，以田宅或金帛爲抵當，出息十分之二，過期不輸，息外每月更加罰錢百分之二。保馬之法，凡五路義保願養馬者，戶一匹，以監牧見馬給之，或官與其直，使自市，歲一閱其肥瘠，死病者補償。方田之法，以東、西、南、北各千步，當四十一頃六十六畝一百六十步爲一方，歲以九月，令、佐分地計量，驗地土肥瘠，定其色號，分爲五等，以地之等，均定稅數。又有免行錢者，約京師百物諸行利入厚薄，皆令納錢，與免行戶祗應。自是四方爭言農田水利，古陂廢堰，悉務興復。又令民封狀增價以買坊場，又增茶鹽之額，又設措置河北糴便司，廣積糧穀于臨流州縣，以備饋運。由是賦斂愈重，而天下騷然矣。

御史中丞呂誨論安石過失十事，帝爲出誨，安石薦呂公著代之。韓琦諫疏至，帝感悟，欲從之，安石求去。司馬光答詔，有「士夫沸騰，黎民騷動」之語，安石怒，抗章自辨，帝爲巽辭謝，令呂惠卿諭旨，韓絳又勸帝留之。安石入謝，因爲上言中外大臣、從官、臺諫、朝士朋比之情，且曰：「陛下欲以先王之正道勝天下流俗，故與天下流俗相爲重輕。流俗權重，則天下之人歸流俗；陛下權重，則天下之人歸陛下。權者與物相爲重輕，雖千鈞之物，所加損不過銖兩而移。今姦人欲敗先王之正道，以沮陛下之所爲。於是陛下與流俗之權適爭輕重之時，加銖兩之力，則用力至微，而天下之權，已歸于流俗矣，此所以紛紛也。」上以爲然。安石乃視事，琦說不得行。

安石與光素厚，光援朋友責善之義，三詒書反覆勸之，安石不樂。帝用光副樞密，光辭未拜而安石出，命遂寢。公著雖爲所引，亦以請罷新法出潁州。御史劉述、劉琦、錢顗、孫昌齡、王子韶、程顥、張戩、陳襄、陳薦、謝景温、楊繪、劉摯〔一〕，諫官范純仁、李常、孫覺、胡宗愈皆不得其言，相繼去。驟用秀州推官李定爲御史，知制誥宋敏求、李大臨、蘇頌封還詞頭，御史林旦、薛昌朝、范育論定不孝，皆罷逐。翰林學士范鎮三疏言青苗，奪職致仕。惠卿遭喪去，安石未知所託，得曾布，信任之，亞於惠卿。

三年十二月，拜同中書門下平章事。明年春，京東、河北有烈風之異，民大恐。帝批付中書，令省事安靜以應天變，放遣兩路募夫，責監司、郡守不以上聞者。安石執不下。

開封民避保甲，有截指斷腕者，知府韓維言之，帝問安石，安石曰：「此固未可知，就令有之，亦不足怪。今士大夫睹新政，尚或紛然驚異；況於二十萬戶百姓，固有蠢愚爲人所惑動者，豈應爲此遂不敢一有所爲邪？」帝曰：「民言合而聽之則勝，亦不可不畏也。」

東明民或遮宰相馬訴助役錢，安石白帝曰：「知縣賈蕃乃范仲淹之壻，好附流俗，致民如是。」又曰：「治民當知其情僞利病，不可示姑息。若縱之使妄經省臺，鳴鼓邀駕，恃衆僥倖，則非所以爲政。」其彊辯背理率類此。

帝用韓維爲中丞，安石憾曩言，指爲善附流俗以非上所建立，因維辭而止。歐陽脩乞致仕，馮京請留之，安石曰：「脩附麗韓琦，以琦爲社稷臣。如此人，在一郡則壞一郡，在朝廷則壞朝廷，留之安用？」乃聽之。富弼以格青苗解使相，安石謂不足以阻姦，至比之共、鯀。靈臺郎尤瑛言天久陰，星失度，宜退安石，卽黥隸英州。唐坰本以安石引薦爲諫官，因請對極論其罪，謫死。文彥博言市易與下爭利，致華嶽山崩。安石曰：「華山之變，殆天意爲小人發。市易之起，自爲細民久困，以抑兼幷爾，於官何利焉。」閼其奏，出彥博守魏。於是呂公著、韓維，安石藉以立聲譽者也；歐陽脩、文彥博，薦己者也；富弼、韓琦，用爲侍從者也；司馬光、范鎭，交友之善者也：悉排斥不遺力。

禮官議正太廟太祖東嚮之位，安石獨定議還僖祖於祧廟，議者合爭之，弗得。上元夕，從駕乘馬入宣德門，衞士訶止之，策其馬。安石怒，上章請逮治。御史蔡確言：「宿衞之士，拱扈至尊而已，宰相下馬非其處，所應訶止。」帝卒爲杖衞士，斥內侍，安石猶不平。王韶開熙河奏功，帝以安石主議，解所服玉帶賜之。

七年春，天下久旱，饑民流離，帝憂形於色，對朝嗟嘆，欲盡罷法度之不善者。安石曰：「水旱常數，堯、湯所不免，此不足招聖慮，但當修人事以應之。」帝曰：「此豈細事，朕所以恐懼者，正爲人事之未修爾。今取免行錢太重，人情咨怨，至出不遜語。自近臣以至后族，無不言其害。兩宮泣下，憂京師亂起，以爲天旱更失人心。」安石曰：「近臣不知爲誰，若兩宮有言，乃向經、曹佾所爲爾。」馮京曰：「臣亦聞之。」安石曰：「士大夫不逞者以京爲歸，故京獨聞此言，臣未之聞也。」監安上門鄭俠上疏，繪所見流民扶老攜幼困苦之狀，爲圖以獻，曰：「旱由安石所致。去安石，天必雨。」俠又坐竄嶺南。慈聖、宣仁二太后流涕謂帝曰：「安石亂天下。」帝亦疑之，遂罷爲觀文殿大學士、知江寧府〔三〕，自禮部侍郎超九轉爲吏部尚書。

呂惠卿服闋，安石朝夕汲引之，至是，白爲參知政事，又乞召韓絳代己。二人守其成模，不少失，時號絳爲「傳法沙門」，惠卿爲「護法善神」。而惠卿實欲自得政，忌安石復來，因鄭俠獄陷其弟安國，又起李士寧獄以傾安石。絳覺其意，密白帝請召之。八年二月，復拜相，安石承命，卽倍道來。三經義成，加尚書左僕射兼門下侍郎，以子雱爲龍圖閣直學士。雱辭，惠卿勸帝允其請，由是嫌隙愈著。惠卿爲蔡承禧所擊，居家俟命。雱風御史中丞鄧綰，復彈惠卿與知華亭縣張若濟爲姦利事，置獄鞫之，惠卿出守陳。

十月，彗出東方，詔求直言，及詢政事之未協於民者。安石率同列疏言：「晉武帝五年，彗出軫；十年，又有孛。而其在位二十八年，與乙巳占所期不合。蓋天道遠，先王雖有官占，而所信者人事而已。天文之變無窮，上下傅會，豈無偶合。周公、召公，豈欺成王哉。

其言中宗享國日久，則曰『嚴恭寅畏，天命自度，治民不敢荒寧』。其言夏、商多歷年所，亦曰『德』而已。裨竈言火而驗，欲禳之，國僑不聽，則曰『不用吾言，鄭又將火』。僑終不聽，鄭亦不火。有如裨竈，未免妄誕，况今星工哉？所傳占書，又世所禁，謄寫譌誤，尤不可知。陛下盛德至善，非特賢於中宗，周、召所言，則既閱而盡之矣，豈須愚瞽復有所陳。竊聞兩宮以此爲憂，望以臣等所言，力行開慰。」帝曰：「聞民間殊苦新法。」安石曰：「祁寒暑雨，民猶怨咨，此無庸恤。」帝曰：「豈若并祁寒暑雨之怨亦無邪？」安石不悅，退而屬疾臥，帝慰勉起之。其黨謀曰：「今不取上素所不喜者暴進用之，則權輕，將有窺人間隙者。」安石是其策。帝喜其出，悉從之。時出師安南，諜得其露布，言：「中國作青苗、助役之法，窮困生民。我今出兵，欲相拯濟。」安石怒，自草敕牓詆之。

華亭獄久不成，雱以屬門下客呂嘉問、練亨甫共議，取鄧綰所列惠卿事，雜他書下制獄，安石不知也。省吏告惠卿于陳，惠卿以狀聞，且訟安石曰：「安石盡棄所學，隆尚縱橫之末數，方命矯令，罔上要君。此數惡力行於年歲之間，雖古之失志倒行而逆施者，殆不如此。」又發安石私書曰「無使上知」者。帝以示安石，安石謝無有，歸以問雱，雱言其情，安石咎之。雱憤恚，疽發背死。安石暴綰罪，云「爲臣子弟求官及薦臣壻蔡卞」，遂與亨甫皆得罪。綰始以附安石居言職，及安石與呂惠卿相傾，綰極力助攻惠卿。上頗厭安石所爲，綰懼失勢，屢留之於上，其言無所顧忌；亨甫險薄，諂事雱以進，至是皆斥。

安石之再相也，屢謝病求去，及子雱死，尤悲傷不堪，力請解幾務。上益厭之，罷爲鎭南軍節度使、同平章事、判江寧府。明年，改集禧觀使，封舒國公。屢乞還將相印。元豐二年，復拜左僕射、觀文殿大學士。換特進，改封荆。哲宗立，加司空。

元祐元年，卒，年六十六〔三〕，贈太傅。紹聖中，謚曰文，配享神宗廟庭。崇寧三年，又配食文宣王廟，列于顏、孟之次，追封舒王。欽宗時，楊時以爲言，詔停之。高宗用趙鼎、呂聰問言，停宗廟配享，削其王封。

初，安石訓釋詩、書、周禮，旣成，頒之學官，天下號曰「新義」。晚居金陵，又作字說，多穿鑿傅會。其流入於佛、老。一時學者，無敢不傳習，主司純用以取士，士莫得自名一說，先儒傳註，一切廢不用。黜春秋之書，不使列於學官，至戲目爲「斷爛朝報」。

安石未貴時，名震京師，性不好華腴，自奉至儉，或衣垢不澣，面垢不洗，世多稱其賢。蜀人蘇洵獨曰：「是不近人情者，鮮不爲大姦慝。」作辯姦論以刺之，謂王衍、盧杞合爲一人。

安石性强忮，遇事無可否，自信所見，執意不回。至議變法，而在廷交執不可，安石傅經義，出己意，辯論輒數百言，衆不能詘。甚者謂「天變不足畏，祖宗不足法，人言不足恤」。

罷黜中外老成人幾盡，多用門下儇慧少年。久之，以旱引去，洎復相，歲餘罷，終神宗世不復召，凡八年。子雱。

雱字元澤。爲人慓悍陰刻，無所顧忌。性敏甚，未冠，已著書數萬言。年十三，得秦卒言洮、河事，歎曰：「此可撫而有也。使西夏得之，則吾敵彊而邊患博矣。」其後王韶開熙河，安石力主其議，蓋兆於此。舉進士，調旌德尉。

雱氣豪，睥睨一世，不能作小官。作策三十餘篇，極論天下事，又作老子訓傳及佛書義解，亦數萬言。時安石執政，所用多少年，雱亦欲預選，乃與父謀曰：「執政子雖不可預事，而經筵可處。」安石欲上知而自用，乃以雱所作策及注道德經鏤板鬻于市，遂傳達於上。鄧綰、曾布又力薦之，召見，除太子中允、崇政殿說書。神宗數留與語，受詔撰詩、書義，擢天章閣待制兼侍講。書成，遷龍圖閣直學士，以病辭不拜。

安石更張政事，雱實導之。常稱商鞅爲豪傑之士，言不誅異議者法不行。安石與程顥語，雱囚首跣足，攜婦人冠以出，問父所言何事。曰：「以新法數爲人所阻，故與程君議。」雱大言曰：「梟韓琦、富弼之頭于市，則法行矣。」安石遽曰：「兒誤矣。」卒時纔三十三，特贈左諫議大夫。

唐坰者，以父任得官。熙寧初，上書云：「秦二世制於趙高，乃失之弱，非失之彊。」神宗悅其言。又云：「青苗法不行，宜斬大臣異議如韓琦者數人。」安石尤喜之，薦使對，賜進士出身，爲崇文校書。上薄其人，除知錢塘縣。安石欲留之，乃令鄧綰薦爲御史，遂除太子中允。數月，將用爲諫官，安石疑其輕脫，將背己立名，不除職，以本官同知諫院，非故事也。坰果怒安石易己，凡奏二十疏，論時事，皆留中不出。乃因百官起居日，扣陛請對，上令諭以他日，坰伏地不起，遂召升殿。坰至御坐前，進曰：「臣所言，皆大臣不法，請對陛下一一陳之。」乃搢笏展疏，目安石曰：「王安石近御坐，聽劄子。」安石遲遲，坰訶曰：「陛下前猶敢如此，在外可知！」安石悚然而進。坰大聲宣讀，凡六十條，大略以「安石專作威福，曾布等表裏擅權，天下但知憚安石威權，不復知有陛下。文彥博、馮京知而不敢言。王珪曲事安石，無異廝僕。」且讀且目珪，珪慚懼俛首。「元絳、薛向、陳繹，安石頤指氣使，無異家奴。張琥、李定爲安石爪牙，臺官張商英乃安石鷹犬。逆意者雖賢爲不肖，附己者雖不肖爲賢。」至詆爲李林甫、盧杞。上屢止之，坰慷慨自若，略不退懾。讀已，下殿再拜而退。侍臣衞士，相顧失色，安石爲之請去。閤門糾其瀆亂朝儀，貶潮州別駕。鄧綰申救之，且自劾繆舉。安石曰：「此素狂，不足責。」改監廣州軍資庫，後徙吉州酒稅，卒官。

論曰：朱熹嘗論安石「以文章節行高一世，而尤以道德經濟爲己任。被遇神宗，致位宰相，世方仰其有爲，庶幾復見二帝三王之盛。而安石乃汲汲以財利兵革爲先務，引用凶邪，排擯忠直，躁迫強戾，使天下之人，囂然喪其樂生之心。卒之羣姦嗣虐，流毒四海，至於崇寧、宣和之際，而禍亂極矣」。此天下之公言也。昔神宗欲命相，問韓琦曰：「安石何如？」對曰：「安石爲翰林學士則有餘，處輔弼之地則不可。」神宗不聽，遂相安石。嗚呼！此雖宋氏之不幸，亦安石之不幸也。

王安禮字和甫，安石之弟也。早登科，從河東唐介辟。熙寧中，鄜延路城囉兀，河東發民四萬負餉，宣撫使韓絳檄使佐役，後帥呂公弼將從之。安禮爭曰：「民兵不習武事，今敺之深入，此不爲寇所乘，則凍餓而死爾，宜亟罷遣。」公弼用其言，民得歸，而他路遇敵者，全軍皆覆。公弼執安禮手言曰：「四萬之衆，豈偶然哉。果有陰德，相與共之。」

初，絳專爵賞，既上最，多失實，公弼以狀聞。詔即河東議功，公弼將受之。安禮曰：

「宣撫使以宰相節制諸道，且許便宜，封授一有不韙，人猶得非之。公藩臣，乃欲僥進功狀于非其任邪？」公弼遽辭。遂薦安禮于朝，神宗召對，欲驟用之。安石當國，辭，以爲著作佐郎、崇文院校書。他日得見，命之坐，有司言八品官無賜坐者，特命之。遷直集賢院，出知潤州、湖州，召爲開封府判官。嘗偕尹奏事，既退，獨留訪以天下事，帝甚鄉納。直舍人院、同修起居注。

蘇軾下御史獄，勢危甚，無敢救者。安禮從容言：「自古大度之主，不以言語罪人。軾以才自奮，謂爵位可立取，顧錄錄如此，其心不能無觖望。今一旦致於理，恐後世謂陛下不能容才。」帝曰：「朕固不深譴也，行爲卿貰之。卿第去，勿漏言，軾方賈怨於衆，恐言者緣以害卿也。」李定、張璪皆擿使勿救，安禮不答，軾以故得輕比。

進知制誥。彗星見，詔求直言。安禮上疏曰：「人事失於下，變象見於上。陛下有仁民愛物之心，而澤不下究，意者左右大臣不均不直，謂忠者爲不忠，不賢者爲賢，乘權射利者，用力殫於溝瘠，取利究於園夫，足以干陰陽而召星變。願察親近之行，杜邪枉之門。至於祈禳小數，貶損舊章，恐非所以應天者。」帝覽數嘉歎，諭之曰：「王珪欲使卿條具，朕嘗謂不應沮格人言，以自壅障。今以一指蔽目，雖泰、華在前弗之見，近習蔽其君，何以異此，卿當益自信。」

以翰林學士知開封府，事至立斷。前滯訟不得其情，及具按而未論者幾萬人，安禮剖決，未三月，三獄院及畿、赤十九邑，囚繫皆空。書揭於府前，遼使過而見之，歎息詫異。帝聞之，喜曰：「昔秦內史廖從容俎豆，以奪由余之謀，今安禮能勤吏事，駭動殊鄰，於古無愧矣。」特升一階。

帝數失皇子，太史言民墓多迫京城，故不利國嗣，詔悉改卜，無慮數十萬計，衆洶懼。安禮諫曰：「文王卜世三十，其政先於掩骼埋胔，未聞遷人之冢以利其嗣者。」帝惻然而罷。

邏者連得匿名書告人不軌，所涉百餘家。帝付安禮曰：「亟治之。」安禮驗所指，皆略同，最後一書加三人，有姓薛者，安禮喜曰：「吾得之矣。」呼問薛曰：「若豈有素不快者耶？」曰：「有持筆來售者，拒之，鞅鞅去，其意似見銜。」即命捕訊，果其所爲也。即梟其首于市，不逮一人，京師謂爲神明。

宗室令騂以數十萬錢買妾，久而斥歸之，訴府督元直。安禮視妾，旣火敗其面矣，即奏言：「妾之所以直數十萬者，以姿首也，今炙敗之，則不復可鬻，此與炮烙之刑何異。請勿理其直而加厚譴，以爲戒。」詔從之，仍奪令騂奉。

後宮造油箔，約三年損者反其價，纔一年有損者，中官持詣府，請如約，詞氣甚厲。安禮曰：「庸詎非置之不得其地，爲風雨燥濕所壞耶。苟如是，民將無復得直，約不可用也。」

卒不追。以是宗室、中貴人皆憚之。

元豐四年〔四〕，初分三省，置執政，拜中大夫、尚書右丞。轉左丞。王師問罪夏國，涇原承受梁同奏：「轉運使葉康直餉米，惡不可食。」帝大怒曰：「貴糴遠餉，反不可用，徒弊民力於道路，康直可斬也。」安禮曰：「此一梁同之言，疑未必實，當按之。」乃遣判官張大寧與同參覈，且械繫康直以俟。旣而米可用者什八九，帝意解，赦康直。

是時，伐夏不得志，李憲又欲再舉。帝以訪輔臣，王珪曰：「向所患者用不足，朝廷今捐錢鈔五百萬緡，以供軍食有餘矣。」安禮曰：「鈔不可噉，必變而爲錢，錢又變爲芻粟。今距出征之期纔兩月，安能集事。」帝曰：「李憲以爲已有備，彼宦者能如是，卿等獨無意乎？唐平淮蔡，唯裴度謀議與主同。今乃不出公卿而出於閹寺，朕甚恥之。」安禮曰：「淮西，三州爾，有裴度之謀、李光顏李愬之將，然猶引天下之兵力，歷歲而後定。今夏氏之彊非淮蔡比，憲材非度匹，諸將非有光顏、愬輩，臣懼無以副聖志也。」帝悟而止。後欲除憲節度使，安禮又以爲不可。

御史中丞舒亶上章詆執政，且言：「尚書不置錄目，有旨按吏罪。」安禮請取臺錄以爲式，乃與省中同，遂并列亶他事，亶坐廢。徐禧計議邊事，安禮曰：「禧志大材疎，必誤國。」及永樂敗書聞，帝曰：「安禮每勸朕勿用兵，少置獄，蓋爲是也。」

久之，御史張汝賢論其過，以端明殿學士知江寧府，汝賢亦罷。元祐中，加資政殿學士，歷揚、青、蔡三州。又爲御史言，失學士，移舒州。紹聖初，還職，知永興軍。二年，知太原府。苦風痺，臥帳中決事，下不敢欺。卒，年六十二，贈右銀青光祿大夫。

安禮偉風儀，論議明辨，常以經綸自任，而闊略細謹，以故數詒口語云。

王安國字平甫，安禮之弟也。幼敏悟，未嘗從學，而文詞天成。年十二，出所爲詩、銘、論、賦數十篇示人，語皆警拔，遂以文章稱于世，士大夫交口譽之。於書無所不通，數舉進士，又舉茂材異等，有司考其所獻序言爲第一，以母喪不試，廬于墓三年。

熙寧初，韓絳薦其材行，召試，賜及第，除西京國子教授。官滿，至京師，上以安石故，賜對。帝曰：「卿學問通古今，以漢文帝爲何如主？」對曰：「三代以後未有也。」帝曰：「但恨其才不能立法更制爾。」對曰：「文帝自代來，入未央宮，定變故俄頃呼吸間，恐無才者不能。至用賈誼言，待羣臣有節，專務以德化民，海內興於禮義，幾致刑措，則文帝加有才一等矣。」帝曰：「王猛佐苻堅，以蕞爾國而令必行，今朕以天下之大，不能使人，何也？」曰：「猛教堅以峻刑法殺人，致秦祚不傳世，今刻薄小人，必有以是誤陛下者。願顓以堯、舜、三代爲法，則下豈有不從者乎。」又問：「卿兄秉政，外論謂何？」曰：「恨知人不明，聚斂太急爾。」帝默然不悅，由是別無恩命，止授崇文院校書，後改秘閣校理。屢以新法力諫安石，又質責曾布誤其兄，深惡呂惠卿之姦。

先是，安國教授西京，頗溺於聲色，安石在相位，以書戒之曰：「宜放鄭聲。」安國復書曰：「亦願兄遠佞人。」惠卿銜之。及安石罷相，惠卿遂因鄭俠事陷安國，坐奪官，放歸田里。詔以諭安石，安石對使者泣下。既而復其官，命下而安國卒，年四十七。

論曰：安石惡蘇軾而安禮救之，昵惠卿而安國折之，議者不以咎二弟也，惟其當而已矣。安禮爲政，有足稱者。安國早卒，故不見於用云。

校勘記

〔一〕御史劉述劉琦錢顗孫昌齡王子韶程顥張戩陳襄陳薦謝景溫楊繪劉摯　「御史」原作「刺史」。按：劉述等當時都是御史，見本書卷一四、卷一五神宗紀及劉述等傳各卷。東都事略卷七九王安石傳作「御史」，據改。

〔二〕知江寧府　原作「知江陵府」，據東都事略卷七九本傳、長編卷二五二及王安石臨川先生文集卷五七觀文殿學士知江寧府謝上表改。

〔三〕年六十六　原作「年六十八」，據東都事略卷七九本傳、琬琰集下編卷一四王荆公安石傳改。

〔四〕元豐四年　當作「元豐五年」。按本書卷一六神宗紀，元豐五年四月新官制成，以翰林學士王安禮爲尚書右丞；卷二一一宰輔表，王安禮加中大夫守尚書右丞，也繫在元豐五年。此誤。

宋史卷三百二十八

列傳第八十七

李清臣　安燾　張璪　蒲宗孟　黃履　蔡挺兄抗　王韶子厚　寀　薛向子嗣昌　章楶

李清臣字邦直，魏人也。七歲知讀書，日數千言，暫經目輒誦，稍能戲為文章。客有從京師來者，與其兄談佛寺火，清臣從傍應曰：「此所謂災也，或者其蠹民已甚，天固儆之邪？」因作浮圖災解。兄驚曰：「是必大吾門。」韓琦聞其名，以兄之子妻之。舉進士，調邢州司戶參軍、和川令。歲滿，薦者踰十數，應得京官。適舉將薛向有公事未竟，閡銓格，判銓張掞擿使自陳勿用。清臣曰：「人以家保己而已捨之，薄矣。願待之。」掞離席曰：「君能如是，未可量也。」應材識兼茂科，歐陽脩壯其文，以比蘇軾。治平二年，試祕閣，考官韓維曰：「荀卿氏筆力也。」試文至中書，脩迎語曰：「不置李清臣於第一，則謬矣。」詔視如言。

時大雨霖，災異數見，論者歸咎濮議。及廷對，或謂曰：「宜以五行傳『簡宗廟，水不潤下』爲證，必擢上第。」淸臣曰：「此漢儒附會之說也，吾不之信。民間豈無疾痛可上者乎？」即條對言：「天地之大，譬如人一身，腹心肺腑有所攻塞，則五官爲之不寧。民人生聚，天地之腹心肺腑也；日月星辰，天地之五官也。善止天地之異者，不止其異，止民之疾痛而已。」策入等，以祕書郎簽書平江軍判官，名聲籍甚。英宗知之，語王廣淵曰：「韓琦固忠臣，但避嫌太審。如李淸臣者，公議皆謂可用，顧以親抑之可乎？」既而詔舉館閣，歐陽脩薦之，得集賢校理、同知太常禮院。

從韓絳使陝西。慶卒亂，家屬九指揮應誅，淸臣請於絳，配隸爲奴婢。絳坐貶，淸臣亦通判海州。久之，還故官，出提點京東刑獄。齊、魯盜賊爲天下劇，設耳目方略，名捕且盡。作韓琦行狀，神宗讀之曰：「良史才也。」召爲兩朝國史編修官，撰河渠、律曆、選舉諸志，文直事詳，人以爲不減史、漢。同修起居注，進知制誥、翰林學士。元豐新官制，拜吏部尚書。淸臣官右正言，當易承議階，帝曰：「安有尚書而猶承議郎者？」乃授朝奉大夫。六年，拜尚書右丞。哲宗即位，轉左丞。

時熙、豐法度，一切釐正，淸臣固爭之，罷爲資政殿學士、知河陽，徙河南、永興。召爲吏部尚書，給事中姚勔駁之，改知眞定府。班行有王宗正者，致憾於故帥，使其妻詣使者，告前後饋餉過制，囚繫數百人。淸臣至，立奏解其獄，而竄宗正。帝親政，拜中書侍郎，勔復駁之，不聽。

紹聖元年，廷試進士，淸臣發策曰：「今復詞賦之選而士不知勸，罷常平之官而農不加富，可差可募之說雜而役法病，或東或北之論異而河患滋，賜土以柔遠也而羌夷之患未弭，弛利以便民也而商賈之路不通。夫可則因，否則革，惟當之爲貴，聖人亦何有必焉。」主意皆絀元祐之政，策士悟其指，於是紹述之論大興，國是遂變。

范純仁去位，淸臣獨顓中書，亟復靑苗、免役法，除諸路提舉官。覬爲相，顧蘇轍軋己，迺擿轍嘗以漢武比先帝激上怒，轍罷。時召章惇未至，淸臣心益覬之。已而惇入相，復與爲異。惇旣逐諸臣，幷籍文彥博、呂公著以下三十人，將悉竄嶺表。淸臣曰：「更先帝法度，不爲無過，然皆累朝元老，若從惇言，必大駭物聽。」帝曰：「是豈無中道耶？合揭榜朝堂，置餘人不問。」鄜延亡金明砦，主將張輿〔一〕戰沒，惇怒，議盡戮全軍四千人。淸臣曰：「將死亦多端，或先登爭利，或輕身入敵。今悉誅吏士，異時亡將必舉軍降虜矣。」於是但誅牙兵十六輩。

上幸楚王第，有狂婦人遮道叫呼，告淸臣謀反，屬吏捕治，本澶州娼而爲淸臣姑子田氏外婦者。淸臣不能引去，用御史言，以大學士知河南，尋落職知眞定府。

初，蔡確子渭上書訴父冤，造奇譖以危劉摯等，淸臣心知其誣，弗之省，坐奪學士。徽宗立，入爲門下侍郎。僕射韓忠彥與之有連，惟其言是聽，出范純禮、張舜民，不使呂希純、劉安世入朝，皆其謀也。尋爲曾布所陷，出知大名府而卒，年七十一。贈金紫光祿大夫。

淸臣蚤以詞藻受知神宗，建大理寺，築都城，皆命作記，簡重宏放，文體各成一家。爲人寬洪，不忮害。嘗爲舒亶所劾，及在尙書，亶以贓抵罪，獨申救之，曰：「亶信亡狀，然謂之贓則不可。」再爲姚勔所駁，當紹聖議貶，或激使甘心，淸臣爲之言曰：「勔以職事，所見或不同，豈應以臣故而加重？」帝悟，薄勔罪。起身窮約，以儉自持，至富貴不改。居官奉法，毋敢撓以私。然志在利祿，不公於謀國，一意欲取宰相，故操持悖謬，竟不如願以死。後朝議以復孟后罪，追貶武安軍節度副使，再貶雷州司戶參軍。

安燾字厚卿，開封人。幼警悟。年十一，從學里中，羞與羣兒伍，聞有老先生聚徒，往師之。先生曰：「汝方爲誦數之學，未可從吾游，當羣試省題一詩，中選乃置汝。」燾無難色。詩成，出諸生上，由是知名。

登第，調蔡州觀察推官，至太常丞、主管大名府路機宜文字。用歐陽脩薦，爲祕閣校理，判吏部南曹，荆湖北路轉運判官、提點刑獄兼常平、農田水利、差役事。時方興新法，奉行之吏，或迎合求進。司農符檄日夜下，如免役增寬賸，造簿供手實，青苗責保任，追胥苛切，其類旁午。燾平心奉法，列其泰甚於朝。移使京東路，過闕入見，神宗偉其儀觀，留檢正中書孔目房、修起居注。

元豐初，高麗新通使，假燾左諫議大夫往報之。高麗迎勞，館餼加契丹禮數等，使近臣言：「王遇使者甚敬，出誠心，非若奉契丹苟免邊患而已。」燾笑答曰：「尊中華，事大國，禮一也，特以罕至有加爾。朝廷與遼國通好久，豈復於此較厚薄哉！」使還，帝以爲知禮，卽授所假官，兼直學士院。

知審刑院，決剖滯訟五百餘案。因言：「每蔽獄上省，輕重有疑，則必致駁，勢既不敵，故法官顧避稽停。請自今以疑獄讞者，皆得輕論。」從之。求知陳州，還，爲龍圖閣直學士、判軍器監。

命館遼使。方宴近郊，使者不令其徒分坐廡下，力爭之，使無以奪。至肄儀將見，又不使綴行分班，使者入，餘皆坐門外，燾請令門見而出，衆始愧悔。逮辭日，悉如儀。或謂細故無足較，燾曰：「契丹喜嘗試人，其漸不可長也。」俄權三司使，改戶部尚書。六年，同知樞密院。

夏人款塞，乞還侵疆。燾言：「地有非要害者固宜予，然羌情無厭，當使知吾宥過而息兵〔三〕，不應示以厭兵之意。」哲宗立，復仍前議，二府遂欲幷棄熙河。燾固爭之，曰：「自靈武而東，皆中國故地。先帝有此武功，今無故棄之，豈不取輕於外夷？」於是但以葭蘆等四砦歸之。

蔡確輩更用事，燾循循其間，不能有所建明。元祐二年，進知院事。時復洮、河，擒鬼章青宜結，二邊少淸，而並塞猶苦寇掠。燾言：「爲國者不可好用兵，亦不可畏用兵，好則疲民，畏則遺患。今朝廷每戒疆吏，非舉國入寇毋得應之，則固畏用兵矣。雖僅保障戍，實墮其計中，願復講攻擾之策。且乾順幼豎，梁氏擅權，族黨酋渠多反側顧望。若有以離間之，未必不回戈而復怨，此一奇也。」其後夏人自相攜貳，使來修貢，悉如燾策。

宣仁太后患國用不足，頗裁冗費，宗室奉亦在議中。燾諫曰：「陛下雖痛抑外家，以示至公，然此舉不可不深思而熟計。」太后悟，遂止。

大河北流，宰相主水官議，必欲回之東注。燾以河流入濼淀，久必淤淺，恐河朔無以禦敵，遂上言曰：「自小吳未決之前，河雖屢徙，而盡在中國，故京師得以爲北限。今決而西，則河尾益北，如此不已，將南岸遂屬敵界。彼若建橋梁，守以州郡，窺兵河外，可爲寒心。今水官之議，不過論地形，較功費；而獻納之臣，不考利害輕重，徒便於治河，而以設險爲緩，非至計也。」帝雖然之，而回河之議紛起，東北蕭然煩費，功亦不就。

三年，同列皆序遷，且新用執政，燾獨如初。詔增其兩秩，燾懇辭曰：「是雖有故事，竊意以一時同列超升之故，特用是以慰安其心爾。今日願自臣革之，使朝廷不爲姑息，而大臣稍敦廉恥之風，庶或有補。」竟不受。以母憂去，卒喪，拜觀文殿學士、知鄭州，徙潁昌及河南府，入爲門下侍郎。

宣仁之喪，宗室既爲三年服，才越歲，章惇拜相，欲革爲期。燾爭之曰：「上以先后保佑之久，追崇如恐不盡，茲用明道故實耳。遽改之，播諸天下，非佳聲也。」乃止。燾與惇布衣交，覬其助己，燾不肯少下之。陽翟民蓋漸有財訟，而與諫官來之邵交通，開封得其事。惇右之邵，欲薄其罪，燾不可；復欲并劾開封，燾又不可，遂與惇隙。明堂齋祠，爲儀仗使，後官有絕馳道穿仗而過者，燾方舉劾，諫官常安民又言，教坊不當於相國寺作樂。帝怒，欲逐安民，燾爲救釋。惇遂譖其相表裏，出知鄭州，徙大名。

父日華，本三班院吏，以燾恩封光祿大夫，至是卒，年九十餘。燾免喪，徽宗立，復知樞密院。舊制，內侍出使，以所得旨言於院，審實乃得行。後多輒去，燾請按治之。都知閻守懃領他職，祈能不以告，亦劾之，帝敕守懃詣燾謝。郝隨得罪，或揣上意且起用，欲援赦爲階，亦爭之。

以老避位，帝將寵以觀文殿大學士，有間之者曰：「是宰相恩典也。」但以學士知河南。將行，上疏曰：「自紹聖、元符以來，用事之臣，持紹述之名，誑惑君父，上則固寵位而快恩讐，下則希進用而肆朋附。彼自爲謀則善矣，未嘗有毫髮爲公家計者也。夫聽言之道，必以其事觀之。臣不敢高談遠引，獨以神考之事切於今者爲證。熙寧、元豐之間，中外府庫，無不充衍，小邑所積錢米，亦不減二十萬。紹聖以還，傾竭以供邊費，使軍無見糧，吏無月俸，公私虛耗，未有甚於此時，而反謂紹述，豈不爲厚誣哉！願陛下監之，勿使飾偏辭而爲身謀者復得行其說。」又言：「東京黨禍已萌，願戒履霜之漸。」語尤激切。

初，建青唐邈川爲湟州，戍守困於供億。燾在樞府，因議者以爲可棄，奏還之。崇寧元年議其罪，降端明殿學士，再貶寧國軍節度副使，漢陽軍安置。湟州復，又降祁州團練副使。鄯州之復，又移建昌軍，然棄鄯州時，燾居憂不預也，終不敢自明。閱再歲，始復通議大夫，還洛卒，年七十五。後五歲，悉還其官職。

子扶，靖康時爲給事中。金人入京師，責取金帛，扶與梅執禮、陳知質、程振皆見殺。

張璪初名琥，字邃明，滁州全椒人，洎之孫也。早孤，鞠於兄環，欲任以官，辭不就。未冠登第，歷鳳翔法曹、縉雲令。

王安石與環善，既得政，將用之，而環已老，乃引璪同編修中書條例，授集賢校理、知諫院、直舍人院。楊繪、劉摯論助役，安石使璪爲文詰之，辭，曾布請爲之，由是忤安石意。神宗欲命璪知制誥，安石薦用布，以璪同修起居注。自縣令至是，才歲餘。坐奏事不實，解三職，已而復之。

時建議武學，璪言：「古之太學，舞干習射，受成獻功，莫不在焉。文武之才，皆自此出，未聞偏習其一者也。請無問文武之士，一養于太學。」朝廷既復河、隴，欲因勢戡定夔、蜀、荆、廣諸夷，璪言：「先王務治中國而已。今生財未盡有道，用財未盡有禮，不宜遽及徂征之事。」皆不聽。以集賢殿修撰知蔡州，復知諫院兼侍御史知雜事。

盧秉行鹽法於東南，操持峻急，一人抵禁，數家爲黥徙，且破產以償告捕，一年中犯者萬人。璪條列其狀。又言：「行役法以來，最下戶亦每歲納錢，乞度寬羨數均損之，以惠貧弱。」後皆施行。

鄭俠事起，璪媚呂惠卿，劾馮京與俠交通有迹，深其辭，致京等於罪。判司農寺，出知河陽。元豐初，入權度支副使，遂知制誥、知諫院。判國子監，薦蔡卞可爲直講。建增博士弟子員，月書、季攷、歲校，以行藝次升，略倣周官鄉比之法，立齋舍八十二。學官之盛，近代莫比，其議多自璪發之。

蘇軾下臺獄，璪與李定雜治，謀傅致軾於死，卒不克。詳定郊廟奉祀禮文，議者多以國朝未嘗躬行方澤之禮爲非正，詔議更制。璪請於夏至之日，備禮容樂舞，以冢宰攝事。帝曰：「在今所宜，無以易此。」卒行其說。爲翰林學士，詳定官制，以寄祿二十四階易前日省、寺虛名，而職事名始正。

四年，拜參知政事，改中書侍郎。哲宗立，諫官、御史合攻之，謂：「璪姦邪便佞，善窺主意，隨勢所在而依附之，往往以危機陷人。深交舒亶，數起大獄，天下共知其爲大姦。小人而在高位，德之賊也。」疏入，皆不報。最後，劉摯言：「璪初奉安石，旋附惠卿，隨王珪，黨章惇，諂蔡確，數人之性不同，而能探情變節，左右從順，各得其歡心。今過惡旣章，不可不速去。」如是踰歲，乃以資政殿學士知鄭州，徙河南、定州、大名府，進大學士，知揚州以卒。贈右銀青光祿大夫，謚曰簡翼。

蒲宗孟字傳正，閬州新井人。第進士，調夔州觀察推官。治平中，水災地震，宗孟上書，斥大臣及宮禁、宦寺。熙寧元年，改著作佐郎。神宗見其名，曰：「是嘗言水災地震者邪！」召試學士院，以爲館閣校勘、檢正中書戶房兼修條例，進集賢校理。

時三司新置提舉帳司官，祿豐地要，人人欲得之。執政上其員，帝命與宗孟。命察訪荆湖兩路，奏罷辰、沅役錢及湖南丁賦，遠人賴之。呂惠卿制手實法，然猶許災傷五分以上不預。宗孟言：「民以手實上其家之物產而官爲注籍，以正百年無用不明之版圖而均齊其力役，天下良法也。然災傷五分不預焉。臣以爲使民自供，初無所擾，何待豐歲？願詔有司，勿以豐凶弛張其法。」從之，民於是益病矣。

俄同修起居注、直舍人院、知制誥，帝又稱其有史才，命同修兩朝國史，爲翰林學士兼侍讀。舊制，學士唯服金帶，宗孟入謝，帝曰：「學士職清地近，非他官比，而官儀未寵。」迺加佩魚，遂著爲令。樞密都承旨張誠一預書局事，頗肆橫，挾中旨以脅同列。宗孟持其語質帝前，皆非是，因叩頭白其姦。帝察其不阿，欲大用，拜尚書左丞。

帝嘗語輔臣，有無人才之歎，宗孟率爾對曰：「人才半爲司馬光邪說所壞。」帝不語，直視久之，曰：「蒲宗孟乃不取司馬光邪！未論別事，只辭樞密一節，朕自卽位以來，唯見此一人；他人，則雖迫之使去，亦不肯矣。」宗孟慚懼，至無以爲容。僅一歲，御史論其荒于酒色及繕治府舍過制，罷知汝州。踰年，加資政殿學士，徙亳、杭、鄆三州。

鄆介梁山濼，素多盜，宗孟痛治之，雖小偷微罪，亦斷其足筋，盜雖爲衰止，而所殺亦不可勝計矣。方徙河中，御史以慘酷劾，奪職知虢州。明年，復知河中，還其職。帥永興，移大名。宗孟厭苦易地，頗默默不樂，復求河中。卒，年六十六。

宗孟趣尙嚴整而性侈汰，藏帑豐，每旦刲羊十、豕十，然燭三百入郡舍。或請損之，愠曰：「君欲使我坐暗室忍饑邪？」常日盥潔，有小洗面、大洗面、小濯足、大濯足、小大澡浴之別。每用婢子數人，一浴至湯五斛。他奉養率稱是。嘗以書抵蘇軾云：「晚年學道有所得。」軾答之曰：「聞所得甚高，然有二事相勸：一曰慈，二曰儉也。」蓋鍼其失云。

黃履字安中，邵武人。少游太學，舉進士，調南京法曹，又爲高密、廣平王二宮教授、館閣校勘、同知禮院。擢監察御史裏行，辭御史，改崇政殿說書兼知諫院。

神宗嘗詢天地合祭是非，對曰：「國朝之制，冬至祭天圜丘，夏至祭地方澤，每歲行之，皆合於古。猶以有司攝事未足以盡，於是三歲一郊而親行之，所謂因時制宜者也，雖施之方今，爲不可易。惟合祭之非，在所當正。然今日禮文之失，非獨此也，願敕有司正羣祀，爲一代損益之制。」詔置局詳定，命履董之，北郊之議遂定。同修起居注，進知制誥、同修國史。遭母憂去，服除，以禮部尙書召。

時閩中患苦鹽法，獻言者衆，神宗謂履自閩來，恃以爲決。履乃陳法甚便，遂不復革，鄉論鄙之。遷御史中丞。履以大臣多因細故罰金，遂言：「賈誼有云：『遇之以禮，則羣臣自喜。』羣臣且然，況大臣乎？使罪在可議，黜之可也；可恕，釋之可也，豈可罰以示辱哉！」時又制侍郎以下不許獨對，履言：「陛下博訪萬務，雖遠外微官，猶令獨對，顧於侍從乃弗得願也。」遂刊其制。御史翟思言事，有旨詰所自來。履諫曰：「御史以言爲職，非有所聞，則無以言。今乃究其自來，則人將懲之，臺諫不復有聞矣，恐失開言路之意。」事乃寢。

哲宗卽位，徙爲翰林學士。履素與蔡確、章惇、邢恕相交結，每確、惇有所嫌惡，則使恕道風旨於履，履卽排擊之。至是，更自謂有定策功。劉安世發其罪，以龍圖閣直學士知越州，坐舉御史不當，降天章閣待制。歷舒洪蘇鄂青州、江寧應天潁昌府。紹聖初，復龍圖閣直學士，爲御史中丞。極論呂大防、劉摯、梁燾垂簾時事，乞正典刑；又言司馬光變更先朝已行之法爲罪。

先是，北郊之論雖定，猶不果行，履又建言：「陽復陰消，各因其時。上圓下方，各順其體。是以聖人因天祀天，因地祀地，三代至漢，其儀不易。及王莽諂事元后，遂躋地位，同席共牢，歷世襲行，不能全革。逮神宗考古揆今，以正大典，嘗有意於茲矣。今承先志，當在陛下及二三執政。」哲宗詢諸朝，章惇以爲北郊止可謂之社。履曰：「天子祭天地。蓋郊者交於神明之義，所以天地皆稱郊。故詩序云『郊祀天地』。若夫社者，土之神而已，豈有祭大祇亦謂之社乎？」哲宗可之，遂定郊議。拜尚書右丞。

會正言鄒浩以言事貶新州，履曰：「浩以親被拔擢之故，敢犯顏納忠，陛下遽斥之死地，人臣將視以爲戒，誰復敢爲陛下論得失乎？乞徙善地。」坐罷知亳州。徽宗立，召爲資政殿學士兼侍讀，復拜右丞。未踰年，求去，加大學士、提舉中太一宮，卒。

論曰：哲宗親政之初，見慮未定，范、呂諸賢在廷，左右弼諫，俾日邇忠讜，疏絕回遹，以端其志嚮，元祐之治業，庶可守也。淸臣怙才躁進，陰覬柄用，首發紹述之說，以隙國是，羣姦洞之，衝決莫障，重爲薦紳之禍焉。至於興大獄以傾馮京、蘇軾者，瑑也；助成手實之法，以壞人材、譏司馬光者，宗孟也；訐垂簾之事，擊呂大防、劉摰等去之者，履也。淸臣眞小人之靡，三子抑其亞乎。燾論議識趣，有可稱述，雖立朝無附，而依違蔡確、章惇間，無所匡建，非大臣之道也。

蔡挺字子政，宋城人。第進士，調虔州推官。秩滿，以父希言當官蜀，乞代行，遂授陵州團練推官。王堯臣安撫陝西，辟管勾文字。富弼使遼，奏挺從，至雄州，誓書有所更易，遣挺還白。仁宗欲知契丹事，召對便殿，挺時有父喪，聽以衫帽入。

范仲淹宣撫陝西、河東，奏挺通判涇州，徙鄜州。河北多盜，精擇諸郡守，以挺知博州。申飭屬縣嚴保伍，得居停姦盜者數人，弛其宿負，補爲吏，使之察警，盜每發輒得。均博平、聊城二縣稅，歲衍鉅萬。三司下其法於四方，然大抵增賦也。

爲開封府推官、提點府界公事。部修六漯河，用李仲昌議，塞北流，入于六漯。一夕復決，兵夫芟楗漂溺不可計。降知滁州，言者以爲輕，乃貶秩停官。

越數歲，稍起知南安軍，提點江西刑獄，提舉虔州鹽。自大庾嶺下南至廣，驛路荒遠，室廬稀疎，往來無所芘。挺兄抗時爲廣東轉運使，迺相與謀，課民植松夾道，以休行者。江、閩鹽賊率千百爲州縣害，挺諭所部與期，使首納器甲，原其罪，得兵械萬計。官鹽惡而價貴，盜鹽善而價且下，故私販日滋。挺簡僚吏至淮轉新鹽，明殿賞，以官數之餘畀之，於是賊黨破散，宿弊遂絕，歲增賣鹽四十萬。

改陝西轉運副使，進直龍圖閣、知慶州，因上書論攻守大計。夏人大入，挺盡斂邊戶入保，戒諸砦無出戰。諒祚親帥軍數萬攻大順，挺料城堅不可破，而柔遠城惡，亟遣總管張玉將銳師守之。先布鐵蒺藜大順城旁水中，騎渡水多躓，驚言有神。過三日不克，諒祚督帳下決戰，挺伏強弩壕外，飛矢貫其鎧，遂引卻。移寇柔遠，玉夜斫營，夏人驚擾潰去。環州熟羌思順舉族投諒祚，倚爲鄉導。挺宣言思順且復來，命葺其舊舍，出兵西爲迎候之舉。諒祚果疑思順，毒之死。挺築城馬練平爲荔原堡，分屬羌三千人守之。

神宗卽位，加天章閣待制、知渭州。舉籍禁兵悉還府，不使有隱占。建勤武堂，五日一訓之，偏伍鉦鼓之法甚備。儲勁卒於行間，遇用奇，則別爲一隊。甲兵整習，常若寇至。又分義勇爲伍番，番三千人〔三〕，參正兵防秋與春，以八月、正月集，四十五日而罷，歲省粟帛、錢纊十三萬有奇。括並邊生地冒耕田千八百頃，募人佃種，以益邊儲。取邊民闌市蕃部田八千頃，以給弓箭手。又築城定戎軍爲熙寧砦，開地二千頃，募卒三千人耕守之。

諜告夏人集胡盧河，挺出奇兵迎擊之。夏人潰，分諸將躡而討之，蕩其七族。進右諫議大夫，賜金帛二千。夏人復犯諸砦，環慶兵不能禦，挺遣張玉以萬人往解其圍。慶州軍變，挺討平之，進龍圖閣直學士。廣銳卒徙營，衆憚遷，欲爲亂，城中震擾，挺推斬首惡十九人，訖徙營。蕃部歲饑，以田質於弓箭手，過期輒沒。挺爲貸官錢，歲息什一，後遂推爲蕃漢靑苗、助役法。又自以意製渡河大索及兵械鐮槍，皆獲其用。

熙寧五年，拜樞密副使。帝問挺涇原訓兵之法，召部將按于崇政殿，善之，下以爲諸郡法。河州景思立戰死，帝開天章閣訪執政，挺請行。帝曰：「此小事，不足煩卿。河朔有警，卿當行矣。」契丹議雲中地，挺請罷沿邊戍人，示以無事，因乞置三十七將，皆行其策。

七年冬，奏事殿中，疾作而仆，帝親臨賜藥，罷爲資政殿學士、判南京留司御史臺。元豐二年，薨，年六十六。贈工部尚書，謚曰敏肅。

挺譎而多知，人莫能窺其城府。初，爲富弼、范仲淹客，頗泄其幾事於呂夷簡以自售。在渭久，鬱鬱不自聊，寓意詞曲，有「玉關人老」之歎。中使至，則使優伶歌之，以達于禁掖。神宗愍焉，遂有樞密之拜云。

抗字子直。中進士，調太平州推官。聞父疾，委官去。稍遷睦親宅講書。英宗在宮邸，器重之，請於安懿王，願得與游。每見，必衣冠盡禮，義兼師友。再遷太常博士、通判秦州，爲祕閣校理，乞知蘇州。州並江湖，民田苦風潮害，抗築長隄，自城屬崑山，亘八十里，民得立塍堨，大以爲利。

徙廣東轉運使。岑水銅冶廢，官給虛劵爲市，久不償。人無所取資，聚而私鑄，抗盡給之，人得直以止。番禺歲運鹽英、韶，道遠，多侵竊雜惡。抗命十舸爲一運，擇攝官主之，歲終會其殿最，增十五萬緡。

英宗立，召爲三司判官。廣部去京師遠，不卽至，帝見南來者必問之。及入對，諭曰：「卿乃吾故人，朕望於卿者厚，勿以常禮自疎也。」以史館修撰同知諫院。方議安懿王典禮，抗引禮爲人後之誼，指陳切至，涕淚被面，帝亦感泣。都城大水，抗請見，帝迎問之，抗推原變異，守前說以對。大臣畏其諫，列白爲知制誥，遷龍圖閣直學士、知定州。帝惜其去，曰：「第行，且召矣。」

郡兵番戍，室家留營多不謹，夫歸輒首原，抗下令悉按以法，戍者感焉。帝不豫，趣命爲太子詹事，未至而神宗立，改樞密直學士、知秦州。過闕，帝見之，悲慟不自勝，曰：「先帝疾大漸，猶不忘卿。」遂赴鎭。

秦有質院，質諸羌百餘人，自少至老，扃繫之，非死不出，抗皆縱釋，約毋得擅相仇殺。已而有犯者，斬以狥，莫敢奸令。居數日，夢英宗召語，眷如平生，欲退復留。覺爲家人言，感念歔欷。及靈駕發引之旦，東望號慟，見僚佐于便室，驟得疾卒，年六十。特贈禮部侍郎。又欲賜謚，吳奎曰：「抗以舊恩，自雜學士贈官，已踰常制。」遂止。

王韶字子純，江州德安人。第進士，調新安主簿、建昌軍司理參軍。試制科不中，客游陝西，訪采邊事。

熙寧元年，詣闕上平戎策三篇，其略以爲：「西夏可取。欲取西夏，當先復河、湟，則夏人有腹背受敵之憂。夏人比年攻青唐，不能克，萬一克之，必併兵南向，大掠秦、渭之間，牧馬于蘭、會，斷古渭境，盡服南山生羌，西築武勝，遣兵時掠洮、河，則隴、蜀諸郡當盡驚擾，瞎征〔四〕兄弟其能自保邪？今唃氏子孫，唯董氊粗能自立，瞎征、欺巴温之徒，文法所及，各不過一二百里，其勢豈能與西人抗哉！武威之南，至于洮、河、蘭、鄯，皆故漢郡縣，所謂湟中、浩亹、大小榆、枹罕，土地肥美，宜五種者在焉。幸今諸羌瓜分，莫相統一，此正可幷合而兼撫之時也。諸種既服，唃氏敢不歸？唃氏歸則河西李氏在吾股掌中矣。且唃氏子孫，瞎征差盛，爲諸羌所畏，若招諭之，使居武勝或渭源城，使糾合宗黨，制其部族，習用漢法，異時族類雖盛，不過一延州李士彬、環州慕恩耳。爲漢有肘腋之助，且使夏人無所連結，策之上也。」神宗異其言，召問方略，以韶管幹秦鳳經略司機宜文字。

蕃部俞龍珂在青唐最大，渭源羌與夏人皆欲羈屬之，諸將議先致討。韶因按邊，引數騎直抵其帳，諭其成敗，遂留宿。明旦，兩種皆遣其豪隨以東。久之，龍珂率屬十二萬口內附，所謂包順者也。

韶又言：「渭源至秦州，良田不耕者萬頃，願置市易司，頗籠商賈之利，取其贏以治田。」帝從其言，改著作佐郎，仍命韶提舉。經略使李師中言：「韶乃欲指占極邊弓箭手地耳，又將移市易司於古渭，恐秦州自此益多事，所得不補所亡。」王安石主韶議，爲罷師中，以竇舜卿代，且遣李若愚按實。若愚至，問田所在，韶不能對。舜卿檢索，僅得地一頃，既地主有訟，又歸之矣。若愚奏其欺，安石又爲罷舜卿而命韓縝。縝遂附會實其事，師中、舜卿皆坐謫，而韶爲太子中允、祕閣校理。後帥郭逵上韶盜貸市易錢，安石以爲不足校，徙逵涇原〔五〕。

帝志復河、隴，築古渭爲通遠軍，以韶知軍事。五年七月，引兵城渭源堡及乞神平，破蒙羅角、抹耳水巴等族。初，羌保險，諸將謀置陣平地，韶曰：「賊不舍險來鬥，則我師必徒歸。今已入險地，當使險爲吾有。」乃徑趣抹邦山，壓敵軍而陣，令曰：「敢言退者斬！」賊乘高下鬥，師小却。韶躬擐甲冑，麾帳下兵逆擊之，羌大潰，焚其廬帳而還，洮西大震。會瞎征度洮爲之援，餘黨復集。韶戒別將由竹牛嶺路張軍聲，而潛師越武勝，遇瞎征首領瞎藥等，與戰破之，遂城武勝，建爲鎭洮軍。進右正言、集賢殿修撰。復擊走瞎征，降其部落二萬。更名鎭洮爲熙州，以熙、河、洮、岷、通遠爲一路，韶以龍圖閣待制知熙州。

六年三月，取河州，遷樞密直學士。降羌叛，韶回軍擊之。瞎征以其間據河州，韶進破訶諾木藏城，穿露骨山，南入洮州境，道陋隘，釋馬徒行，或日至六七。瞎征留其黨守河州，自將尾官軍，韶力戰破走之，河州復平。連拔宕、岷二州，疊、洮羌酋皆以城附。軍行五十有四日，涉千八百里，得州五，斬首數千級，獲牛、羊、馬以萬計。進左諫議大夫、端明殿學士。七年，入朝，又加資政殿學士，賜第崇仁坊。

還至興平，聞景思立敗於踏白城，賊圍河州，日夜馳至熙。熙方城守，命撤之。選兵得二萬，議所向，諸將欲趨河州。韶曰：「賊所以圍城者，恃有外援也。今知救至，必設伏待我，且新勝氣銳，未可與爭。當出其不意，以攻其所恃，此所謂『批亢擣虛，形格勢禁，則自爲解』者也。」乃直扣定羌城，破結河族，斷夏國通路，進臨寧河，分命偏將入南山。瞎征知援絕，拔栅去。

初，思立之覆師也，羌勢復熾，朝廷議棄熙河，帝爲之旰食，數下詔戒韶持重勿出。及是，帝大喜。韶還熙州，以兵循西山繞出踏白後，焚八千帳，瞎征窮蹙丐降，俘以獻。拜韶觀文殿學士、禮部侍郎。資政、觀文學士，非嘗執政而除者，皆自韶始。官其兄弟及兩子，前後賜絹八千匹。未幾，召爲樞密副使。

熙河雖名一路，而實無租入，軍食皆仰給他道。轉運判官馬瑊捃官吏細故，韶欲罷瑊；王安石右瑊，韶始沮，於是與安石異。數以母老乞歸，帝語安石勉留之。

安南之役，韶言：「決里、廣源之建，臣以爲貪虛名而忘實禍，執政乃疑臣爲刺譏。方舉事之初，臣力爭極論，欲寬民力而省財用，但同列莫肯聽，至以熙河事折臣。臣本意不費朝廷而可以至伊吾盧甘，初不欲令熙河作路，河、岷作州也。今與衆異論，儻不求退，必致不容。」韶本鑿空開邊，驟躋政地，乃以勤兵費財歸曲朝廷，帝由是不悅，以故罷職知洪州，又坐謝表怨慢，落職知鄂州。元豐二年，還其職，復知洪州。四年，病疽卒，年五十二。贈金紫光祿大夫，謚曰襄敏。

韶起孤生，用兵有機略。臨出師，召諸將授以指，不復更問，每戰必捷。嘗夜卧帳中，前部遇敵，矢石已交，呼聲震山谷，侍者往往股栗，而韶鼻息自如。在鄂宴客，出家姬奏樂，客張績醉挽一姬不前，將擁之，姬泣以告。韶徐曰：「本出汝曹娛客，而令失歡如此。」命酌大盃罰之，談笑如故，人亦服其量。韶交親多楚人，依韶求仕，乃分屬諸將，或殺降羌老弱予以首爲功級。韶晚節言動不常，頗若病狂狀。旣病疽，洞見五臟，蓋亦多殺徵云。子十人，厚、寀最顯。

厚字處道。少從父兵間，暢習羌事，官累通直郎。元祐棄河、湟，厚上疏陳不可，且詣政事堂言之，不聽。紹聖中，用薦者換禮賓副使、幹當熙河公事。

會羌酋瞎征、隴拶爭國，河州守將王贍與厚同獻議復故地。元符元年六月，師出塞。七月，下邈川，降瞎征。九月，次青唐，隴拶出迎，遂定湟、鄯。詔賜隴拶姓名曰趙懷德，進厚東上閤門副使、知湟州。既而他種叛，合兵來攻，厚不能支。朝廷度二州不可守，乃以畀懷德，而貶厚右內府率，再貶賀州別駕。

崇寧初，蔡京復開邊，還厚前秩，於是羌人多羅巴奉懷德之弟溪賒羅撒謀復國。懷德畏偪，奔河南，種落更挾之以令諸部。朝廷患衆羌扇結，命厚安撫洮西，遣內客省使童貫偕往。多羅巴知王師且至，集衆以拒。厚聲言駐兵而陰戒行，羌備益弛，乃與偏將高永年異道出。多羅巴三子以數萬人分據險，厚進擊破殺之，唯少子阿蒙中流矢去，道遇多羅巴，與俱遁。遂拔湟州。以功進威州團練使、熙河經略安撫。

三年四月，厚帥大軍次于湟，命永年將左軍循宗水而北，別將張誡將右軍出宗谷而南，自將中軍趨綏遠，期會宗哥川。羌置陳臨宗水，倚北山，溪賒羅撒張黃屋，建大旆，乘高指呼，望中軍旗鼓爭赴之。厚麾游騎登山攻其背，親帥強弩迎射，羌退走。右軍濟水擊之，大風從東南來，揚沙翳羌目，不得視，遂大敗，斬首四千三百餘級，俘三千餘人。羅撒以一騎馳去，其母龜茲公主與諸酋開鄯州降。厚計羅撒必且走青唐，將夜追之，童貫以為不能及，遂止。師下青唐，知羅撒留一宿去，貫始悔之。厚將大軍趣廓州，酋落施軍令結以衆降，遂入廓州。超拜厚武勝軍節度觀察留後。

明年，羅撒復入寇，永年戰死，羌焚大通河橋以叛，新疆大震。厚坐逗遛，降郢州防禦使。已而趙懷德約降未決，厚以書諭之，懷德卽納款。還厚舊官。入朝，提舉醴泉觀，卒。贈寧遠軍節度使，謚曰莊敏。

寀字輔道。好學，工詞章。登第，至校書郎。忽若有所覩，遂感心疾，唯好延道流談丹砂、神仙事。得鄭州書生，託左道，自言天神可祈而下，下則聲容與人接。因習行其術，纔能什七八，須兩人共爲乃驗。外間讙傳，浸淫徹禁庭。

徽宗方崇道教，侍晨林靈素自度技不如，願與之游，拒弗許。戶部尚書劉昺，寀外兄也，久以爭進絕還往。神降寀家，使因昺以達，寀言其故，神曰：「第往與之言，汝某年月日在蔡京後堂談某事，有之否？」昺驚駭汗洽，不能對，蓋所言皆陰中傷人者。乃言之帝，卽召。寀風儀旣高，又善談論，應對合上指。帝大喜，約某日卽內殿致天神。靈素求與共事，又弗許。或謂靈素，但勿令鄭書生偕，寀當立敗。卽白帝曰：「寀父兄昔在西邊，密與夏人謀反國。遲至尊候神，且圖不軌。」帝疑焉。及是日，寀與書生至東華門，靈素戒閽卒獨聽寀入。帝齋潔敬待，越三夕無所聞，乃下寀大理，獄成，棄市，昺竄瓊州。

薛向字師正。以祖顏任太廟齋郎，爲永壽主簿，權京兆戶曹。有商胡齎銀二篋，出樞密使王德用書，云以與其弟。向適監稅，疑之曰：「烏有大臣寄家問而諉胡人者？」鞫之，果妄。

爲邠州司法參軍。夏人叛，秦中治城，侍御史陳洎行邊，向詣洎陳三敝，言：「今板築暴興，吏持斧四出伐木，無問井閭丘隴，民不敢訴。必不得已，宜且葺邊城。函關，秦東塞，今西鄉設守，是爲棄關內乎？三司貸龍門富人錢，以百年全盛之天下，一方有警，即稱貸於民，非義也。」洎上其說，悉從之。邠守貪沓，欲因事爲邪，幷治子城，立表於市以撤屋，冀得賂免，向力爭罷之。

監在京榷貨務，連歲羨緡錢，當遷秩，移與其兄。三司判官董沔議改河北便糴，行鈔法。向曰：「如此，則都內之錢不繼，茶、鹽、香、象將益不售矣。」有司主沔議，既而邊糴滯不行，沔坐黜。

以向知鄜州。大水冒城郭，沉室廬，死者相枕。郡卒戍延安，詣主將求歸視，弗得，皆亡奔。至，則家人無存者，聚謀爲盜，民大恐。向遣吏曉之曰：「冒法以赴急，人之常情，而不聽若輩歸，此武將不知變之過也。亟往收溺尸，貰汝擅還之罪。」衆入庭下泣謝，一境乃安。

又論河北糴法之弊，以爲：「度支歲費錢緡五百萬，所得半直，其贏皆入賈販家。今當有以權之，遇穀貴，則官糴於澶、魏，載以給邊；新陳未交，則散糴價以救民乏；軍食有餘，則坐倉收之。此策一行，穀將不可勝食矣。」朝廷是向計，始置便糴司於大名，以向爲提點刑獄兼其事。武疆有盜殺人而逸，尉捕平民抑使承，向覆其冤，脫六囚於死。

入爲開封度支判官，權陝西轉運副使、制置解鹽。鹽足支十年，而歲調畦夫數千，向奏損其數。兼提舉買馬，監牧沙苑養馬，歲得駒三百，而費錢四千萬，占田千頃。向請斥閑田予民，收租入以市之。乃置場於原、渭，以羨鹽之直市馬，於是馬一歲至萬匹。

昭陵復土，計用錢粮五十萬貫石，三司不能供億，將移陝西緣邊入鹽中于永安縣。向陳五不可，以爲失信商旅，遂舉所闕之數以獻。嘗夜至靈寶縣，先驅入驛，與客崔令孫爭舍，令孫正病臥，驚而死，罷知汝州。甫數月，復以爲陝西轉運副使，進爲使。厚陵役費，其助如永昭時。凡將漕八年，所入鹽、馬、芻、粟數累萬，民不益賦，其課爲最。

夏將嵬名山以綏州來歸，青澗城主种諤將往迎，詔向與議。諤不俟命，亟率所部出塞，遂城之。廷議劾諤擅興，將致法。向言：「諤今者之舉，蓋忘身以徇國，有如不稱，臣請坐之。」謗既貶，向亦罷知絳州，再貶信州，移潞州。張靖使陝西還，陳向制置鹽、馬之失。詔向詣闕與辯，靖辭窮，卽罪之。

神宗知向材，以爲江、浙、荆、淮發運使。綱舟歷歲久，篙工利於盜貨，嘗假風水沉溺以滅迹。向募客舟分載，以相督察。官舟有定數，多爲主者冒占，悉奪畀屬州，諸運皆詣本曹受遣；以地有美惡，利有重輕，爲立等式，用所漕物爲誅賞。遷天章閣待制。環慶有疆事，帝以向習知地形，召詣中書。舊制，發運使上計毋得出入，唯止都門達章奏。至是，弛其禁。熙寧四年，權三司使。明堂禮成，有司誤遷向右諫議大夫，詔罰吏而向官不奪。河、洮用兵，縣官費不可計，向未嘗乏供給。及解嚴，上疏乞戒將帥裁溢員，汰冗卒，省浮費，節橫賦，手敕褒納。進龍圖閣直學士。

遼人求代北地，北邊擇牧，加樞密直學士、給事中、知定州。高陽關募兵，敵陰遣人應選。向諜知之，主者覺，縱使亡去，向遣邏捕取之，械送瀛州，戮於市。北使久留都亭，數出不遜語，而雲、應點兵，涿、易治道，僉謂必渝盟。向曰：「彼欲疆議速成，故多張虛勢以撼我。使者懼不如其請，故肆嫚言以儌倖取成。兵來不除道，其亦無能爲也已。」後皆如向言。遷工部侍郎。向控辭，賜詔弗允。故事，前兩府辭官乃降詔，兩省得詔自向始。元豐元年，召同知樞密院。

向幹局絕人，尤善商財，計算無遺策，用心至到，然甚者不能無病民，所上課間失實。時方尚功利，王安石從中主之，御史數有言，不聽也。向以是益得展奮其材業，至於論兵帝所，通暢明決，遂由文俗吏得大用。及在政地，同列質以西北事，則養威持重，未嘗啓其端，非常所以屬望意〔六〕。會詔民畜馬，向既奉命，旋知民不便，議欲改爲。於是舒亶論向反覆無大臣體，斥知潁州，又改隨州，卒，年六十六。元祐中，錄其言，謚曰恭敏。子紹彭，有翰墨名。中子嗣昌。

嗣昌亦以吏材奮。崇寧中，歷熙河轉運判官，梓州、陝西轉運副使，直龍圖閣、集賢殿修撰，入爲左司郎中，擢徽猷閣待制、陝西都轉運使，知渭州，改慶州。監公使庫皇賓坐獄，嗣昌奏請之，遂以監臨自盜責安化軍節度副使，安置郢州。起知相州，復待制、知太原府。論築涇原三倉勞，加顯謨閣直學士；又以撫納西羌功，進延康、宣和殿學士，拜禮部、刑部尚書。坐啓擬反覆罷，提舉崇福宮。久之，遷延康殿學士、知延安府，賜第京師。當遷官，巧回授其子䄍京秩。

嗣昌前後因事六七貶，多以欺罔獲罪。至是，言者併論之，降爲待制，卒。

先是，徽宗有意圖北方，遣譚稹銜命訪諸帥，韓粹彥、洪中孚皆力云不可，嗣昌乃潤飾諜詞，以開邊隙。及論事帝前，語至興師，或感激流涕。造亂之咎，人皆歸責焉。

章楶字質夫，建州浦城人。祖頻，爲侍御史，忤章獻后旨黜官，仁宗欲用之而卒。楶以叔得象蔭，爲孟州司戶參軍。應舉入京，聞父對獄于魏，棄不就試，馳往直其寃。還，試禮部第一，擢知陳留縣，歷提舉陝西常平、京東轉運判官、提點湖北刑獄、成都路轉運使，入爲考功、吏部、右司員外郎。

元祐初，以直龍圖閣知慶州。時朝廷戢兵，戒邊吏勿妄動，且捐葭蘆、安疆等四砦予夏，使歸其永樂之人。夏得砦益驕。楶言：「夏嗜利畏威，不有懲艾，邊不得休息。宜稍取其土疆，如古削地之制，以固吾圉。然後諸路出兵，擇據要害，不一再舉，勢將自蹙矣。」遂乘便出討，以致其師，夏果入圍環州。楶先用間知之，遣驍將折可適伏兵洪德城。夏師過之，伏兵識其母梁氏旗幟，鼓譟而出，斬獲甚衆。又預毒於牛圈瀦水，夏人馬飲者多死。召權戶部侍郎。明年，除知同州。紹聖初，知應天府，加集賢殿修撰、知廣州，徙江、淮發運使。

哲宗訪以邊事，對合旨，命知渭州。至卽上言城胡蘆河川，據形勝以偪夏。乃以三月及熙河、秦鳳、環慶四路之師，陽繕理他堡壁數十所，自示其怯。或以楶怯，請曰：「此夏必爭之地，夏方營石門峽，去我三十里，能奪而有之乎？」楶又陽謝之，陰具板築守戰之備，帥四路師出胡蘆河川，築二城于石門峽江口好水河之陰。二旬有二日成，賜名平夏城、靈平砦。方興役時，夏以其衆來乘，楶迎擊敗之。既而環慶、鄜延、河東、熙河皆相繼築城，進拓其境，夏人愕視不敢動。夏主遂奉其母合將數十萬兵圍平夏，疾攻十餘日，建高車臨城，塡塹而進，不能克，一夕遁去。夏統軍嵬名阿埋、西壽監軍妹勒都逋皆勇悍善戰，楶諜其弛備，遣折可適、郭成輕騎夜襲，直入其帳執之，盡俘其家，虜馘三千餘、牛羊十萬，夏主震駭。哲宗爲御紫宸殿受賀，累擢楶樞密直學士、龍圖閣端明殿學士，進階大中大夫。

楶在涇原四年，凡創州一、城砦九，薦拔偏裨，不間廝役，至於夏降人折可適、李忠傑、朱智用，咸受其馭。夏自平夏之敗，不復能軍，屢請命乞和，哲宗亦爲之寢兵。楶立邊功，爲西方最。

時章惇用事，楶與惇同宗，其得興事，頗爲世所疑。徽宗立，請老，徙知河南。入見，留拜同知樞密院事，俾其子綷爲開封推官以便養。踰年，力謝事罷，授資政殿學士、中太一宮使，未幾，卒。徽宗悼之，贈右銀青光祿大夫，謚曰莊簡，賻恤甚厚。

楶七子：綷、綜、綡、綰、綖、縯、縝，綷、綡最知名。綷繇推官爲戶部員外郎、提點淮南東路刑獄、權知揚州兼提舉香鹽事。時方鑄崇寧大錢，令下，市區晝閉，人持錢買物，至日旰，皇皇無肯售。綍飾市易務致百貨，以小錢收之；且檄倉吏糶米，以大錢予之，盡十日止，民心遂安。未幾，新鈔法行，舊鈔盡廢，一時商賈束手，或自殺。綍得訴者所持舊鈔，爲錢以千計者三十萬，上疏言鈔法誤民，請如約以示大信。上怒，罷綍，降兩官。

綜第進士，歷陝西轉運判官，入爲戶部員外郎。中書侍郎劉逵之妻，綜姊也。逵漸復元祐之政，綜多贊之。蔡京欲擠逵，且惎綜不附己，使其黨攻之，出綜湖州。論者不已，差主管西京崇福宮。

綜歷通判常州，綰知丹徒縣，綖簽判西安州，縯簽判蘇州，楶孫茇承奉郎，藎監蘇州稅，俱列仕顯。

及京復相，遂興制獄，傾章氏。綖居蘇州，或得私鑄錢數巨罌，京風言者誣綖與州人郁寶所鑄。詔遣李孝壽、張茂直、沈畸、蕭服更往鞫之，連繫數百人，累月卒無實，獄多死者。京大怒，別遣孫傑鞫之，傅致如章，綖刺面配沙門島，追毀出身以來文字，除名勒停，籍入其家。竄綍台州，綜秀州，綡温州，綰睦州，縯永州，茇處州，藎均州，官司降罷除名者十餘人，時論冤之。

孫傑擢龍圖閣直學士、知蘇州，張商英入相，始辨前獄，移綖常州，綜復朝奉郎、通判秀州。頃之，綎改授內殿崇班，綜秘書省校書郎，遷倉部員外郎，出提點兩浙刑獄，以龍圖閣直學士知越州。譚稹宣撫燕山，請綜爲參謀，加右文殿修撰。金人破蔚州，背歸山後議，稹以錯置乖方罷。綜落職送吏部，會赦恩，上書告老，復龍圖閣直學士致仕，卒。

論曰：神宗奮英特之資，乘財力之富，銳然欲復河、湟，平靈、夏，而蔡挺、王韶、章楶輩起諸生，委褒衣，樹勳戎馬間。世非無材，顧上所趣尙磨厲奚如耳。觀挺之治兵，韶之策敵，楶之制勝，亦一時良將。薛向雖無三子勞，而董漕邊饟，不乏仰給，持重樞府，不啓事端，又其善也。若厚之降隴拶、瞎征，取湟、鄯、廓州，功足繼韶。而嗣昌造釁北伐，洒悖於向，可勝誅邪？雖然，佳兵好還，道家所戒，卒之宋以左道殺，綎以鑄錢陷，此非其驗也與。

校勘記

〔一〕張輿　原作「張興」，據編年綱目卷二四、晁補之雞肋集卷六二李清臣行狀改。

〔二〕當使知吾宥過而息兵　「當」原作「常」，據長編卷三三七、東都事略卷九六本傳改。

〔三〕番三千人　「番」字原脫，據本書卷一九一兵志、東都事略卷八二本傳補。

〔四〕瞎征　當作「木征」，本傳下文各條同。按本書卷四九二吐蕃傳載，宋神宗時居於洮、河的蕃族首領是木征；東都事略卷八二王韶傳、長編紀事本末卷八五、宋會要蕃夷六之七起，記載王韶開熙河時的對手，都作「木征」。瞎征是另一人，紹聖三年才嗣位，後此約二十年，卽本卷附王厚傳所載的瞎征。疑此誤。

〔五〕涇原　原作「涇源」，顯誤。據本書卷二九〇郭逵傳、卷八七地理志改。

〔六〕非常所以屬望意　長編卷三〇八說：「向在政府專以持重養威，無先開端爲言，非上所望於向者。」疑此處「常」字爲「上」字之訛。

宋史卷三百二十九

列傳第八十八

常秩 鄧綰子洵武 李定 舒亶 蹇周輔子序辰 徐鐸

王廣淵弟臨 王陶 王子韶 何正臣 陳繹

常秩字夷甫，潁州汝陰人。舉進士不中，屏居里巷，以經術著稱。嘉祐中，賜束帛，爲潁州教授，除國子直講，又以爲大理評事；治平中，授忠武軍節度推官、知長葛縣，皆不受。

神宗卽位，三使往聘，辭。熙寧三年，詔郡「以禮敦遣，毋聽秩辭」。明年，始詣闕，帝曰：「先朝累命，何爲不起？」對曰：「先帝亮臣之愚，故得安閭巷。今陛下嚴詔趣迫，是以不敢不來，非有所決擇去就也。」帝悅，徐問之：「今何道免民於凍餒？」對曰：「法制不立，庶民食侯食，服侯服，此今日大患也。臣才不適用，願得辭歸。」帝曰：「既來，安得不少留？異日不能用卿，乃當去耳。」卽拜右正言、直集賢院、管幹國子監，俄兼直舍人院，遷天章閣侍講、同修起居注，仍使供諫職。復乞歸，改判太常寺。

七年，進寶文閣待制兼侍讀，命其子立校書崇文院。九年，病不能朝，提舉中太一宮、判西京留司御史臺。還潁。十年，卒，年五十九，贈右諫議大夫。

秩平居爲學求自得。王回，里中名士也，每見秩與語，輒欿然自以爲不及。歐陽脩、胡宿、呂公著、王陶、沈遘、王安石皆稱薦之，翕然名重一時。

初，秩隱居，旣不肯仕，世以爲必退者也。後安石爲相更法，天下沸騰，以爲不便，秩在閭閻，見所下令，獨以爲是，一召遂起。在朝廷任諫爭，爲侍從，低首抑氣，無所建明，聞望日損，爲時譏笑。秩長於春秋，至斥孫復所學爲不近人情。著講解數十篇，自謂「聖人之道，皆在於是」。及安石廢春秋，遂盡諱其學。

立，始命爲天平軍推官，秩死，使門人趙沖狀其行，云：「自秩與安石去位，天下官吏陰變其法，民受塗炭，上下循默，敗端內萌，莫覺莫悟。秩知其必敗。」紹聖中，蔡卞薦立爲祕書省正字、諸王府說書侍講，請用爲崇政殿說書，得召對，又請以爲諫官。卞方與章惇比，曾布欲傾之，乘間爲哲宗言立附兩人，因暴其行狀事，以爲詆毀先帝。帝亟下史院取視，言其不遜，以責惇、卞，惇、卞懼，請貶立，乃黜監永州酒稅。

鄧綰字文約，成都雙流人。舉進士，爲禮部第一。稍遷職方員外郎。熙寧三年冬，通判寧州。時王安石得君專政，條上時政數十事，以爲宋興百年，習安玩治，當事更化。又上書言：「陛下得伊、呂之佐，作青苗、免役等法，民莫不歌舞聖澤。以臣所見寧州觀之，知一路皆然；以一路觀之，知天下皆然。誠不世之良法，願勿移於浮議而堅行之。」其辭蓋媚王安石。又貽以書頌，極其佞諛。

安石薦於神宗，驛召對。方慶州有夏寇，綰數陳甚悉。帝問安石及呂惠卿，以不識對。帝曰：「安石，今之古人；惠卿，賢人也。」退見安石，欣然如素交。宰相陳升之、馮京以綰練邊事，屬安石致齋，復使知寧州。綰聞之不樂，誦言：「急召我來，乃使還邪？」或問：「君今當作何官？」曰：「不失爲館職。」「得無爲諫官乎？」曰：「正自當爾。」明日，果除集賢校理、檢正中書孔目房。鄉人在都者皆笑且罵，綰曰：「笑罵從汝，好官須我爲之。」

尋同知諫院。獻所著洪範建極錫福論，帝曰：「洪範，天人、自然之大法，朕方欲舉而措諸天下，矯革衆敝。卿當堲淫朋比德之人，規以助朕。」綰頓首曰：「敢不力行所學，以奉聖訓。」明年，遷侍御史知雜事、判司農寺。

時常平、水利、免役、保甲之政，皆出司農，故安石藉綰以威衆。綰請先行免役於府界，次及諸道。利州路歲用錢九萬六千緡，而轉運使李瑜率三十萬，綰言：「均役本以裕民，今乃務聚斂，積寬餘，宜加重黜。」富弼在亳，不散青苗錢，綰請付吏究治。畿縣民訴助役，詔詢其便否兩行之，綰與曾布輒上還堂帖。中丞楊繪言未聞司農得繳奏者，不報。凡呂公著、謝景溫所置推直官、主簿，悉罷去之，而引蔡確、唐坰爲御史。

五年春，擢御史中丞。國朝故事，未有臺雜爲中丞者，帝特命之。又加龍圖閣待制。建言：「頃時御史罷免，猶除省府職司，蓋厥初選用既審，則議論雖不合，人材亦不可遺。願籍前後諫官、御史得罪者姓名，以次甄錄，使於進退間與凡僚稍異，則人思竭盡矣。」

遼人來理邊地，屯兵境上，聲言將用師，於是兩河戒嚴，且令河北修城守之具。綰曰：「非徒無益，且大擾費。」帝從其言而止。又言：「遼妄爲地訟，意在窺我。去冬聚兵累月，逡巡自罷，其情僞可見。今當禦之以堅強，則不渝二國之平，平則彼不我疑，而我得以遠慮。苟先之以畏屈，彼或將力爭，則大爲中國之恥。」帝覽疏嘉之。

安石去位，綰頗附呂惠卿。及安石復相，綰欲彌前迹，乃發惠卿置田華亭事，出知陳州。又論三司使章惇協濟其姦，出知湖州。初，惠卿弟和卿創手實法，綰曰：「凡民養生之具，日用而家有之。今欲盡令疏實，則家有告訐之憂，人懷隱匿之慮，無所措手足矣。商賈通殖貨財，交易有無，不過服食、器用、米粟、絲麻、布帛之類，或春有之而夏以蕩析，或秋貯之而冬已散亡，公家簿書，何由拘錄，其勢安得不犯？徒使囂訟者趨賞報怨以相告訐，畏怯者守死忍困而已。」詔罷其法。遷翰林學士，仍爲中丞。

綰慮安石去失勢，乃上言宜錄安石子及壻，仍賜第京師。帝以語安石，安石曰：「綰爲國司直，而爲宰臣乞恩澤，極傷國體，當黜。」又薦彭汝礪爲御史，安石不悅，遽自劾失舉。帝謂綰操心頗僻，賦性姦回，論事薦人，不循分守，斥知虢州。踰歲，爲集賢院學士、知河陽。元豐中，以待制知荊南、陳、陝，徙永興軍，改青州。奏言歲大稔，斗粟五七錢。帝知其佞，令提舉官酌市價以聞。進龍圖閣直學士、知鄧州。

元祐初，徙揚州。言者論其姦，改滁州，未去鄧而卒，年五十九。子洵仁、洵武。洵仁，大觀中爲尚書右丞。

洵武字子常，第進士，爲汝陽簿。紹聖中，哲宗召對，爲秘書省正字、校書郎、國史院編修官，撰神宗史，議論專右蔡卞，詆誣宣仁后尤切，史禍之作，其力居多。遷起居舍人。徽宗初，改秘書少監，既而用蔡京薦，復史職。御史陳次升、陳師錫言：「洵武父綰在熙寧時以曲媚王安石，神宗數其邪僻姦回，今置洵武太史，豈能公心直筆，發揚神考之盛德，而不掩其父之惡乎？且其人材凡近，學問荒繆，不足以汚此選。」不聽。遷起居郎。

時韓忠彥、曾布爲相，洵武因對言：「陛下乃先帝子，今相忠彥乃琦之子。先帝行新法以利民，琦嘗論其非，今忠彥爲相，更先帝之法，是忠彥能繼父志，陛下爲不能也。必欲繼志述事，非用蔡京不可。」京出居外鎭，帝未有意復用也，洵武爲帝言：「陛下方紹述先志，羣臣無助者。」乃作愛莫助之圖以獻。其圖如史記年表，列旁行七重，別爲左右，左曰元豐，右曰元祐，自宰相、執政、侍從、臺諫、郎官、館閣、學校各爲一重。左序助紹述者，執政中唯溫益一人，餘不過三四，若趙挺之、范致虛、王能甫、錢遹之屬而已。右序舉朝輔相、公卿、百執事咸在，以百數。帝出示曾布，而揭去左方一姓名。布請之，帝曰：「蔡京也。洵武謂非相此人不可，以與卿不同，故去之。」布曰：「洵武旣與臣所見異，臣安敢豫議？」明日，改付溫益，益欣然奉行，請籍異論者，於是決意相京。進洵武中書舍人、給事中兼侍講，修撰哲宗實錄，遷吏部侍郎。

洵武疏言：「神宗稽古建官，旣正省、臺、寺、監之職，而以寄祿階易空名矣。今在選七階，自兩使判官至主簿、尉，有帶知安州雲夢縣而爲河東斡當公事者，有河中司錄參軍而監楚州鹽場者，有瀛州軍事推官、知大名府元城縣充濮州教授者，殽亂紛錯，莫甚於此。謂宜造爲新名，因而制祿。」詔悉更之。遷刑部尙書，又請初出官人兼用刑法試，俾知爲吏之方。

崇寧三年，拜尚書右丞，轉左丞、中書侍郎。

妖人張懷素獄興，其黨有與洵武連昏者，坐出知隨州。提舉明道宮，復端明殿學士，知亳州、河南府，召爲中太一宮使，連進觀文殿學士，爲大名尹。政和中，夏祭，入侍祠。以佑神觀使兼侍讀留修國史，改保大軍節度使。未幾，知樞密院。

五谿蠻擾邊，卽倣陝西弓箭手制，募邊民習知溪洞險易者，置所司教以戰陣，勸以耕牧，得勝兵幾萬人以鎭撫之。遷特進，拜少保，封莘國公，恩典如宰相。宣和元年，薨，年六十五，贈太傅，謚曰文簡。

鄧氏自綰以來，世濟其姦，而洵武阿二蔡尤力。京之敗亂天下，禍源自洵武起焉。

李定字資深，揚州人。少受學於王安石。登進士第，爲定遠尉、秀州判官。熙寧二年，孫覺薦之，召至京師，謁諫官李常，常問曰：「君從南方來，民謂青苗法何如？」定曰：「民便之，無不喜者。」常曰：「舉朝方共爭是事，君勿爲此言。」定卽往白安石，且曰：「定但知據實以言，不知京師乃不許。」安石大喜，謂曰：「君且得見，盍爲上道之。」立薦對。神宗問青苗事，其對如曩言，於是諸言新法不便者，帝皆不聽。命定知諫院，宰相言前無選人除諫官之比，遂拜太子中允、監察御史裏行。知制誥宋敏求、蘇頌、李大臨封還制書，皆罷去。

御史陳薦疏：「定頃爲涇縣主簿，聞庶母仇氏死，匿不爲服。」詔下江東、淮、浙轉運使問狀，奏云：「定嘗以父年老，求歸侍養，不云持所生母服。」定自辯言，實不知爲仇所生，故疑不敢服，而以侍養解官。曾公亮謂定當追行服，安石力主之，改爲崇政殿說書。御史林旦、薛昌朝言，不宜以不孝之人居勸講之地，併論安石，章六七上，安石又白罷兩人。定亦不自安，蘄解職，以集賢校理、檢正中書吏房、直舍人院同判太常寺。八年，加集賢殿修撰、知明州。

元豐初，召拜寶文閣待制、同知諫院，進知制誥，爲御史中丞。劾蘇軾湖州謝上表，擿其語以爲侮慢。因論軾自熙寧以來，作爲文章，怨謗君父，交通戚里。逮赴臺獄窮治。當會赦，論不已，竄之黃州。方定自鞫軾獄，勢不可回。一日，於崇政殿門外語同列曰：「蘇軾乃奇才也。」俱不敢對。

請復六案糾察之職，幷諸路監司皆得鉤考，從之。彗出東方，求直言，太史謂有兵變，帝命宦者視衞士飲食。定言一飯不足市恩，適起小人之心，乃止。或議廢明堂祀，帝以訪定。定曰：「三歲一郊或明堂，祖宗以來，未之有改。誰爲此言，願治其妄。」帝曰：「聽卿言足矣。」遷翰林學士。坐論府界養馬事失實，罷知河陽。留守南京，召爲戶部侍郎。哲宗立，以龍圖閣學士知青州，移江寧府。言者爭暴其前過，又謫居滁州。元祐二年，卒。定於宗族有恩，分財振贍，家無餘貲。得任子，先及兄息。死之日，諸子皆布衣。徒以附王安石驟得美官，又陷蘇軾於罪，是以公論惡之，而不孝之名遂著。

舒亶字信道，明州慈溪人。試禮部第一，調臨海尉。民使酒詈逐後母，至亶前，命執之，不服，即自起斬之，投劾去。王安石當國，聞而異之，御史張商英亦稱其材，用爲審官院主簿。使熙河括田，有績，遷奉禮郎。鄭俠既貶，復被逮，亶承命往捕，遇諸陳。搜俠篋，得所錄名臣諫草，有言新法事及親朋書尺，悉按姓名治之，竄俠嶺南，馮京、王安國諸人皆得罪。擢亶太子中允、提舉兩浙常平。

元豐初，權監察御史裏行。太學官受賂，事聞，亶奉詔驗治，凡辭語微及者，輒株連考竟，以多爲功。加集賢校理。同李定劾蘇軾作爲歌詩譏訕時事。亶又言：「王詵輩公爲朋比，如盛僑、周邠固不足論，若司馬光、張方平、范鎭、陳襄、劉摯，皆略能誦說先王之言，而所懷如此，可置而不誅乎？」帝覺其言爲過，但貶軾、詵，而光等罰金。

未幾，同修起居注，改知諫院。張商英爲中書檢正，遣亶手帖，示以子壻所爲文。亶具以白，云商英爲宰屬而干請言路，坐責監江陵稅。始，亶以商英薦得用；及是，反陷之。進知雜御史、判司農寺，超拜給事中、權直學士院。踰月，爲御史中丞。舉劾多私，氣焰熏灼，見者側目，獨憚王安禮。

亶在翰林，受廚錢越法，三省以聞，事下大理。初，亶言尚書省凡奏鈔法當置籍，錄其事目。今違法不錄，既案奏，乃謾以發放歷爲錄目之籍，亶以爲大臣欺罔。而尚書省取臺中受事籍驗之，亦無錄目，亶遽雜他文書送省，於是執政復發其欺。大理鞫廚錢事，謂亶爲誤。法官吳處厚駁之，御史楊畏言亶所受文籍具在，無不承之理。帝曰：「亶自盜爲贓，情輕而法重；詐爲錄目，情重而法輕。身爲執法，而詐妄若是，安可置也！」命追兩秩勒停。亶比歲起獄，好以疑似排抵士大夫，雖坐微罪廢斥，然遠近稱快。十余年，始復通直郎。崇寧初，知南康軍。辰溪蠻叛，蔡京使知荆南，以開邊功，由直龍圖閣進待制。明年，卒，贈直學士。

蹇周輔字磻翁，成都雙流人。少與范鎮、何郯爲布衣交。年未冠，試大廷，不第。鎮、郯既貴達，周輔始特奏名，再舉進士，知宜賓、石門二縣，通判安肅軍，爲御史臺推直官。善於訊鞫，鉤索微隱，皆用智得情。嘗有詔獄，事連掖庭掌寶侍史，它司累月不能決，乃命周輔。度不可追逮，奏請以要辭示主者詰服之，時以爲知體。及治李逢獄竟，臺臣雜治無異辭，神宗稱其能，擢開封府推官，出爲淮南轉運副使。盜廖恩聚黨閩中，多害兵吏，改使福建，護諸將以討之，恩遂降。

元豐初，循唐制，歸百司獄于大理寺，選爲少卿，遷三司度支副使。先是，湖南例食淮鹽，周輔始請運廣鹽數百萬石，分鬻郴、全、道州；又以淮鹽增配潭、衡諸郡，湘中民愁困，法既行，遂領於度支。以集賢殿修撰爲河北都轉運使，進寶文閣待制，召爲戶部侍郎、知開封府，事多不決。授中書舍人，不拜，改刑部侍郎。元祐初，言者暴其立江西、福建鹽法，掊克欺誕，負公擾民，罷知和州〔一〕。徙廬州。卒，年六十六。

周輔彊學，善屬文，神宗嘗命作答高麗書，屢稱善。爲吏深文刻覈，故老而獲戾。子序辰。

序辰字授之，登第後數年，以泗州推官主管廣西常平。周輔方使閩，上言父子並祗命遠方，家無所託，蘄改一近地。乃易京西，旋提舉江西常平，繼父行鹽法。爲監察御史，遷殿中侍御史、右司諫。哲宗立，改司封員外郎。周輔得罪，以序辰成其惡，降簽書廬州判官。起知楚州，提點江東刑獄。

紹聖中，遷左司員外郎，進起居郎、中書舍人、同修國史。疏言：「朝廷前日正司馬光等姦惡，明其罪罰，以告中外。惟變亂典刑，改廢法度，訕讟宗廟，睥睨兩宮，觀事考言，實狀彰著。然蹤跡深秘，包藏禍心，相去八年之間，蓋已不可究質。其章疏案牘，散在有司，若不彙緝而藏之，歲久必致淪棄。願悉討姦臣所言所行，選官編類，入爲一帙，置之一府，以示天下後世大戒。」遂命序辰及徐鐸編類。由是搢紳之禍，無一得脫者。遷禮部尚書，與安惇看詳訴理事。以奉使遼國無狀，黜知黃州。閱四月，除龍圖閣待制、知揚州。

徽宗立，中書言序辰類元祐章牘，傅致語言，指爲謗訕。詔與惇並除名勒停，放歸田里。蔡京爲相，復拜刑部、禮部侍郎，爲翰林學士，進承旨。有言其在先帝遏密中以音樂自娛者，黜知汝州。二年，徙蘇州。坐縱部民盜鑄錢，謫單州團練副使、江州安置。又坐守蘇時以天寧節同其父忌日，輒於前一日設宴，及節日不張樂，移永州。會赦，復官中奉大夫，遂卒。序辰亦有文，善傅會，深文刻覈，似其父云。

徐鐸字振文，興化莆田人。熙寧進士第一，簽書鎭東軍判官。紹聖末，以給事中直學士院。蹇序辰建議編類元祐諸臣章牘事狀，詔鐸同主之。凡一時施行文書，擵拾附著，纖悉不遺。遷禮部侍郎。鐸雖云封駁，而是時凡給事中不肯書讀者，輒命代行之。貢院獲舉人挾書，開封尹蔣之奇將以徒定罪，鐸爭不可，之奇爲從輕比。既上省，章惇怒，罰府吏，舉人竟坐刑，鐸不復敢有言，衆傳以爲笑。後議除御史中丞，或摭此事以爲無所執持，乃止。徽宗立，以龍圖閣待制知青州。御史中丞豐稷論鐸編類事狀，率視章惇好惡爲輕重，存歿名臣，橫罹竄斥，序辰既放歸田里，鐸之罪不在其下。詔落職知湖州。崇寧中，拜禮部尚書。方議廟制，鐸請增爲九室。議者疑已祧之主不可復祔，鐸言：「唐之獻祖、中宗、代宗與本朝之僖祖，皆嘗祧而復。今宜存宣祖於當祧，復翼祖於已祧，禮無不稱。」從之。進吏部尚書，卒。

論曰：士學不爲已，而俯仰隨時，如挈皐居井上，求其立朝不撓，不可得已。常秩在嘉祐、治平時，三辭羔鴈之聘，若能隱居以求其志者。及王安石用事，一召卽至，容容歷年，曾無一嘉謨，而竊顯位。至定之黨附，亶之凶德，宜爲世所指名。綰及周輔二家，父子並同惡相濟，而序辰與鐸編類事狀，流毒元祐名臣，忠義之士，爲之一空，馴致靖康之禍，可勝嘆哉。

王廣淵字才叔，大名成安人。慶曆中，上曾祖明家集，詔官其後，廣淵推與弟廣廉，而以進士爲大理法直官、編排中書文字。裁定祖宗御書千卷，仁宗嘉之，以知舒州，留不行。英宗居藩邸，廣淵因見昵，獻所爲文，及卽位，除直集賢院。諫官司馬光言：「漢衞綰不從太子飲，故景帝待之厚。周張美私以公錢給世宗，故世宗薄之。廣淵交結奔競，世無與比，當仁宗之世，私自託於陛下，豈忠臣哉？今當治其罪，而更賞之，何以厲人臣之節？」帝不聽，用爲羣牧、三司戶部判官，從容謂曰：「朕於洪範得高明沉潛之義，剛內以自強，柔外以應物，人君之體，無出於是。卿爲朕書之於欽明殿屛，以備觀省，非特開元無逸圖也。」加直龍圖閣。帝有疾，中外憂疑，不能寢食，帝自爲詔諭之曰：「朕疾少間矣。」廣淵宣言於衆。

神宗立，言者劾其漏泄禁中語，出知齊州，改京東轉運使，得於內省傳達章奏。曾公亮、王安石持不可，乃止。廣淵以方春農事興而民苦乏，兼并之家得以乘急要利，乞留本道錢帛五十萬，貸之貧民，歲可獲息二十五萬，從之。其事與青苗錢法合，安石始以爲可用，召至京師。御史中丞呂公著摭其舊惡，還故官。程顥、李常又論其抑配掊克，迎朝廷旨意以困百姓。會河北轉運使劉庠不散青苗錢奏適至，安石曰：「廣淵力主新法而遭劾，劉庠故壞新法而不問，舉事如此，安得人無向背？」故顥與常言不行。徙使河東，擢寶文閣待制、知慶州。

宣撫使興師入夏境，檄慶會兵。方授甲，卒長吳逵以衆亂，廣淵亟召五營兵禦之。逵率二千人斬關出，廣淵遣部將姚兕、林廣追擊，降其衆。柔遠三都戍卒欲應賊，不果，廣淵陽勞之，使還戍，潛遣兵間道邀襲，盡戮之。猶以盜發所部，削兩秩。二年，進龍圖閣直學士、知渭州。

廣淵小有才而善附會，所辟置類非其人。帝謂執政曰：「廣淵奏辟將佐，非貴游子弟，即胥史輩，至於濮宮書吏亦預選，蓋其人與峙君卿善。一路官吏不少，置而不取，乃用此輩，豈不誤朝廷事？已下詔切責，卿等宜貽書申戒之。」卒，年六十，贈右諫議大夫。元豐初，詔以其被遇先帝之故，弟臨自皇城使擢爲兵部郎中、直昭文館，子得君賜進士出身。

臨字大觀，亦起進士，簽書雄州判官。嘉祐初，契丹泛使至，朝論疑所應，臨言：「契丹方饑困，何能爲？然春秋許與之義，不可以不謹。彼嘗求馴象，可拒而不拒；嘗求樂章，可與而不與，兩失之矣。今横使之來，或謂其求聖像，聖像果可與哉？」朝廷善其議。治平中，詔求武略，用近臣薦，自屯田員外郎換崇儀使、知順安軍，改河北沿邊安撫都監。上備禦數十策，大略皆自治而已。

契丹刺兩輸人爲義軍，來歸者數萬。或請遣還，臨曰：「彼歸我而遣之，必爲亂，不如因而撫之。」詔從其請，自是來者益多，契丹悔失計。進安撫副使，歷知涇、鄜州、廣信安肅軍。召對，還文階，知齊州、滄州、荆南，入爲戶部副使，以寶文閣待制知廣州府、河中，卒。

王陶字樂道，京兆萬年人。第進士，至太常丞而丁父憂。陶以登朝在郊祀後，恩不及親，乞還所遷官，丐追贈。詔特聽之，仍俟服闋，除太子中允。

嘉祐初，爲監察御史裏行。衞卒入延福宮爲盜，有司引疏決恩降其罪。陶曰：「禁省之嚴，不應用外間會降爲比。」於是流諸海島，主者皆論罰。中貴人導煉丹者入禁廷，陶言：「漢、唐方士，名爲化黃金、益年壽以惑人主者，後皆就戮。請出之。」陳升之爲樞密副使，論其不當，升之去，陶亦知衞州，改蔡州。明年，復以右正言召。陶言：「臣與四人同補郡，今獨兩人召，請并還唐介、呂誨等。」

英宗知宗正寺，踰年不就職。陶上疏曰：「自至和中聖躬違豫之後，天下顒顒，無所寄命，交章抗疏，請早擇宗室親賢，以建儲嗣，危言切語，動天感人。夫爲是議者，豈皆懷不忠孝、爲姦利附託之人哉？發於至誠，念宗廟社稷無窮大計而已。陛下順民欲而安人心，故親發德音，銳爲此舉，中外搖搖之心，一旦定矣。厥後浸潤稽緩，豈免憂疑？流言或云事由嬪御、宦侍姑息之語，聖意因而惑焉。婦人近幸，詎識遠圖？臣恐海內民庶，謂陛下始者順天意民心命之，今者聽左右姑息之言而疑之，使遠近姦邪得以窺間伺隙，可不惜哉！」因請對，仁宗曰：「今當別與一名目。」既而韓琦決策，遂立爲皇子。英宗卽位，加直史館、修起居注、皇子位伴讀、淮陽潁王府翊善、知制誥，進龍圖閣學士、知永興軍，召爲太子詹事。

神宗立，遷樞密直學士，拜御史中丞。郭逵以簽書樞密宣撫陝西，詔令還都。陶言：「韓琦置逵二府，至用太祖故事，出師劫制人主，琦必有姦言惑亂聖德。願罷逵爲渭州。」帝曰：「逵先帝所用，今無罪黜之，是章先帝用人之失也，不可。」陶既不得逞，遂以琦不押文德常朝班奏劾之。陶始受知於琦，驟加獎拔。帝初臨御，頗不悅執政之專，陶料必易置大臣，欲自規重位，故視琦如仇，力攻之。琦閉門待罪。帝徙陶爲翰林學士，旋出知陳州，入權三司使。呂公著言其反覆不可近，又以侍讀學士知蔡州，歷河南府、許汝陳三州，以東宮舊臣加觀文殿學士。帝終薄其爲人，不復用。元豐三年，卒，年六十一，贈吏部尙書，謚曰文恪。

陶微時苦貧，寓京師教小學。其友姜愚氣豪樂施，一日大雪，念陶奉母寒餒，荷一錙劃雪，行二十里訪之。陶母子凍坐，日高無炊烟。愚亟出解所衣錦裘，質錢買酒肉、薪炭，與附火飲食，又捐數百千爲之娶。陶既貴，尹洛，愚老而喪明，自衞州新鄉往謁之，意陶必念舊哀己。陶對之邈然，但出尊酒而已。愚大失望，歸而病死。聞者益薄陶之爲人。

王子韶字聖美，太原人。中進士第，以年未冠守選，復游太學，久之乃得調。王安石引入條例司，擢監察御史裏行，出按明州苗振獄。安石惡祖無擇，子韶迎其意，發無擇在杭州時事，自京師逮對，而以振獄付張載，無擇遂廢。中丞呂公著等論新法，一臺盡罷。子韶出知上元縣，遷湖南轉運判官。御史張商英劾其不葬父母，貶知高郵縣。由司農丞提舉兩浙常平。入對，神宗與論字學，留爲資善堂修定說文官。官制行，爲禮部員外郎，以入省後期，改庫部。

元祐中，歷吏部郎中、衞尉少卿，遷太常諫官。劉安世言：「熙寧初，士大夫有『十鑽』之目，子韶爲『衙內鑽』，指其交結要人子弟，如刀鑽之利。又陷祖無擇於深文，搢紳所共鄙薄，豈宜汚禮樂之地！」改衞尉卿。安世復言：「七寺正卿班少常上，因彈擊而獲超遷，是啓僥倖也。」乃出知滄州。入爲祕書少監，迎伴遼使，御下苛刻，軍吏因被酒刃傷子韶及其子，又出知濟州，建言乞追復先烈以貽後法，復以太常少卿召，進秘書監，拜集賢殿修撰、知明州，卒。崇寧二年，子相錄元祐中所上疏稿聞于朝，詔贈顯謨閣待制。

何正臣字君表，臨江新淦人。九歲舉童子，賜出身，復中進士第。元豐中，用蔡確薦，爲御史裏行。遂與李定、舒亶論蘇軾，得五品服，領三班院。會正御史專六察，正臣言：「幸得備言路，以激濁揚清爲職，不宜兼治它曹。」神宗善之，爲悉罷御史兼局，而正臣解三班，加直集賢院，擢侍御史知雜事。

韓存寶討瀘夷無功，命治其獄，被以逗撓罪誅之。還，除寶文閣待制、知審官東院，尙書省建爲吏部侍郎。踰年，嫚於奉職，銓擬多牴牾。事聞，以制法未善爲解。王安禮曰：「法未善，有司所當請，豈得歸罪於法？」乃出知潭州。時詔州縣聽民以家貲易鹽，吏或推行失指。正臣條上其害，謂無益於民，亦不足以佐國用，遂寢之，民以爲便。後歷刑部侍郎、知宣州，卒。

陳繹字和叔，開封人。中進士第，爲館閣校勘、集賢校理，刊定前漢書，居母喪，詔即家讎校。英宗臨政淵嘿，繹獻五箴，曰主斷、明微、廣度、省變、稽古。同判刑部，獄訟有情法相忤者，讞之。或言刑曹唯知正是否，不當有所輕重。繹曰：「持法者貴審允，心知失刑，惡得坐視？」由是多所平反。帝稱其文學，以爲實錄檢討官。

神宗立，爲陝西轉運副使，入直舍人院、修起居注、知制誥，拜翰林學士，以侍講學士知鄧州。繹不能肅閨門，子與婦一夕俱殞於卒伍之手，儆然無慚色。召知通進、銀臺司，帝語輔臣曰：「繹論事不避權貴。」命權開封府。時獄有小疑，輒從中覆；至繹，特聽便宜處決。久之，還翰林，仍領府。治司農吏盜庫錢獄未竟，中書檢正張諤判寺事，懼失察，以帖詰稽留，繹遣吏示以成牘。言者論其徇宰屬，縱有罪，出知滁州。郊祀恩，復知制誥，言者再論之，得秘書監、集賢院學士。

元豐初，知廣州。庫有檀香佛像，繹以木易之。事覺，有司當爲官物有剩利。帝曰：「是以事佛麗重典矣。」時繹已加龍圖閣待制、知江寧府，乃貶建昌軍，奪其職。後復太中大夫以卒，年六十八。

繹爲政務摧豪黨，而行與貌違，暮年繆爲敦朴之狀，好事者目爲「熱熟顏回」。

論曰：王廣淵在仁宗時，因近昵獻文於英宗潛邸，固已有竊取功名之心，蓋爲臣之不忠者，雖列侍從，烏足道哉！王陶始爲韓琦所知，在御史時，頗能譏切時政。及爲中丞，則承望風旨，攻琦如仇讎，欲自取重位。其忘姜愚布衣之義，又不足責矣。王子韶之陷祖無擇，何正臣之論蘇軾，皆小人之盜名。陳繹希合用事，固無足道，然於獄事多所平反，惜乎閨門不肅，廉恥並喪，雖明曉吏事，亦何取焉。

校勘記

〔一〕罷知和州　「和州」原作「利州」，據東都事略卷九八本傳、宋會要職官六六之三二改。

宋史卷三百三十

列傳第八十九

任顓 李參 郭申錫 傅求 張景憲 竇卞 張瓌 孫瑜
許遵 盧士宗 錢象先 韓璹 杜純弟紘 杜常 謝麟
王宗望 王吉甫

任顓字誠之，青州壽光人。舉進士，得同學究出身。至衞尉丞，上其文，乃賜第，擢鹽鐵判官。陝西鑄康定大銅錢，顓曰：「壞五爲一，以一當十，恐犯者衆。」卒如其言。夏人納款，遣使要請十一事，甚者欲去臣稱男。顓押伴，一切曉以義，辭折而去。又再遣使來欲自買賣，且通靑鹽，增歲賜。詔許置榷場，其議多顓所發。出爲京西轉運使，奏計京師。元昊爲下所殺，遣楊守素來告哀。守素，乃始爲元昊謀不稱臣、納賜節者也，仁宗記嘗屈其使者，復使押伴。顓問守素其主所以死，不能對，訖去，不敢肆。改知鳳翔府。帝語輔臣，顓宜備朝廷委任，留判三司憑由司。爲諒祚册禮使，采摭西夏風物、山川、道里、出入攻取之要，爲治戎精要三篇上之。

進直史館，遷河東轉運使。帝嘗以禁帑金帛賜河北，亦欲與河東。顓辭曰：「受委制財用，而先有求，不敢。」顓爲使者，每行部，必擇僚佐之賢者一人與俱，凡事必與議，未嘗以胥吏自隨，人安其政。入爲鹽鐵副使，擢天章閣待制。

儂賊犯嶺外，以知潭州。宣撫司以宣毅卒有功，檄補軍校，顓察其色動，曰：「必有異志。」執按之，具服爲賊內應。蒐其家，得所記潭事甚悉，梟首以徇。詔書褒激，賜白金五百兩，進龍圖閣直學士、知渭州。坐在潭日賤市死商珠，降爲待制。時四路以邊警聞，渭獨無所上，朝廷疑斥候不密，顓力言無他虞，帝使覘之，信。乃還學士，徙徐州，以太子賓客致仕。積官戶部侍郎，卒，年七十八。

李參字清臣，鄆州須城人。以蔭知鹽山縣。歲饑，諭富室出粟，平其直予民，不能糴者，給以糟粃，所活數萬。

通判定州，都部署夏守恩貪濫不法，轉運使使參按之，得其事，守恩謫死。知荆門軍，荆門歲以夏伐竹，幷稅簿輸荆南造舟，積日久多蠹惡不可用，牙校破產不償責。參請冬伐竹，度其費以給，餘募商人與爲市，遂除其害。

歷知興元府，淮南、京西、陝西轉運使。部多戍兵，苦食少。參審訂其闕，令民自隱度麥粟之贏，先貸以錢，俟穀熟還之官，號「青苗錢」。經數年，廩有羨粮。熙寧青苗法，蓋萌於此矣。

朝廷患邊費益廣，參建議輦錢邊郡，以平估糴，權罷入中法。比其去，省榷貨錢千萬計。召爲鹽鐵副使，以右諫議大夫爲河北都轉運使。與安撫使郭申錫相視決河，議不協；又與眞定呂溱相惡，二人皆得罪，參移使河東，知荆南。

嘉祐七年，召爲三司使，參知政事孫抃曰：「參爲主計，外臺將承風刻剝天下，天下之民困矣。」乃改羣牧使。詔王安石、王陶置局經度國計，參言：「官各有職，臣若不任事，當從廢黜。不然，乞罷此局。」從之。

治平初，加集賢院學士、知瀛州，賜黃金百兩，帥臣有賜自參始。再遷樞密直學士、知秦州。蕃酋藥家族作亂，討平之，得良田五百頃，以募弓箭手。居鎭閱歲，未嘗以邊事聞。英宗遣使問故，對曰：「將在邊，期於無事而已，不敢妄以寇貽主憂。」以疾解邊任，判西京御史臺，起知曹、濮二州。神宗久知其才，書姓名於殿柱。以知永興軍，不行，卒，年七十四。

參無學術，然剛果嚴深，喜發擿姦伏，不假貸，事至卽決，雖簿書纖悉不遺，時稱能吏。

郭申錫字延之，魏人。自言唐代公元振之後。第進士，爲晉陵尉。民訴弟爲人所殺，申錫察其色懼而哭不哀，曰：「吾得賊矣，非汝乎？」執而訊之，果然。久之，知博州。州兵出戍，有欲脅衆爲亂者，申錫戮一人，黥二人，乃定。奏至，仁宗曰：「小官臨事如此，豈易得？」卽爲御史臺推直官。數上疏論事，大臣不便。鞫獄慶州。京東盜執濮州通判井淵，遷知州事，未閱月，悉擒凶黨，斬以徇。

召爲侍御史，遂知雜事。張貴妃追册、起園陵，張堯佐爲使相，陳執中嬖妾殺婢，余靖引胡恢有醜行，高若訥引范祥啓邊釁，申錫皆奏劾之。屢詆權倖無所避，帝謂之曰：「近世士大夫，方未達時，好指陳時事，及被進用則不然，是資言以進耳，卿勿爲也。」

諜稱契丹遺泛使，命體量安撫河北，還爲鹽鐵副使。相視決河，坐訟李參失實，黜知濠州。帝明榜朝堂，稱其欺誣，以儆在位。旋加直史館、知江寧府，再副鹽鐵，進天章閣待制、知鄧州河中。

种諤取綏州，申錫曰：「邊患將自此始。」及諒祚死，請捐前故，聽其子襲爵，且言曰：「二虜賴歲幣甚厚，渝平豈其所利，必有以致之。但得重將守邊，不要功生事，則善矣。」著邊鄙守禦策。以給事中致仕，卒，年七十七。

傅求字命之，考城人。進士甲科，通判泗州。淮水溢，毀城。朝廷遣中使護築，絕淮取土，道遠，度用兵六十萬。求相汴堤旁有高埠，夷之得土，載以回舟，省工費殆半。徙大名府，府守呂夷簡委以事。夷簡入相，薦其才，擢知宿州，提點江西、益州刑獄，爲梓州路轉運使。夷獠寇合江，鈐轄司會兵掩擊，求馳往按所以狀，乃縣吏冒取播州田，獠故恐而叛。即黥吏置嶺南，夷人聞之，散去。益州文彥博上其狀，進秩，徙陝西。關中行當十鐵錢，盜鑄不可計，求請變法。時州縣已散二百八十萬緡，亟下令更爲當三。民出不意，蕩產失業，多自經死，然盜鑄遂止。自康定用兵，移稅輸邊，民力大困。求令輸本州，而轉錢以供邊糴，民受其惠，而兵食亦足。召爲戶部副使。

隴右蕃酋蘭氈獻古渭州地，秦州范祥納之，請繕城屯兵，又括熟戶田，諸羌靳之，相率叛。夏人欲得渭地久，移文來索。後帥張昇〔一〕以祥貪利生事，請棄之。詔求往視，求以爲城已訖役，且已得而棄，非所以强國威。乃詔諭羌衆，反其田，報夏人以渭非其有，不應索，正其封疆而還，兵遂解。進天章閣待制、陝西都轉運使，加龍圖閣直學士、知慶州。

環之定邊砦蕃官蘇恩，以小過疑懼而遁，將佐議致討。涇原既出師境上，求謂恩非素攜二者，乘以兵，必起邊患。但遣裨將從十數卒扣其帳，開以禍福，恩感泣，還砦如初。入判太常寺，權發遣開封府，遷樞密直學士、知定州，復以龍圖閣學士權開封。

求本有吏能幹局，至是，春秋浸高，且病聵。三司大將錢吉密殺妹，爲鄰所告，求不能決，反坐告者；又斷獄數差失。御史言其不勝任，出知兗州。卒，年七十一。

張景憲字正國，河南人。以父師德任淮南轉運副使。山陽令鄭昉贓累巨萬，親戚多要人，景憲首案治，流之嶺外，貪吏望風引去。徙京西、東轉運使。王逵居鄆，專持吏短長，求請賄謝如所欲，景憲上其惡，編置宿州。熙寧初，爲戶部副使。

韓絳築撫寧、囉兀兩城，帝命景憲往視。始受詔，卽言城不可守，固不待到而後知也。未幾，撫寧陷。至延安，又言：「囉兀邈然孤城，鑿井無水，將何以守。臣在道，所見師勞民困之狀非一，願罷徒勞之役，廢無用之城，嚴飭邊將爲守計。令邊郡召生羌，與之金帛、官爵，恐黠羌多詐，緩急或爲内應，宜亟止之。」陝西轉運司議，欲限半歲令民悉納錢於官，而易以交子。景憲言：「此法可行於蜀耳，若施之陝西，民將無以爲命。」其後卒不行。

加集賢殿修撰，爲河東都轉運使。議者欲分河東爲兩路，景憲言：「本道地肥磽相雜，州縣貧富亦異，正宜有無相通，分之不便。」議遂寢。改知瀛州，上言：「比歲多不登，民積逋欠。今方小稔，而官督使併償，道路流言，其禍乃甚於凶歲。願以寬假。」帝從之，仍下其事。

元豐初年，知河陽。時方討西南蠻，景憲入辭，因言：「小醜跳梁，殆邊吏擾之耳。且其巢穴險阻，若動兵遠征，萬一餽餉不繼，則我師坐困矣。」帝曰：「卿言是也，然朝廷有不得已者。」明年，徙同州，以太中大夫卒，年七十七。

景憲在仁宗朝爲部使者，時吏治尚寬，獨多舉刺；及熙寧以來，吏治峻急，景憲反濟以寬。方新法之行，不劾一人。居官不畏強禦，非公事不及執政之門。自負所守，於人少許可。母卒，一夕鬚髮盡白，世以此稱之。

竇卞字彥法，曹州冤句人。進士第二，通判汝州。秦悼王葬汝，宗室來祔者衆，役兵五千。郡守林濰以汝與其鄉近，因使簟薪芻、鐵石致其家。衆怨憤，謀殺濰，會日暮門閉，不果，遂挾大校叛。卞啓關招諭之，曰：「汝曹特醉酒狂呼爾，毋恐。」衆小定，乃密推首惡羈之，請於朝。詔濰致仕，悉配從亂者。

加集賢校理、知太常院，知絳州，開封府推官。方禁銷金爲衣，皇城卒捕得之，屬卞治，以中禁爲言。奏曰：「眞宗行此制，自掖廷始，今不正以法，無以示天下，且非祖宗立法意。」英宗曰：「然。文王『刑于寡妻，至于兄弟，以御于家邦』，正謂是也。」從其請。

出知深州。熙寧初，河決滹沱，水及郡城，地大震。流民自恩、冀來，踵相接，卞發常平粟食之。吏白擅發且獲罪，卞曰：「俟請而得報，民死矣。吾寧以一身活數萬人。」尋以請，詔許之。外間訛言水大至，卞下令敢言者斬。一日，復報大水且至，吏請閉門，卞不可，既而果妄。時發六州卒築武彊，陳卒惰，主者笞之，不服。卞曰：「廂兵犯將校，法不至重，然興役聚工，不可拘以常法。」命斬之以聞，有詔嘉奬。還爲戶部判官、同修起居注，進天章閣待制，判昭文館、將作監。

始，卞官汝時，與殿直王永年者相接頗厚，及在京師，永年求監金曜門庫，卞爲禱提舉楊繪，繪薦爲之。永年置酒于家，延繪、卞至，出其妻侑歓，且時致薄餉。永年以事繫獄死，御史發其私，卞坐奪職，提擧靈仙觀。卒，年四十五。

張瓌字唐公，洎之孫也。擧進士，以婦父王欽若嫌，召試學士院，賜第，除秘閣校理、同知太常禮院。謚錢惟演曰文墨，其子撾登聞鼓上訴，仁宗使問狀，瓌條奏甚切，朝廷不能奪，乃賜謚曰思。温成廟祠享如神御，請殺其禮。

判吏部南曹，爲開封府推官、知洪州。營校督役苛急，其徒三百人將以夜殺之，求不獲，持臿譟于門，請易校。瓌召問諭遣，明日，推治黠十人，不爲易校。積閼當遷，十年不會課，文彥博爲言，特遷之。徙兩浙轉運使，加直史館、知潁州揚州，卽拜淮南轉運使。三司下諸道責羨財，淮南獨上金九錢，三司使怒，移文譙切，瓌以賦數民貧對。入修起居注、知制誥。草故相劉沆贈官制，頗言其附會取顯位。沆子瑾帥子弟婦女衰絰詣闕，哭訴瓌挾私怨，且醜詆其人。執政以褒贈乃恩典，瓌不當爲貶詞，出知黃州，然瑾亦竟不敢請父謚。還判流內銓。

英宗時，論第在先朝乞蚤定儲副者，進左諫議大夫、翰林侍讀學士。劉瑾又訟其判銓日調其子不應法，復出濠州。歷應天府、河南、河陽，請爲太平州。

瓌平生薦士，後雖不如所舉，未嘗以令自首，故再坐削階。當官遇事輒言，觸忤勢要，至屢黜，終不悔。卒，年七十。

孫瑜字叔禮，博平人。以父任爲將作監主簿，賈昌朝薦爲崇文檢討、同知禮院、開封府判官。

使契丹，適西討捷書至，館伴要入賀，啖以厚餉。瑜辭以奉使有指，不肯賀。加祕閣校理、兩浙轉運使。入辭，仁宗訪其家世，謂曰：「卿孫奭子邪？奭，大儒也，久以道輔朕。」因面賜金紫。

先是，郡縣倉庾以斗斛大小爲姦，瑜奏均其制，黜吏之亡狀者，民大喜。有言其變新器非便，下遷知曹州。尋有言瑜所作量法均一誠便者，乃還其元資。徙知蔡州，毀吳元濟像，以其祠事裴度。大水緣城隙入，瑜使囊沙數千扞其衝，城得弗壞。更相、兗、濰、單四州，累官工部侍郎，卒，年七十九。

始，奭之亡，朝廷錄其子孫，時瑜之子爲諸孫長，瑜曰：「吾忍因父喪而官吾子乎？」以兄之孤上之。瑜天資整敏，齊家以嚴稱。善與人交，一受知終身不易。所薦士有過，或教使自言，曰：「已知之而復擠之，吾不爲也。」

論曰：宋至神宗，承平百餘年，風行政成，士皆守官稱職，雖上之化，亦下之氣習使然也。當時仕於朝廷，出守方岳，持節一道，專對四方者，各有其人，其政蹟且多可紀，自顒至瑜是已。顒能折夏人，屈元昊使者；參擊貪除害，乃心邊事；申錫除凶黨，詆權倖；求黥黠吏，禁盜鑄；卞以身活人；褒不貢羨財；景憲因母死而髮白；孫瑜不忍以父喪而得官：此其行尤昭昭者歟。

許遵字仲塗，泗州人。第進士，又中明法，擢大理寺詳斷官、知長興縣。水災，民多流徙，遵募民出米振濟，竟以無患。益興水利，溉田甚博，邑人便利，立石紀之。爲審刑院詳議官，知宿州、登州。遵累典刑獄，強敏明恕。及爲登州，執政許以判大理，遵欲立奇以自鬻。會婦人阿云獄起。初，云許嫁未行，嫌壻陋，伺其寢田舍，懷刀斫之，十餘創，不能殺，斷其一指。吏求盜弗得，疑云所爲，執而詰之，欲加訊掠，乃吐實。遵按云納采之日，母服未除，應以凡人論，讞於朝。有司當爲謀殺已傷，遵駁言：「云被問卽承，應爲按問。審刑、大理當絞刑，非是。」事下刑部，以遵爲妄，詔以贖論。未幾，果判大理。恥用議法坐劾，復言：「刑部定議非直，云合免所因之罪。今棄敕不用，但引斷例，一切按而殺之，塞其自守之路，殆非罪疑惟輕之義。」詔司馬光、王安石議。光以爲不可，安石主遵，御史中丞滕甫、侍御史錢顗〔三〕皆言遵所爭戾法意，自是廷論紛然。安石旣執政，悉罪異己者，遂從遵議。雖累問不承者，亦得爲按問。或兩人同爲盜劫，吏先問左，則按問在左；先問右，則按問在右。獄之生死，在問之先後，而非盜之情，天下益厭其說。

熙寧間，出知壽州，再判大理寺，請知潤州，又請提舉崇福宮。尋致仕，累官中散大夫。卒，年八十一。

盧士宗字公彥，濰州昌樂人。舉五經，歷審刑院詳議、編敕删定官，提點江西刑獄。侍講楊安國以經術薦之，仁宗御延和殿，詔講官悉升殿聽其講易。明日，復命講泰卦，又召經筵官及僕射賈昌朝聽之。授天章閣侍講，賜三品服，加直龍圖閣、天章閣待制、判流內銓。

李參、郭申錫有決河訟，詔士宗劾之。士宗言兩人皆爲時用，有罪當驗問，不宜逮鞫。於是但黜申錫爲州。進龍圖閣直學士、知審刑院、通進銀臺司。

仁宗神主祔廟，禮院請以太祖、太宗爲一世，而增一室以備天子事七世之禮。詔兩制與禮官考議，孫抃等欲如之。士宗以爲：「在禮，太祖之廟，萬世不毀；其餘昭穆，親盡即毀，示有終也。自漢以來，天子受命之初，太祖尚在三昭、三穆之次，祀四世或六世，其以上之主，屬雖尊於太祖，親盡則遷。故漢元帝之世，瘞太上廟主於國，魏明帝遷處士主於園邑，晉武、惠祔廟，遷征西、豫章府君〔三〕。大抵過六世則遷其主，蓋太祖已正東向之位，則并三昭三穆爲七世矣。唐高祖初祀四世，太宗增祀六世，太宗祔廟則遷弘農府君，高宗祔廟又遷宣宗〔四〕，皆前世成法，惟明皇九廟祀八世，於事爲不經。今大行祔廟，僖祖親盡當遷，於典禮爲合，不當添展一室。」詔抃等再議，卒從八室之說。議者咎之。

出知青州，入辭，英宗曰：「學士忠純之操，朕所素知，豈當久處外。」命再對，及見，論知人安民之要，勸帝守祖宗法。御史言其罕通吏事，且衰病，改沂州。

熙寧初，以禮部侍郎致仕，卒，年七十一。士宗以儒者長刑名之學，而主於仁恕，故在刑部審刑，前後十數年。

錢象先字資元，蘇州人。進士高第，呂夷簡薦爲國子監直講，歷權大理少卿、度支判官、河北江東轉運使，召兼天章閣侍講。詳定一路敕成，當進勳爵，仁宗以象先母老，欲慰之，獨賜紫章服。進待制、知審刑院，加龍圖閣直學士，出知蔡州。

象先長於經術，侍邇英十餘年，有所顧問，必依經以對，反復諷諭，遂及當世之務，帝禮遇甚渥。故事，講讀官分日迭進，象先已得蔡，帝猶諭之曰：「大夫行有日矣，宜講徹一編。」於是同列罷進者浹日。徙知河南府、陳州，復兼侍講、知審刑院。

象先旁通法家說，故屢爲刑官，條令多所裁定。嘗以爲犯敕者重，犯令者輕，請移敕文入令者甚衆。又議告捕法，以爲罪有可去，有可捕，苟皆許捕，則姦人將倚法以害善良，因削去許捕百餘事。其持心平恕類此。復知許、潁、陳三州，以吏部侍郎致仕。卒，年八十一。

韓璹字君玉，衞州汲人。登進士第，知定州安喜縣。爲政彊力，能使吏不賄，守韓琦稱其才。爲開封司錄。嘉祐寬恤諸道，分遣使者。璹曰：「京師諸夏本，顧獨不蒙惠乎？」乃具徭役利害上之，詔司馬光、陳洙詳定條式，遂革大姓漁幷之弊。提點利州路、河北刑獄，以開封府判官迎契丹使。使問：「南朝不聞打圍，何也？」璹曰：「我后仁及昆蟲，非時不爲耳。」

熙寧初，爲梓州路轉運使。朝廷命諸道議更役法，璹首建併綱減役之制，綱以數計者百二十有八，衙前以人計者二百八十有三，省役人五百。又請裁定諸州衙簿，於是王安石言：「璹所言皆久爲公私病，監司背公養譽，莫之或恤，而獨能體上意，宜加賞。」乃下褒詔，且賜帛二百。入爲鹽鐵副使，以右諫議大夫知澶州。坐失舉，降太常少卿。河決，晝夜扞禦。神宗念其勞，復故官太中大夫，判將作監，轉正議大夫致仕。卒，年七十七。

璹吏事絕人，閱按牘，終身不忘，澶州民懷思之。他日，郡守或欲有所爲，民必曰：「此已經韓太中矣。」以故輒止。

杜純字孝錫，濮州鄄城人〔五〕。少有成人之操，伯父沒官南海上，其孤弱，柩不能還。純白父請往，如期而喪至。

以蔭爲泉州司法參軍。泉有蕃舶之饒，雜貨山積。時官於州者私與爲市，價十不償一，惟知州關詠與純無私買，人亦莫知。後事敗，獄治多相牽繫，獨兩人無與。詠猶以不察免，且檄參對。純憤懣，陳書使者爲訟冤，詠得不坐。

熙寧初，以河西令上書言政，王安石異之，引寘條例司，數與論事，薦于朝，充審刑詳議官。或議復肉刑，先以刖代死刑之輕者，純言：「今盜抵死，歲不減五十，以死懼民，民常不畏，而況於刖乎？人知不死，犯者益衆，是爲名輕而實重也。」事遂寢。

秦帥郭逵與其屬王韶成訟，純受詔推鞫，得韶罪。安石主韶，變其獄，免純官。韓絳爲相，以檢詳三司會計。安石再來，乃請監池州酒。久之，爲大理正。上言：「朝廷非不惡告訐，而有覬事者以擿抉隱微，蓋京師聚萬姓，易以宿奸，於計當然，非擾人也。比來或徒隸觖望，或民相怨仇，或意冒告賞，但泛云某有罪，某知狀，官不識所逮之囚，囚不省見逮之故。若許有司先計其實，而坐爲欺者以誣告，當無不竟矣。」

隰州商尹奇貿温泉礬有羨數，云官潤之，寺欲械訊河東。純曰：「奇情止爾，若傳致其罪，恐自是民無復敢貨礬，則數百萬之儲，皆爲土石。請姑沒其羨而釋其人。」曹州民王坦避水患，以車載貨入京，征商者以爲匿稅，寺議黥坦，純復爭之，卿楊汲奏爲立異，又廢于家。

元祐元年，范純仁、韓維、王存、孫永交薦之，除河北轉運判官。初更役書，司馬光稱其論議詳盡，予之書曰：「足下在彼，朝廷無河北憂。」純因建言：「河防舊隸轉運，今乃領屬都水外丞，計其決溢之變，前日不加多，今日不加少。然出財之司，則常憂費而緩不急；用財之官，則寧過計而無不及，不如使之歸一。」後如其言。

召爲刑部員外郎、大理少卿，擢侍御史。言者詆其不由科第，改右司郎中，尋知相州，徙徐州，陝西轉運使。還，拜鴻臚、光祿卿，權兵部侍郎。謝病，以集賢院學士提舉崇福宮，改修撰。卒，年六十四。弟紘。

紘字君章，起進士，爲永年令。歲荒，民將他往，召諭父老曰：「令不能使汝必無行，若留，能使汝無飢。」皆喜聽命。乃官給印券，使稱貸於大家，約歲豐爲督償，於是咸得食，無徙者。明年稔，償不愆素。神宗聞其材，用爲大理詳斷官〔六〕、檢詳樞密刑房，修武經要略。以職事對，帝翌日語宰相，嘉其論奏明白，未果用。

紘每議獄，必傅經誼。民間有女幼許嫁，未行而養於壻氏，壻氏殺以誣人，吏當如昏法。紘曰：「禮，婦三月而廟見，未廟見而死，則歸葬于家，示未成婦也。律，定昏而夫犯，論同凡人。養婦雖非禮律，然未成婦則一也。」議乃定。又論：「天下囚應死，吏懦不行法，輒以疑讞。夫殺人而以疑讞，是縱民爲殺之道也。請治妄讞者。」不從。

擢刑部郎中。元祐初，爲夏國母祭奠使。時夏人方修貢，入其國，禮猶倨，迓者至衣毛裘，設王人坐，蒙以黲，且不跪受詔。紘責之曰：「天王弔禮甚厚，今不可以加禮。」夏人畏懼加敬。他日，夏使至，請歸復侵疆。紘逆之至館，使欲入見有所陳，紘止之，答語頗不遜。紘曰：「國主設有請，必具表中，此大事也，朝廷肯以使人口語爲可否乎？」隨語連拄之，乃不敢言。

遷右司郎中、大理卿，以直秘閣知齊、鄧二州，復爲大理卿，權刑部侍郎，加集賢殿修撰，爲江淮發運使、知鄆州。獄繫囚三百人，紘至之旬日，處決立盡。又以刑部召，未至，還之鄆。

嘗有揭幟城隅，著妖言其上，期爲變，州民皆震。俄而草場白晝火，蓋所揭一事也，民又益恐。或請大索城中，紘笑曰：「奸計正在是，冀因吾膠擾而發，奈何墮其術中？彼無能爲也。」居無何，獲盜，乃奸民爲妖如所揣，遂按誅之。徙知應天府，卒，年六十二。

紘事兄純禮甚備。在鄆州聞訃，泣曰：「兄敎我成立，今亡不得臨，死不瞑矣。」適詣闕，迎其柩於都門，哀動行路。悉以奉錢給寡嫂，推其子恩，官其子若孫一人。宦京師時，里人馬隨調選，病臥逆旅，紘載與歸，醫視之。隨竟死，爲治喪第中。或以爲嫌，不自恤，其風義蓋天性云。

杜常字正甫，衞州人，昭憲皇后族孫也。折節學問，無戚里氣習。嘗跨驢讀書，驢嗜草失道，不之覺，觸桑木而墮，額爲之傷。中進士第，調河陽司法參軍事，富弼禮重之。積遷河東轉運判官，提點河北刑獄，歷兵部左司郎中、太常少卿、太僕太府卿、戶工刑吏部侍郎，出知梓州、青鄆徐州、成德軍。崇寧中，至工部尙書，以龍圖閣學士知河陽軍。苦旱，及境而雨，大河決，直州西上埽，勢危甚。常親護役，徙處埽上，埽潰水溢，及常坐而止。於是役人盡力，河流遂退，郡賴以安。卒，年七十九。

謝麟字應之，建州甌寧人。登第，調會昌令。民被酒夜與仇鬥，旣歸而所親殺之，因誣仇。麟知死者無子，所親利其財，一訊得實。再調石首令，縣苦江水爲患，隄不可禦，麟疊石障之，自是人得安堵，號「謝公隄」。

通判辰州。章惇使湖湘，拓沅州，薦麟爲守，由太常博士改西上閤門副使。徭賊犯辰溪，麟且捕且招，一方以寧。詔使經制宜州獠，降其種落四千八百人，納思廣洞民千四百室，得鎧甲二萬，褒賜甚渥。加果州刺史，知荆南、涇邠二州。

元祐初，復以朝議大夫、直祕閣知潭州，加直龍圖閣，歷徙江寧鳳翔府、渭桂二州。融江有夷讐，將吏議致討，麟以計平之。戍兵從北來，不能水土，麟部士人使極南，而北兵止屯近郡，賴以全者甚衆。卒于官。

王宗望字磻叟，光州固始人。以蔭累擢夔州路轉運副使。哲宗卽位，行赦賞軍，萬州彌旬不給。庖卒朱明因衆怒，白晝入府宅，傷守臣，左右驚散，他兵籍籍謀兆亂。宗望聞變，自夔疾驅至，先命給賞，然後斬明以徇，且竄視守傷而不救者。乃自劾，朝廷嘉之。歷倉部郎中、司農少卿、江淮發運使。

楚州沿淮至漣州〔七〕，風濤險，舟多溺。議者謂開支氏渠引水入運河，歲久不決，宗望始成之，爲公私利。代吳安持爲都水使者。自大河有東、北流之異，紛爭十年，水官無所適從。宗望謂回河有創立金隄七十里，索緡錢百萬，詔從之。右正言張商英論其誕謾，而宗望奏已有成績，遂增秩三等，加直龍圖閣、河北都轉運使，擢工部侍郎，以集賢殿修撰知鄆州。卒，年七十七。元符中，治其導河東流事，以爲附會元祐，追所得恩典云。

王吉甫字邦憲，同州人。舉明經，練習法律，試斷刑入等，爲大理評事，累遷丞、正、刑部員外郎、大理少卿。

舒亶以官燭引至第，執政欲坐以自盜。吉甫謂不可，執政怒，移獄他所，吉甫亦就辨。亶乃用飲食論罪，不以燭也。南郊起幔城，役卒急於畢事，董役者責之曰：「此殆類白露屋耳。」卒訴之，吏當非所宜言論死。吉甫謂非咒詛不應死，遂求對。神宗怒曰：「得非爲白露屋事來邪？」吉甫從容敷陳，不少懾，帝爲霽怒，其人得釋。蘇軾南遷，所過，郡守有延館之者，走馬使上聞，詔鞫之。吉甫議當笞，宰相章惇不悅。吉甫曰：「法如是，難以增加成罪。」卒從笞。太倉火，議誅守者十餘人，亦爭之，皆得不死。其持論寬平，大抵類此。

請知齊州、梓州。梓在東川爲壯藩，戶口最盛。轉運使欲增折配以取羨餘，吉甫謂其僚曰：「民力竭矣，一增之後，不可復減，吾寧貽使者怒，忍爲國斂怨、爲民基禍哉。」竟卻之。歷提點梓州路京畿刑獄、開封少尹、知同邢漢三州，以中大夫卒，年七十。

吉甫老於爲吏，廉介不回，但一於用法，士恨其少緣飾云。

論曰：宋取士兼習律令，故儒者以經術潤飾吏事，舉能其官。邊惠政及民，而綏登州婦獄，君子謂之失刑。士宗、象先皆執經勸講，其爲刑官，論法平恕，宜哉。璹吏事絕人，民懷其德。純以微官能著淸節，紘議獄必傅經誼，風義藹然。常坐護危埽，麟定徭、獠，宗望弭萬州之變，皆靖至難之事於談笑間。吉甫一於用法，而廉介不回，有足稱云。

校勘記

〔一〕張昪　原作「張昇」，參考本書卷三一八校勘記〔一〕。

〔二〕錢顗　原作「錢覬」，據本書卷二〇一刑法志、卷三二一本傳改。

〔三〕豫章府君　「豫章」原作「豫州」，按晉書卷一九禮志說：「及武帝崩，則遷征西；及惠帝崩，又遷豫章。」豫章府君指晉宣帝的曾祖豫章太守司馬量，見同書卷一宣帝紀。據改。

〔四〕宣宗　當作「宣皇帝」，指唐高祖的四世祖李熙，見舊唐書卷一高祖紀。新唐書卷一三禮樂志說：「高宗崩，宣皇帝遷于夾室而祔高宗。」即指此。唐宣宗李忱是唐後期的統治者，與此事無涉。

〔五〕鄄城　原作「甄城」，晁補之雞肋集卷六七杜紘墓誌銘說紘爲濮州鄄城人，紘乃純之弟，則杜純也是濮州鄄城人。本書卷八五地理志濮州有鄄城縣，無「甄城」，據改。

〔六〕大理詳斷官　「詳」原作「評」。按雞肋集卷六七杜紘墓誌銘作「詳」；本書卷一六五職官志，大理寺有詳斷官，無「評斷官」，據改。

〔七〕漣州　疑當作「漣水」。按宋代無漣州，而在楚州沿淮一帶有漣水縣及漣水軍。本書卷九六河渠志說：元符元年「三月甲寅，工部言淮南開河所開修楚州支家河，導漣水與淮通，賜名通漣河。」王宗望所開的正是此河。

宋史卷三百三十一

列傳第九十

孫長卿 周沆 李中師 羅拯 馬仲甫 王居卿 孫構 張詵 蘇寀 馬從先 沈遘弟遼 從弟括 李大臨 呂夏卿 祖無擇 程師孟 張問陳舜俞 樂京 劉蒙附 苗時中 韓贄 楚建中 張頡 盧革子秉

孫長卿字次公，揚州人。以外祖朱巽任爲祕書省校書郎。天禧中，巽守雍，命隨所取浮圖像入見。仁宗方權聽天下事，嘉其年少敏占對，欲留侍東宮，辭以母疾。詔遷官知楚州糧料院。郡倉積米五十萬，陳腐不可食，主吏皆懼法，毋敢輕去，長卿爲酌新舊均渫之，吏罪得免。

通判河南府。秋，大雨，軍營壞，或言某衆將叛，洛中讙然。長卿馳諭之曰：「天雨敗屋盧，未能葺，汝輩豈有欲叛意，得無有乘此動吾軍者邪？」推首惡一人誅之，留宿其所，衆遂定。詔汰三陵奉先卒，汰者羣譟府下，長卿矯制使還，而具言不可汰之故，朝廷爲止。知和州，民訴人殺弟，長卿察所言無理，問其貲，曰：「上等也。」家幾人？曰：「惟此弟爾。」曰：「然則汝殺弟也。」鞫之，服，郡人神明之。

提點益州路刑獄，歷開封鹽鐵判官，江東淮南河北轉運使、江浙荆淮發運使。歲漕米至八百萬，或疑其多，長卿曰：「吾非欲事羨贏，以備饑歲爾。」議者謂楚水多風波，請開盱眙河，自淮趣高郵，長卿言：「地阻山回繞，役大難就。」事下都水，調工數百萬，卒以不可成，罷之。時又將弛茶禁而收其征，召長卿議，長卿曰：「本祖宗榷茶，蓋將備二邊之糴，且不出都內錢，公私以爲便。今之所行，不足助邊糴什一，國用耗矣。」乃條所不便十五事，不從。

改陝西都轉運使。踰年，知慶州。州據險高，患無水，蓋嘗疏引澗谷汲城中，未幾復絕。長卿鑿百井，皆及泉。泥陽有羅川、馬嶺，上構危棧，下臨不測之淵，過者惴恐。長卿訪得唐故道，闢爲通塗。加集賢院學士、河東都轉運使，拜龍圖閣直學士、知定州。

熙寧元年，河北地大震，城郭倉庾皆隤，長卿盡力繕補。神宗知其能，轉兵部侍郎，留再任。明年，卒，年六十六。

長卿無文學，而長於政事，爲能臣。性潔廉，不以一毫取諸人。定州當得園利八十萬，悉歸之公。既沒，詔中使護其喪歸葬。

周沆字子真，青州益都人。第進士，知渤海縣。歲滿，縣人請留，既報可，而以親老求監州稅。通判鳳翔，初置轉運判官。沆使江西，求葬親，改知沂州。歷開封府推官。湖南蠻唐、盤二族寇暴，殺居民，官軍數不利，以沆爲轉運使。沆言：「蠻驟勝方驕，未易鬥力，宜須秋冬進兵。且其地險氣毒，人驍悍，善用鏢盾，北軍不能确。請選邕、宜、融三州卒三千人習知山川技藝者，徑擣其巢，布餘兵絡山足，出則獵取之。俟其勢窮力屈，乃可順撫。」朝廷用其策，二族皆降。加直史館、知潭州。他道兵來戍者，率兩期乃代，多死瘴癘，沆請以期爲斷，戍人便之。

徙河東轉運使。民盜鑄鐵錢，法不能禁，沆高估錢價，鑄者以無利，自息。入爲度支副使。

儂智高亂定，仁宗命安撫廣西，諭之曰：「嶺外地惡，非賊所至處，毋庸行。」對曰：「君命，仁也；然遠民罹塗炭，當布宣天子德澤。」遂往，遍行郡邑。民避寇棄業，吏用常法，滿半歲則聽人革佃。沆曰：「是豈與凶年詭征役者同科？」奏申其期。擢天章閣待制、陝西都轉運使，改河北。

李仲昌建六塔河之議，以爲費省而功倍。詔沆行視，沆言：「近計塞商胡，本度五百八十萬工，用薪芻千六百萬；今纔用功一萬，薪芻三百萬。均一河也，而功力不相侔如是，蓋仲昌先爲小計，以來興役爾。況所規新渠，視河廣不能五之一，安能容受？此役若成，河必汎溢，齊、博、濱、棣之民其魚矣。」既而從初議，河塞復決，如沆言。

又徙河東轉運使，遷龍圖閣直學士、知慶州。召知通進銀臺司、判太常寺。英宗既卽位，契丹賀乾元節使至，沆館客，欲取書柩前，使者以非典故，不可。沆折之曰：「昔貴國有喪，吾使至柳河卽反，今聽於几筵達命，恩禮厚矣，尙何云？」使者立授書。朝廷未知契丹主年，沆乘間雜他語以問，得其實，使者悔之曰：「今復應兄事南朝矣〔二〕。」

進樞密直學士、知成德軍。俗方棄親事佛，沆閱按，斥數千人還其家。以戶部侍郎致仕，卒，年六十九。

李中師字君錫，開封人。舉進士，陳執中薦爲集賢校理、提點開封府界。境多盜，中師立賞格，督吏分捕，盡得之。進秩，辭不受，乃擢度支判官，爲淮南轉運使。兩浙饑，移淮粟振贍，僚屬議勿與，中師曰：「朝廷視民，淮、浙等爾。」卒與之。徙河東，入爲度支副使，拜天章閣待制、陝西都轉運使，知澶州、河南府。召權三司使、龍圖閣直學士，復爲河南。前此多大臣居守，委事掾幕，吏習弛緩，中師一以嚴整齊之，號爲治辦。然用法刻深，煩碎無大體，唯厚結中人。

初，神宗嘗對宰相稱其治狀，富弼曰：「陛下何從知之？」帝默然。中師銜弼沮己，及再至，弼已老，乃籍其戶，令出免役錢與富民等。又希司農指，多取餘，視他處爲重，洛人怨之。朝廷以中師率先推行，召爲羣牧使。乞廢河南、北監牧，省國費，而養馬於民，不報。後竟行其說，民不堪命。權發遣開封府，卒，年六十一。有女嫁陳執中子世儒，坐夫事誅死。

羅拯字道濟，祥符人。第進士，歷官知榮州。州介兩江間，每江漲，輒犯城郭，拯作東西二隄除其患。選知秀州，爲江西轉運判官、提點福建刑獄。泉州興化軍水壞廬舍，拯請勿征海運竹木，經一年，民居皆復其舊。

遷轉運使。邵武之光澤不榷酒，以課賦民，號「黃麴錢」，拯均之他三邑，人以爲便。改江、淮發運副使。江、淮故無積倉，漕船繫岸下，俟糴入乃得行，蓋官吏以淮南不受陳粟爲逃逋計。拯始請凡米至而不可上供者，以廩軍；又貯浙西米于潤倉以時運，自是漕增而費省。轉爲使。

拯使閩時，泉商黃謹往高麗，館之禮賓省，其王云自天聖後職貢絕，欲命使與謹俱來。至是，拯以聞，神宗許之，遂遣金悌入貢。高麗復通中國自茲始。加天章閣待制。居職七年，徙知永興軍、青潁秦三州，卒，年六十五。

拯性和柔，不與人校曲直。爲發運使時，與副皮公弼不協。公弼徙他道，御史劾其貸官錢，拯力爲辨理。錢公輔爲諫官，嘗論拯短，而公輔姻黨多在拯部內，往往薦進之。或譏以德報怨，拯曰：「同僚不協，所見異也；諫官所言，職也。又何怨乎？」時論服其長者。

馬仲甫字子山，廬江人，太子少保亮之子也。舉進士，知登封縣。轘轅道險厄，遂傭民甃平爲坦塗，人便其行，爲刻石頌美。通判趙州，知台州，爲度支判官。

內侍楊永德言漕舟淮、汴間，惟水遞鋪爲便。詔仲甫偕往訂可否，還言其害十餘條，議遂格。出爲夔路轉運使。歲饑，盜粟者當論死，仲甫請罪減一等，詔須奏裁。復言：「饑羸拘囚，比得報，死矣，請決而後奏。」

徙使淮南。眞、揚諸州地狹，出米少，官糴之多，價常踴登，濱江米狠戾，而農無所售。仲甫請移糴以紓其患，兩益於民，從之。遂繇戶部判官爲發運使。自淮陰徑泗上，浮長淮，風波覆舟，歲罹其患。仲甫建議鑿洪澤渠六十里，漕者便之。

拜天章閣待制、知瀛州秦州。古渭介靑唐之南，夏人在其北，中通一徑，小警則路絕。仲甫得箄栗城故址，自雞川砦築堡，北抵南谷，環數百里爲內地，詔賜名甘谷堡。故時羌人入城貿易，皆僦邸，仲甫設館處之，陽示禮厚，實閑之也。

熙寧初，守亳、許、揚三州，糾察在京刑獄，知通進、銀臺司，復爲揚州，提舉崇禧觀，卒。

王居卿字壽明，登州蓬萊人。以進士至知齊州，提舉夔路京東刑獄、鹽鐵判官。建言商賈轉百貨市塞上者，聽以家貲抵於官，爲給長劵，至賣所，併輸征稅直，公私便之。出知揚州，改京東轉運使。靑州河貫城中，苦泛溢爲病，居卿卽城立飛梁，上設樓櫓，下建門，以時閉啓，人誦其智。徙河北路。河決曹村，居卿立軟橫二埽以遏怒流，而不與水爭。朝廷賞其功，建以爲都水法。召拜戶部副使、提舉市易，擢天章閣待制、河北都轉運使。知秦州、太原府，卒，年六十二。居卿俗吏，特以言利至從官。

孫構字紹先，博平人。中進士第，爲廣濟軍判官，歲入圭田粟六百石，構止受百石，餘以畀學官。久之，知黎州，夷年壘數擾邊，用間殺之。蜀帥呂公弼上其事，擢知眞州。凶歲得盜，令名指黨伍，悉置諸法，境內爲淸。

遷度支判官。夔州部夷梁承秀、李光吉、王兗導生獠入寇，轉運判官張詵請誅之。選構爲使，倍道之官，至則遣渝州豪杜安行募千人往襲〔二〕，自督官軍及黔中兵擊其後，斬承秀，入討二族，火其居。餘衆保黑崖嶺，黔兵從間道夜譟而進，光吉墜崖死，兗自縛降。以其地建南平軍。錄功加直昭文館。

徙湖北轉運使。章惇興南、北江蠻事，構諭降懿、洽二州，納歸附州十四。初，渡辰溪，舟毀而溺，得援者僅免，神宗憫之，賜帛三百。北江酋彭師晏常持向背，構知向水酋彭儒武與有隙，檄使攻之，師晏降，得其下溪州地，五溪皆平。進集賢殿修撰，賜三品服。交阯入寇，拜右諫議大夫、知桂州，聲言將犄角擣其巢穴，寇聞引去。以疾提舉崇福宮，換太中大夫，卒，年六十四。

構喜功名，勇於建立，西南邊事自此始云。

張詵字樞言，建州浦城人。第進士，通判越州。民患苦衙前役，詵科別人戶，籍其當役者，以差人錢爲雇人充，皆以爲便。知襄邑縣，擢夔路轉運判官。錄辟土之功，加直集賢院，改陝西轉運副使。召對，帝曰：「朕未識卿，每閱章奏，獨卿與蔡挺有所論請，使人了然。尋當以帥事相屬。」及入辭，賜服金紫。

明年，直龍圖閣、知秦州。前此將吏貪功，多從羌地獵射，因起邊患。詵至，申令毋得犯，得一人，斬諸境上，羣羌感悅。遷天章閣待制、知熙州。董氈遣鬼章逼岷州，詵往討，董氈迎戰，破之于錯鑿城，斬首萬級。

元豐初，加龍圖閣直學士、知成都府，徙杭州。將行，復命權經略熙河事，趣使倍道行。時倉卒治戎，有司計產調夫，戶至累首，民多流亡。詵中塗訴其狀，乞敕劍外招攜之，不報。會靈武師罷，乃赴杭，道過京師，帝訪以西事，對曰：「彼勢雖弱，而我師未銳，邊備未飭，願以歲月圖功。」累官正議大夫，卒，年七十二。

詵性孝友，廉於財，平生不殖田業。旣建拓瀘夷地被進用後，雖有善言可紀，終不逭清議云。

蘇寀字公佐，磁州滏陽人。擢第，調兗州觀察推官，受知於守杜衍。爲大理詳斷官。民有母改嫁而死，既葬，輒盜其柩歸祔，法當死。寀曰：「子取母祔父，豈與發冢取財等？」請而生之。

遷審刑院詳議、御史臺推直官，知單州，提點梓州益州路刑獄、利路轉運使。文州歲市羌馬，羌轉買蜀貨，猾駔上下物價，肆爲姦漁。寀議置折博務，平貨直以易馬，宿弊頓絕。

入判大理寺，爲湖北、淮南、成都路轉運使，擢侍御史知雜事，判刑部。使契丹，還及半道，聞英宗晏駕，契丹置宴仍用樂，寀謂送者曰：「兩朝兄弟國家，君臣之義，吾與君等一也。此而可忍，孰不可忍。」遂爲之徹樂。

進度支副使，以集賢殿修撰知鳳翔。還，糾察在京刑獄，又出知潭州、廣州，累轉給事中，知河南府，無留訟。入知審刑院，卒。寀長於刑名，故屢爲法官，數以讞議受詔獎焉。

馬從先字子野，祥符人。少盡力於學。父當任子，推以與其弟。由進士累官太常少卿、知宿州。宿在淮、汴間，素難治，從先取囊博者、重坐者厚賞以求盜。禁屠牛、鑄錢，嚴甚。大水，發廩振流亡，全活數十萬。代還，知壽州，以老辭，英宗諭遣之曰：「聞卿治行籍甚，壽尤重於宿，姑爲朕往。」既至，治如曩時。由太子賓客轉工部侍郎致仕。從先性整嚴，雖盛夏不袒跣。晚學佛，預言其終時，年七十六而卒。

論曰：長卿性務廉潔，以能臣稱，中師用法刻深，以治辦稱，雖均爲材吏，而優劣自見。拯及仲甫俱能爲國興利除害。構始開西南邊，誘遂拓瀘夷被進用，雖有他善，而不能逭淸議。至於沆決河議，綏遠民，折鄰使，歷有可稱述者，其最優歟。

沈遘字文通，錢塘人。以蔭爲郊社齋郎。舉進士，廷唱第一，大臣謂已官者不得先多士，乃以遘爲第二。通判江寧府，歸，奏本治論。仁宗曰：「近獻文者率以詩賦，豈若此十篇之書爲可用也。」除集賢校理。頃之，修起居注，遂知制誥。以父扶坐事免，求知越州，徙杭州。

爲人疎儁博達，明於吏治，令行禁止。民或貧不能葬，給以公錢，嫁孤女數百人，倡優養良家子者，奪歸其父母。善遇僚寀，皆甘樂傾盡爲之耳目，刺閭巷長短，纖悉必知，事來立斷。禁捕西湖魚鼈，故人居湖上，蟹夜入其籬間，適有客會宿，相與食之，旦詣府，遘迎語曰：「昨夜食蟹美乎？」客笑而謝之。小民有犯法，情稍不善者，不問法輕重，輒刺爲兵，姦猾屛息。提點刑獄鞫眞卿將按其狀，遘爲稍弛，而刺者復爲民。

嘉祐遺詔至，爲次於外，不飲酒食肉者二十七日。召知開封府，遷龍圖閣直學士，治如在杭州。蚤作視事，逮午而畢，出與親舊還往，從容燕笑，沛然有餘暇，士大夫交稱其能。拜翰林學士、判流內銓。丁母憂，英宗閔其去，賚黃金百兩，仍命扶喪歸蘇州。既葬，廬墓下，服未竟而卒，年四十〔三〕，世咨惜之。弟遼，從弟括。

遼字叡達，幼挺拔不羣，長而好學尙友，傲睨一世。讀左氏、班固書，小摹倣之，輒近似，迺鉏植縱舍，自成一家。趣操高爽，縹縹然有物外意，絕不喜進取。用兄任監壽州酒稅。吳充使三司，薦監內藏庫。熙寧初，分審官建西院，以爲主簿，時方重此官，出則奉使持節。遼故受知於王安石，安石嘗與詩，有「風流謝安石，瀟洒陶淵明」之稱。至是當國，吏張法令，遼與之議論，寖咈意，日益見疎。於是坐與其長不相能，罷去。

久之，以太常寺奉禮郎監杭州軍資庫，轉運使使攝華亭縣。他使者適有夙憾，思中以文法，因縣民忿爭相牽告，辭語連及，遂文致其罪。下獄引服，奪官流永州，遭父憂不得釋。更赦，始徙池州。留連江湖間累年，益偃蹇傲世。既至池，得九華、秋浦間，翫其林泉，喜曰：「使我自擇，不過爾耳。」即築室於齊山之上，名曰雲巢，好事者多往游。遼追悔平生不自貴重，悉謝棄少習，杜門隱几，雖筆硯亦埃塵竟日。間作爲文章，雄奇峭麗，尤長於歌詩，曾鞏、蘇軾、黃庭堅皆與唱酬相往來，然竟不復起。元豐末，卒，年五十四。

括字存中，以父任爲沭陽主簿。縣依沭水，乃職方氏所書「浸曰沂、沭」者，故跡漫爲汙澤，括新其二坊，疏水爲百渠九堰，以播節原委，得上田七千頃。擢進士第，編校昭文書籍，爲館閣校勘，删定三司條例。故事，三歲郊丘之制，有司按籍而行，藏其副，吏沿以干利。壇下張幔，距城數里爲園囿，植采木、刻鳥獸綿絡其間。將事之夕，法駕臨觀，御端門、陳仗衞以閱嚴警，游幸登賞，類非齋祠所宜。乘輿一器，而百工侍役者六七十輩。括考禮沿革，爲書曰南郊式。即詔令點檢事務，執新式從事，所省萬計，神宗稱善。

遷太子中允、檢正中書刑房、提舉司天監，日官皆市井庸販，法象圖器，大抵漫不知。括始置渾儀、景表、五壺浮漏，招衞朴造新曆，募天下上太史占書，雜用士人，分方技科爲五，後皆施用。加史館檢討。

淮南饑，遣括察訪，發常平錢粟，疏溝瀆，治廢田，以救水患。遷集賢校理，察訪兩浙農田水利，遷太常丞、同修起居注。時大籍民車，人未諭縣官意，相擬爲憂；又市易司患蜀鹽之不禁，欲盡實私井而輦解池鹽給之。言者論二事如織，皆不省，括侍帝側，帝顧曰：「卿知籍車乎？」曰：「知之。」帝曰：「何如？」對曰：「敢問欲何用？」帝曰：「北邊以馬取勝，非車不足以當之。」括曰：「車戰之利，見於歷世。然古人所謂兵車者，輕車也，五御折旋，利於捷速。今之民間輜車重大，日不能三十里，故世謂之太平車，但可施於無事之日爾。」帝喜曰：「人言無及此者，朕當思之。」遂問蜀鹽事，對曰：「一切實私井而運解鹽，使一出於官售，誠善。然忠、萬、戎、瀘間夷界小井尤多，不可猝絕也，勢須列候加警，臣恐得不足償費。」帝頷之。明日，二事俱寢。擢知制誥，兼通進、銀臺司，自中允至是纔三月。

爲河北西路察訪使。先是，銀冶，轉運司置官收其利，括言：「近寶則國貧，其勢必然；人衆則囊槖姦僞何以檢頤〔四〕？朝廷歲遺契丹銀數十萬〔五〕，以其非北方所有，故重而利之。昔日銀城縣、銀坊城皆沒於彼，使其知鑿山之利，則中國之幣益輕，何賴歲餉，鄰釁將自茲始矣。」

時賦近畿戶出馬備邊，民以爲病，括言：「北地多馬而人習騎戰，猶中國之工彊弩也。今舍我之長技，強所不能，何以取勝。」又邊人習兵，唯以挽彊定最，而未必能貫革，謂宜以射遠入堅爲法。如是者三十一事，詔皆可之。

遼蕭禧來理河東黃嵬地，留館不肯辭，曰：「必得請而後反。」帝遣括往聘。括詣樞密院閱故牘，得頃歲所議疆地書，指古長城爲境，今所爭蓋三十里遠，表論之。帝以休日開天章閣召對，喜曰：「大臣殊不究本末，幾誤國事。」命以畫圖示禧，禧議始屈。賜括白金千兩使行。至契丹庭，契丹相楊益戒來就議，括得地訟之籍數十，預使吏士誦之，益戒有所問，則顧吏舉以答。他日復問，亦如之。益戒無以應，謾曰：「數里之地不忍，而輕絕好乎？」括曰：「師直爲壯，曲爲老。今北朝棄先君之大信，以威用其民，非我朝之不利也。」凡六會，契丹知不可奪，遂舍黃嵬而以天池請。括乃還，在道圖其山川險易迂直，風俗之純龐，人情之向背，爲使契丹圖抄上之。拜翰林學士、權三司使。

嘗白事丞相府，吳充問曰：「自免役令下，民之詆訾者今未衰也，是果於民何如？」括曰：「以爲不便者，特士大夫與邑居之人習於復除者爾，無足恤也。獨微戶本無力役，而亦使出錢，則爲可念。若悉弛之，使一無所預，則善矣。」充然其說，表行之。

蔡確論括首鼠乖剌，陰害司農法，以集賢院學士知宣州。明年，復龍圖閣待制、知審官院，又出知青州，未行，改延州。至鎭，悉以別賜錢爲酒，命廛市良家子馳射角勝，有軼羣之能者，自起酌酒以勞之，邊人驩激，執弓傅矢，唯恐不得進。越歲，得徹札超乘者千餘，皆補中軍義從，威聲雄他府。以副總管种諤西討拔銀、宥功，加龍圖閣學士。朝廷出宿衞之師來戍，賞賚至再而不及鎭兵。括以爲衞兵雖重，而無歲不戰者，鎭兵也。今不均若是，且召亂。乃藏敕書，而矯制賜緡錢數萬，以驛聞。詔報之曰：「此右府頒行之失，非卿察事機，必擾軍政。」自是，事不暇請者，皆得專之。蕃漢將士自皇城使以降，許承制補授。

諤師次五原，值大雪，糧餉不繼，殿直劉歸仁率衆南奔，士卒三萬人皆潰入塞，居民怖駭。括出東郊餞河東歸師，得奔者數千，問曰：「副都總管遣汝歸取糧，主者爲何人？」曰：「在後。」卽諭令各歸屯。及暮，至者八百，未旬日，潰卒盡還。括出按兵，歸仁至，括曰：「汝歸取糧，何以不持軍符？」歸仁不能對，斬以狥。經數日，帝使內侍劉惟簡來詰叛者，具以對。

大將景思誼、曲珍拔夏人磨崖葭蘆浮圖城，括議築石堡以臨西夏，而給事中徐禧來，禧欲先城永樂。詔禧護諸將往築，令括移府並塞，以濟軍用。已而禧敗沒，括以夏人襲綏德，先往救之，不能援永樂，坐謫均州團練副使。元祐初，徙秀州，繼以光祿少卿分司，居潤八年卒，年六十五。

括博學善文，於天文、方志、律曆、音樂、醫藥、卜算，無所不通，皆有所論著。又紀平日與賓客言者爲筆談，多載朝廷故實、耆舊出處，傳於世。

李大臨字才元，成都華陽人。登進士第，爲絳州推官。杜衍安撫河東，薦爲國子監直講、睦親宅講書。文彥博薦爲祕閣校理。考試舉人，誤收失聲韻者，責監滁州稅。未幾，還故職。

仁宗嘗遣使賜館閣官御書，至大臨家，大臨貧無皂隸，方自秣馬，使者還奏，帝曰：「眞廉士也。」以親老，請知廣安軍，徙邛州。還，爲羣牧判官、開封府推官。

神宗雅知其名，擢修起居注，進知制誥、糾察在京刑獄。言青苗法有害無益，王安石怒。會李定除御史，宋敏求、蘇頌相繼封還詞命，次至大臨，大臨亦還之。帝批：「去歲詔書，臺官不拘官職奏舉，後未審更制也。」頌、大臨合言：「故事，臺官必以員外郎、博士，近制但不限此，非謂選人亦許之也。定以初等職官超朝籍，躐憲臺，國朝未有。倖門一開，名器有限，安得人人滿其意哉。」復詔諭數四，頌、大臨故爭不已，乃以累格詔命，皆歸班，大臨以工部郎中出知汝州。辰溪貢丹砂，道葉縣，其二篋化爲雙雉，鬥山谷間。耕者獲之，人疑爲盜，械送于府。大臨識其異，訊得實，釋耕者。徙知梓州，加集賢殿修撰，復天章閣待制。甫七十，致仕七年而卒。

大臨淸整有守，論議識大體，因爭李定後名益重，世幷宋敏求、蘇頌稱爲「熙寧三舍人」云。

呂夏卿字縉叔，泉州晉江人。舉進士，爲江寧尉。編修唐書成，直祕閣、同知禮院。仁宗選任大臣，求治道，夏卿陳時務五事，且言：「天下之勢，不能常安，當於未然之前救其弊；事至而圖之，恐無及已。」朝廷頗采其策。英宗世，歷史館檢討、同修起居注、知制誥。帝嘗訪以政，對曰：「兩朝不惜金帛以和二邊，脫民鋒鏑之禍，古未有也。願勿失前好。」出知潁州，得奇疾，身體日縮，卒時纔如小兒，年五十三。

夏卿學長於史，貫穿唐事，博采傳記雜說數百家，折衷整比。又通譜學，創爲世系諸表，於新唐書最有功云。

祖無擇字擇之，上蔡人。進士高第。歷知南康軍、海州，提點淮南廣東刑獄、廣南轉運使，入直集賢院。時對孔子後爲文宣公，無擇言：「前代所封曰宗聖，曰奉聖，曰崇聖，曰恭聖，曰褒聖；唐開元中，尊孔子爲文宣王，遂以祖謚而加後嗣，非禮也。」於是下近臣議，改爲衍聖公。

出知袁州。自慶曆詔天下立學，十年間其敝徒文具，無命教之實。無擇首建學官，置生徒，郡國弦誦之風，由此始盛。同修起居注、知制誥，加龍圖閣直學士、權知開封府，進學士，知鄭、杭二州。

神宗立，知通進、銀臺司。初，詞臣作誥命，許受潤筆物。王安石與無擇同知制誥，安石辭一家所饋不獲，義不欲取，置諸院梁上。安石憂去，無擇用爲公費，安石聞而惡之。熙寧初，安石得政，乃諷監司求無擇罪。知明州苗振以貪聞，御史王子韶使兩浙，廉其狀，事連無擇。子韶，小人也，請遣內侍自京師逮赴秀州獄。蘇頌言無擇列侍從，不當與故吏對曲直，御史張戩亦救之，皆不聽。及獄成，無貪狀，但得其貸官錢、接部民坐及乘船過制而已。遂謫忠正軍節度副使。安石猶爲帝言：「陛下遣一御史出，卽得無擇罪，乃知朝廷於事但不爲，未有爲之而無効者。」尋復光祿卿、祕書監、集賢院學士，主管西京御史臺，移知信陽軍，卒。

無擇爲人好義，篤於師友，少從孫明復學經術，又從穆脩爲文章。兩人死，力求其遺文彙次之，傳於世。以言語政事爲時名卿，用小累鍛鍊放棄，訖不復振，士論惜之。

論曰：沈遘以文學致身，而長於治才。沈括博物洽聞，貫乎幽深，措諸政事，又極開敏。呂夏卿號稱史才，尤精譜諜之學。宋之搢紳，士各精其能，學不苟且，故能然也。李大臨官居繳駁，克舉其職；祖無擇治郡所至，能修校官，是皆班班可紀者。然大臨以論李定絀，無擇以忤安石廢棄終身，卽是亦足以知二人之賢矣。

程師孟字公闢，吳人。進士甲科。累知南康軍、楚州，提點夔路刑獄。瀘戎數犯渝州，邊使者治所在萬州，相去遠，有警率浹日乃至，師孟奏徙于渝。夔部無常平粟，建請置倉，適凶歲，振民不足，卽矯發他儲，不俟報。吏懼，白不可。師孟曰：「必俟報，餓者盡死矣。」竟發之。

徙河東路。晉地多土山，旁接川谷，春夏大雨，水濁如黃河，俗謂之「天河」，可溉灌。師孟出錢開渠築堰，淤良田萬八千頃，裒其事爲水利圖經，頒之州縣。爲度支判官，知洪州，積石爲江隄，浚章溝，揭北牐以節水升降，後無水患。

判三司都磨勘司。接伴契丹使，蕭惟輔曰：「白溝之地當兩屬，今南朝植柳數里，而以北人漁界河爲罪，豈理也哉？」師孟曰：「兩朝當守誓約，涿郡有案牘可覆視，君舍文書，滕口說，遽欲生事耶？」惟輔愧謝。

出爲江西轉運使。盜發袁州，州吏爲耳目，久不獲。師孟械吏數輩送獄，盜卽成擒。加直昭文館、知福州。築子城，建學舍，治行最東南。徙廣州。州城爲儂寇所毀，他日有警，民駭竄，方伯相踵至，皆言土疏惡不可築。師孟在廣六年，作西城。及交阯陷邕管，聞廣守備固，不敢東。時師孟已召還，朝廷念前功，以爲給事中、集賢殿修撰、判都水監。

賀契丹生辰，至涿州，契丹命席，迎者正南向，涿州官西向，宋使介東向。師孟曰：「是卑我也。」不就列。自日昃爭至暮，從者失色，師孟辭氣益厲，叱儐者易之，於是更與迎者東西向。明日，涿人餞于郊，疾馳過不顧；涿人移雄州，以爲言，坐罷歸班。復起知越州、靑州，遂致仕，以光祿大夫卒，年七十八。

師孟累領劇鎭，爲政簡而嚴，罪非死者不以屬吏。發隱擿伏如神，得豪惡不逞跌宕者，必痛懲艾之，至勦絕乃已，所部肅然。洪、福、廣、越爲生立祠。

張問字昌言，襄陽人也。進士起家，通判大名府。羣牧地在魏，歲久冒入於民，有司按舊籍括之，地數易主，券不明，吏苟趣辦，持詔書奪人田，至毀室廬、發丘墓。問至，則曰：「是豈朝廷意耶？」其上以聞。仁宗諭大臣曰：「吏用心悉如問，何患赤子之不安也。」立罷之。

擢提點河北刑獄。大河決，議築小吳，問言：「曹村、小吳南北相直，而曹村當水衝，賴小吳隄薄，水溢北出，故南隄無患。若築小吳，則左彊而右傷，南岸且決，水並京畿爲害，獨可於孫、陳兩埽間起隄以備之耳。」詔付水官議，久不決，小吳卒潰。

徙江東、淮南轉運使，加直集賢院、戶部判官，復爲河北轉運使。所部地震，河再決，議者欲調京東民三十萬，自澶築隄抵乾寧。問言：「隄未能爲益，災傷之餘，力役勞民，非計也。」神宗從之。問十年不奏考課，詔特遷其官，入爲度支副使，拜集賢殿修撰、河東轉運使。坐誤軍須，貶知光化軍，未幾，復使河北。諸葛公權之亂，郡縣株蔓，連逮至數百千人，問上疏申理，止誅首惡。

熙寧末，知滄州。自新法行，問獨不阿時好。歲饑，爲帝言民苟免常平、助役之苦，反以得流亡爲幸，語切直驚人。元豐定官制，王安禮薦問可任六曹侍郎，帝以其好異論，不用。歷知河陽、潞州。元祐初，爲祕書監、給事中，累官正議大夫，卒，年七十五。

問處己廉潔，嘗仕鄜延幕府，與种世衡善，父喪，世衡遺汝州田十頃，辭弗受。使歸，未至而世衡卒。其子古，用父治命，亦不納田，蕪穢者三十年。後汝守請以給學，朝廷命反諸种氏。

熙寧時，有陳舜俞、樂京、劉蒙，亦以役法廢黜。

舜俞字令舉，湖州烏程人。博學強記。舉進士，又舉制科第一。熙寧三年，以屯田員外郎知山陰縣，詔俟代還試館職。舜俞辭曰：「爵祿名器，砥礪多士，宜示以至神，烏可要期如付劑契？」繳中書帖上之。

青苗法行，舜俞不奉令，上疏自劾曰：「民間出舉財物，取息重止一倍，約償緡錢，而穀粟、布縷、魚鹽、薪蔌、耰鉏、釜錡之屬，得雜取之。朝廷募民貸取，有司約中熟爲價，而必償緡錢，欲如私家雜償他物不可得，故愚民多至賣田宅、質妻孥。有識耆老，戒其鄉黨子弟，未嘗不以貰貸爲苦。祖宗著令，以財物相出舉，任從書契，官不爲理。其保全元元之意，深遠如此。今誘之以便利，督之以威刑，方之舊法，異矣。詔謂振民乏絕而抑兼并，然使十戶爲甲，浮浪無根者毋得給俵，則乏絕者已不蒙其惠。此法終行，愈爲兼并地爾。何以言之？天下之有常平，非能人人計口受餉，但權穀價貴賤之柄，使積貯者不得深藏以邀利爾。今散爲青苗，唯恐不盡，萬一饑饉荐至，必有乘時貴糴者，未知將何法以制之？官制既放錢取息，富室藏鏹，坐待鄰里逋欠之時，田宅妻孥隨欲而得，是豈不爲兼并利哉。雖分爲夏秋二科，而秋放之月與夏斂之期等，夏放之月與秋斂之期等，不過展轉計息，以給爲納，使吾民終身以及世世，每歲兩輸息錢，無有窮已。是別爲一賦以斂海內，非王道之舉也。」奏上，責監南康軍鹽酒稅，五年而卒。

舜俞始嘗棄官歸，居秀之白牛村，自號白牛居士。已而復出，遂貶死。蘇軾爲文哭之，稱其「學術才能，兼百人之器，慨然將以身任天下之事，而人之所以周旋委曲、輔成其天者不至。一斥不復，士大夫識與不識，皆深悲之」云。

京，荆南人。爲布衣時，鄉里稱其行義，事母至孝。妻張氏家絕，挾女弟自隨，京未嘗見其面。妻死，京寢食于外，爲嫁之。嘉祐初，詔訪遺逸，以薦聞，得校書郎，爲湖陽、赤水二縣令。神宗求言，京上疏以畏天保民爲請。知長葛縣。助役法行，京曰：「提舉常平官言不便。」使之條析，又不報，且不肯治縣事，自列丐去。提舉官劾之，詔奪著作佐郎。經十年，乃復官，監黄州酒稅，以承議郎致仕。元祐初，召赴闕，不至，終于家。

蒙字子明，渤海人。恥爲詞賦，不肯舉進士；習茂才異等，又不欲自售。都轉運使劉庠舉遺逸，召試第一，知湖陽縣。常平使者召會諸縣令議免役法，蒙爲不便，不肯與議，退而條上其害，即投劾去，亦奪官。歸鄉教授，養親講學，從游甚衆。元豐二年，卒，纔年四十。門人朋友誄其行，號曰正思先生。元祐初，賜其家帛五十匹。

苗時中字子居，其先自壺關徙宿州。以蔭主寧陵簿。邑有古河久堙，請開導以溉田，爲利甚博，人謂之苗公河。

調潞州司法參軍。郡守欲入一囚於死，執不可。守怒，責甚峻，時中曰：「寧歸田里，法不可奪。」守悟而聽之。熙寧中，以司農丞使梓州路，密薦能吏十人，後皆進用，人卒莫之知。

交人犯邊，擢廣西轉運副使。師討交人罪，次富良江，久不進。時中曰：「師無進討意，賊必從間道來，乘我不備，冀萬一之勝，勢窮然後降耳。」密備之，既而果從上流來，戰敗，始納款。

徙梓州轉運副使。韓存寶討蠻乞弟，逗遛不行。時中曰：「師老矣，將士暴露，非計之善者。」存寶不聽，卒坐誅。林廣代存寶。乞弟既降，復逸去，將士相視失色。及暮，刁斗不鳴，時中問廣，廣曰：「既失賊，故縱兵追之，不暇恤爾。」時中曰：「天子以十萬衆相付，豈以一死爲勇耶。今入異境，變且不測。」廣悟，亟止追者，整軍以進。會得詔班師，軍行，時中以粮道遠，創爲摺運法，食以不乏。遷兩階，爲發運副使、河東轉運使，加直龍圖閣、知桂州，進寶文閣待制，至戶部侍郎，卒。

韓贄字獻臣，齊州長山人。登進士第，至殿中侍御史。坐微累，黜監江州稅。道除知睦州，復爲侍御史。荆湖災，出持節安撫。湘中自馬氏擅國，計丁輸米，身死產竭不得免，贄奏除之。改知諫院，進天章閣待制。宰相梁適以私容姦，狄靑起卒伍、位樞密，內侍王守忠遷官不次，皆舉劾無所諱。

出知滄、瀛二州，遷龍圖閣直學士、河北都轉運使。河決商胡而北，議者欲復之。役將興，贄言：「北流既安定，驟更之，未必能成功。不若開魏金隄使分注故道，支爲兩河，或可紓水患。」詔遣使相視，如其策，才役三千人，幾月而畢。入判都水監，權開封府，政簡而治。知河南府，建永厚陵，費省而不擾，神宗稱之。還知審刑院、糾察在京刑獄，知徐州，以吏部侍郎致仕。

贄性行淑均，平居自奉至約，推所得祿賜買田贍族黨，賴以活者殆百數。退休十五年，謝絕人事，讀書賦詩以自娛。年八十五，卒。

楚建中字正叔，洛陽人。第進士，知滎河縣。民苦鹽稅不平，建中約田多寡以爲輕重。主管鄜延經略機宜文字。夏人來正士疆，往涖其事。衆暴至，兩騎傅矢引滿向之，建中披腹使射，曰：「吾不憚死。」騎卽去，衆服其量。元昊歸款，建中白府請築安定、黑水八堡以控東道，夏人果來，聞有備，不敢入。累遷提點京東刑獄、鹽鐵判官。昭陵建，命裁定調度，省數十萬計。歷夔路、淮南、京西轉運使，進度支副使。

神宗用事西鄙，以建中嘗爲邊臣所薦，召欲用之，言不合旨，出知滄州。久之，爲天章閣待制、陝西都轉運使，知慶州、江寧、成德軍，以正議大夫致仕。元祐初，文彥博薦爲戶部侍郎，不拜。卒，年八十一。

張頡字仲舉，其先金陵人，徙鼎州桃源。第進士，調江陵推官。歲旱饑，朝廷遣使安撫，頡條獻十事，活數萬人。知益陽縣，縣接梅山溪峒，多蠻獠出沒，頡按禁地約束，召徭人耕墾，上其事，不報。累遷開封府判官、提點江西刑獄、廣東轉運使。

熙寧中，章惇取南江地，建沅、懿等州，克梅山，與楊光僭爲敵。頡居憂於鼎，移書朝貴，言南江殺戮過甚，無辜者十八九，浮屍蔽江，民不食魚者數月。惇疾其說，欲分功啖之，乃言曰：「頡昔令益陽，首建梅山之議，今日成功，權輿於頡。」詔賜絹三百匹。

尋擢江、淮制置發運副使，改知荆南，復徙廣西轉運使。時建廣源爲順州，將城之，頡謂無益，朝廷從其議。坐捽罵參軍沈竦罷歸。

未幾，以直集賢院知齊、滄二州，進直龍圖閣、知桂州。入覲，帝首言：「卿鄉者論順州不可守，信然。」時有獻言者謂：「海南黎人陳被蓋五洞酋領，異時盛強，且爲中國患。今請出兵自効，宜有以撫納之。」命頡處其事。頡使一介往呼之，出，補以牙校，喜而去。詔問何賞之薄，對曰：「荒徼蠻蜑無他覬，得是足矣。」尋罷兵，海外訖無事。久之，轉運使馬默劾其經理宜州蠻事失宜，罷職知均州。哲宗立，還故職，知鳳翔、廣州，召爲戶部侍郎。

頡所歷以嚴致理，而深文狡獪。右司諫蘇轍論其九罪，執政以頡雖無德而才可用，不報。踰年，以寶文閣待制出爲河北都轉運使，徙知瀛州。湖北溪傜畔，朝廷託頡素望，復徙知荆南，至都門，暴卒。

盧革字仲辛，湖州德清人。少舉童子，知杭州馬亮見所爲詩，嗟異之。秋，貢士，密戒主司勿遺革。革聞，語人曰：「以私得薦，吾恥之。」去弗就。後二年，遂首選；至登第，年才十六。

慶曆中，知龔州。蠻入寇，桂管騷動，革經畫軍須，先事而集。移書安撫使杜杞，請治諸郡城，及易長吏之不才者。又言：「嶺外小郡，合四五不當中州一大縣，無城池甲兵之備，將爲賊困，宜度遠近幷省之。」後儂智高來，九郡相繼不守，皆如革慮。

知婺、泉二州，提點廣東刑獄、福建湖南轉運使。復請外，神宗謂宰相曰：「革廉退如是，宜與嘉郡。」遂爲宣州。以光祿卿致仕。用子秉恩轉通議大夫，退居于吳十五年。秉爲發運使，得請歲一歸覲。後帥渭，乞解官終養。帝數賜詔慰勉，時以爲榮。卒，年八十二。

秉字仲甫，未冠，有雋譽。嘗謁蔣堂，坐池亭，堂曰：「亭沼粗適，恨林木未就爾。」秉曰：「亭沼如爵位，時來或有之；林木非培植根株弗成，大似士大夫立名節也。」堂賞味其言，曰：「吾子必爲佳器。」

中進士甲科，調吉州推官、青州掌書記、知開封府倉曹參軍，浮湛州縣二十年，人無知者。王安石得其壁間詩，識其靜退，方置條例司，預選中。奉使淮、浙治鹽法，與薛向究索利病，出本錢業鬻海之民，戒不得私鬻，還奏，遂爲定制。

檢正吏房公事，提點兩浙、淮東刑獄，擢提舉鹽事。持法苛嚴，追胥連保，罪及妻孥，一歲中犯者以千萬數。進制置發運副使。東南饑，詔損上供米價以糴。秉言：「價雖賤，貧者終艱得錢，請但償糴本，而以其餘振贍。」是歲上計，神宗問曰：「聞滁、和民捕蝗充食，有諸？」對曰：「有之，民饑甚，殍死相枕籍。」帝惻然曰：「前此獨趙抃爲朕言之耳。」先是，發運使多獻餘羨以希恩寵，秉言：「職在董督六路財賦，以時上之，安得羨。今稱羨者，率正數也。請自是罷獻，獨以七十萬緡償三司逋。」

加集賢殿修撰、知渭州。五路大出西討，唯涇原有功，進寶文閣待制。夏境胡盧川距塞二百里，恃險遠不設備，秉遣將姚麟、彭孫襲擊之，俘斬萬計。遷龍圖閣直學士。夏酋仁多嵬丁舉國入寇，犯熙河定西城，秉治兵瓦亭，分兩將駐靜邊砦，指夏人來路曰：「吾遲明坐待捷報矣。」及明果至，見宋師，驚曰：「天降也。」縱擊之，皆奔潰。或言嵬丁已死，有識其衣服者，諸將請以聞。秉曰：「幕府上功患不實，吾敢以疑似成欺乎？」他日物色之，嵬丁果死，詔褒賜服馬、金幣，且使上所獲器甲。

秉守邊久，表父革年老，乞歸。移知湖州，行三驛，復詔還渭，慰藉優渥。革聞，亦以義止其議。已而革疾亟，乃得歸。元祐中，知荆南。劉安世論其行鹽法虐民，降待制、提舉洞霄宮，卒。

論曰：宋室之人才亦盛矣。青苗法始行，滿朝耆壽故臣，法家拂士，引古今通誼，盡力爭之而不能止，往往多自引去。及數年之後，憲令旣成，天下亦莫如之何。已而間守遠郡，尙能懇懇爲民有言。舜俞、京、蒙俱以區區一縣令，力抗部使者，視棄其官如弊屣，類非畏威懷祿者能之。師孟活饑羸，興水利，擿姦誅惡，所歷可稱；逮使契丹，正坐席禮，毅然不少屈。時中止林廣縱兵追蠻，深達兵家之變。贄居諫省，舉劾無所避，允有直臣之風。建中雅量卻敵，辭嚴氣正，尤爲奇偉。頡雖有才，而深文狡獪，豈其天性然。革始終廉退，秉不免於阿徇時好，行鹽法以虐民，父子之習相遠哉。

校勘記

〔一〕今復應兄事南朝矣　「事」原作「弟」，據司馬光溫國文正司馬公集卷七八周沆神道碑、長編卷一九八改。

〔二〕至則遣渝州豪杜安行募千人往襲　「渝」原作「浯」，「行」字原脫。據本書卷四九六渝州蠻傳、長編卷二一九改補。

〔三〕年四十　王安石臨川先生文集卷九三沈遘墓誌銘作「年四十三」。

〔四〕何以檢頤　長編卷二六七作「何以檢察」。

〔五〕朝廷歲遺契丹銀數十萬　「十」原作「千」。按宋自澶淵之盟以後，歲遺契丹銀絹三十萬，事詳本書卷二八一寇準傳。其後於慶曆二年歲增金帛二十萬，事詳長編卷一三七。可見歲遺契丹幷無數千萬之巨。長編卷二六七作「朝廷歲遺單于銀以數十萬」，「千」字當爲「十」字之訛。據改。